农业走出去"扬帆出海"培训工程系列教材

涉农企业海外并购理论与实践

侯军岐　主编

中国农业出版社

北　京

前　　言

自 2013 年中央提出"一带一路"倡议以来,这一宏伟构想不断被丰富推进,承载着沿线各国发展繁荣的梦想。

企业是"一带一路"倡议组织实施的重要主体之一,在"一带一路"背景下,我国企业走出去将成为新常态。与依靠企业内部资本走出去积累发展相比较,企业海外并购具有更强的推动力。从世界企业发展历程看,并购是企业发展的必由之路。并购是企业通过获得整体或部分业务的实际控制权来实现资源优化配置,从而创造价值的过程。因此,涉农企业海外并购是涉农企业通过谋求海外资源实现自身发展的重要途径。

为了适应我国涉农企业海外并购的需要,我们组织编写了《涉农企业海外并购理论与实践》这本教材。本书是按照企业海外并购需要的理论准备以及海外并购实际操作环节的先后顺序如前期准备、尽职调查、交易结构设计、并购文件撰写、信息披露与审查、并购整合、海外并购常见风险与问题等逻辑关系编写的。为了与整个丛书体系的协调,本书最终在原来设计的基础上保留了十章内容。侯军岐负责本书框架设计与总纂,靳雅楠、张琼琼协助定稿。具体分工:第一章,导论,侯军岐执笔;第二章,企业并购历史沿革,第三章,企业并购理论,靳雅楠执笔;第四章,涉农企业海外并购前期准备,张琼琼执笔;第五章,涉农企业海外并购尽职调查,第六章,涉农企业海外并购交易结构设计,张雪娇执笔;第七章,涉农企业海外并购文件撰写,第八章,涉农企业海外信息披露与合规管理,王纪元执笔;第九章,涉农企业海外并购整合,杨思雨执笔;第十章,涉农企业海外并

购常见风险与问题，黄美霞执笔。

中国农科院刘合光研究员、中央财经大学于爱芝教授、农业农村部外经中心马志刚主任、中国农业出版社农经分社赵刚社长等专家对本书大纲、初稿进行认真审定与讨论，并提出修改意见。在编写过程中，我们还参阅了大量的相关文献，并力图标明所有被引用者的出处，但可能还有所遗漏，在此一并表示衷心感谢！

涉农企业海外并购是一个实践性极强的复杂系统工程，在编写本书过程中，我们尽量吸收有并购经历、经验的实践者编写，但仍然无法从根本上改变作者并购实践经验尤其是海外涉农企业并购实践经验欠缺，或我国涉农企业海外并购实践历程较短与资料不丰富的事实，加上作者知识、水平所限，因此，书中一定有很多不足、缺点甚至错误，敬请各位读者批评指正。

侯军岐

2018 年 3 月

目　　录

前言

第一章　导论 ……………………………………………………………………… 1

　第一节　企业并购及其分类 ……………………………………………………… 1

　　一、并购内涵 ………………………………………………………………… 1

　　二、企业并购动机与实质 …………………………………………………… 3

　　三、企业并购类型 …………………………………………………………… 6

　第二节　企业并购与整合 ………………………………………………………… 10

　　一、整合 ……………………………………………………………………… 10

　　二、企业整合 ………………………………………………………………… 10

　　三、企业并购与整合 ………………………………………………………… 12

　第三节　企业并购整合基本流程 ……………………………………………… 14

　　一、企业并购基本流程 ……………………………………………………… 14

　　二、企业并购整合基本流程 ………………………………………………… 18

　第四节　涉农企业海外并购机遇与挑战 ……………………………………… 20

　　一、企业海外并购新特点 …………………………………………………… 20

　　二、涉农企业海外并购机遇 ………………………………………………… 21

　　三、涉农企业海外并购挑战 ………………………………………………… 24

第二章　企业并购历史沿革 ……………………………………………………… 27

　第一节　美国企业并购历史 ……………………………………………………… 27

　　一、第一次并购浪潮——横向并购（1897—1904 年）…………………… 28

　　二、第二次并购浪潮——纵向并购（1926—1930 年）…………………… 31

三、第三次并购浪潮——混合并购（1965—1969 年） ……………… 32

四、第四次并购浪潮——融资并购（1984—1989 年） ……………… 35

五、第五次并购浪潮——战略并购（1994—2000 年） ……………… 36

第二节　欧洲企业并购历史 …………………………………………… 39

一、背景 ………………………………………………………………… 39

二、并购模式 …………………………………………………………… 39

三、并购特点 …………………………………………………………… 40

四、并购浪潮 …………………………………………………………… 41

五、效应 ………………………………………………………………… 43

第三节　日本企业并购历史 …………………………………………… 43

一、背景 ………………………………………………………………… 43

二、并购动因 …………………………………………………………… 44

三、并购浪潮 …………………………………………………………… 46

四、并购特点 …………………………………………………………… 47

五、经验及启示 ………………………………………………………… 49

第四节　中国企业并购历史 …………………………………………… 50

一、背景 ………………………………………………………………… 50

二、并购动因 …………………………………………………………… 51

三、特点 ………………………………………………………………… 53

四、并购浪潮 …………………………………………………………… 56

五、存在问题 …………………………………………………………… 58

六、对策建议 …………………………………………………………… 59

第三章　企业并购理论 ………………………………………………… 63

第一节　协同效应理论 ………………………………………………… 63

一、协同效应理论的提出及内涵 ……………………………………… 63

二、企业获取协同效应的重要前提 …………………………………… 66

三、协同效应对企业产生的作用 ……………………………………… 67

四、协同效应的类型 …………………………………………………… 69

　　五、基于三种并购方式的协同效应 ……………………… 71

第二节　差别效率理论 ……………………………………… 73

　　一、差别效率理论的概念 ………………………………… 73

　　二、差别效率理论的作用 ………………………………… 76

第三节　价值低估理论 ……………………………………… 77

　　一、价值低估理论的概念 ………………………………… 77

　　二、价值低估的原因 ……………………………………… 79

　　三、价值低估理论的限制 ………………………………… 80

第四节　委托代理理论 ……………………………………… 81

　　一、委托代理理论的概念 ………………………………… 81

　　二、企业并购的代理问题 ………………………………… 82

　　三、委托代理理论的意义 ………………………………… 88

第五节　市场势力理论 ……………………………………… 88

　　一、市场势力理论的概念 ………………………………… 88

　　二、市场势力理论的核心观点 …………………………… 89

　　三、市场势力理论的发展 ………………………………… 90

　　四、市场势力并购的情况 ………………………………… 91

　　五、增强市场势力的来源 ………………………………… 91

　　六、市场势力理论的评价 ………………………………… 92

第四章　涉农企业并购前期准备 …………………………… 94

第一节　组建并购团队 ……………………………………… 94

　　一、中介机构的种类及作用 ……………………………… 95

　　二、中介机构的选择 ……………………………………… 97

　　三、涉农企业海外并购团队的要求 ……………………… 98

第二节　并购标的的选择 …………………………………… 99

　　一、并购目标选择相关理论 ……………………………… 100

　　二、并购目标选择过程 …………………………………… 101

第三节　并购标的估值 ……………………………………… 109

一、估值方法 ··· 109

二、伊利集团估值案例 ··· 110

第四节 相关文件的准备 ··· 122

一、涉农企业海外并购前期文件介绍 ····························· 122

二、涉农企业海外并购撰写交易前期文件的准备工作 ········· 123

第五章 涉农企业海外并购尽职调查 ························· 128

第一节 尽职调查的内容与流程 ··································· 128

一、尽职调查内容 ·· 128

二、尽职调查的流程 ··· 131

三、尽职调查的方法 ··· 134

第二节 尽职调查的要点与内容 ··································· 136

一、尽职调查的要点 ··· 137

二、尽职调查的内容 ··· 143

第三节 尽职调查报告的撰写 ····································· 146

一、公司简介 ·· 146

二、公司组织结构调查 ·· 147

三、研究与开发 ··· 147

四、供应 ·· 148

五、企业业务和产品 ··· 148

六、销售 ·· 149

七、公司基本设施 ·· 150

八、公司财务 ·· 150

九、公司主要债权和债务 ·· 151

十、投资项目 ·· 151

十一、其他 ·· 151

十二、行业背景资料 ··· 152

第四节 尽职调查相关文件参考文本 ····························· 152

第六章　涉农企业海外并购交易结构设计 ·········· 164

第一节　交易结构设计类型 ·········· 164

一、交易结构设计内容及原则 ·········· 164

二、常见并购交易结构的类型 ·········· 166

第二节　交易结构设计要素及要点 ·········· 169

一、交易结构要素及比较 ·········· 169

二、交易结构设计要点 ·········· 178

第三节　交易结构设计风险控制 ·········· 181

一、阶段性投资设计 ·········· 181

二、金融工具设计 ·········· 182

三、管理渗透设计 ·········· 188

第七章　涉农企业海外并购文件撰写 ·········· 190

第一节　并购文件及其重要性 ·········· 190

一、并购文件 ·········· 190

二、并购文件撰写的重要性 ·········· 192

第二节　并购协议通用条款内容与要点 ·········· 192

一、主体条款 ·········· 193

二、背景条款 ·········· 193

三、定义条款 ·········· 194

四、先决条件条款 ·········· 194

五、交易条款 ·········· 195

六、对价条款 ·········· 196

七、交割前义务条款（即承诺条款） ·········· 196

八、交割条款 ·········· 197

九、陈述和保证条款 ·········· 198

十、违约赔偿条款 ·········· 199

十一、通知条款 ·········· 200

　　十二、费用和税赋条款 ··· 200

　　十三、法律适用和管辖权条款 ··· 201

第三节　并购协议特殊条款内容与要点 ······································· 202

　　一、股权回购条款 ··· 202

　　二、股权调整条款 ··· 203

　　三、优先清算条款 ··· 204

　　四、反稀释条款 ·· 204

　　五、领售权条款 ·· 205

第四节　其他并购文件内容与要点 ··· 206

　　一、基本内容 ··· 206

　　二、实务要点提示 ··· 206

第五节　并购协议参考范本 ·· 206

第八章　涉农企业海外并购信息披露与合规管理 ······················· 218

第一节　并购信息披露 ·· 218

　　一、并购信息披露的重要性 ··· 218

　　二、并购交易过程中的信息合规及披露管理 ··························· 219

第二节　并购交易合规审批相关流程及参考文件 ························· 223

　　一、国有企业并购交易审批流程、审批部门和须取得的审批文件 ······· 223

　　二、上市公司并购交易的合规审批流程、审批部门及
　　　　须取得的审批文件 ··· 224

　　三、境外投资并购的审批流程、审批部门及须取得的审批文件 ······· 228

　　四、境外投资者并购境内企业的合规审批流程 ························· 229

　　五、境内公司股权质押的主要条件和法律程序 ························· 231

第三节　并购交易合规管理 ·· 233

　　一、交易对象的合规 ·· 233

　　二、清理并购交易本身所适用的法律法规并予以遵守 ··············· 234

　　三、获取政府审批 ··· 234

第九章　涉农企业海外并购整合 ································· 248

　第一节　涉农企业海外并购战略整合 ························ 248

　　一、企业战略整合概述 ······························· 248

　　二、涉农企业海外并购战略整合流程 ···················· 251

　第二节　涉农企业海外并购业务整合 ························ 252

　　一、业务整合的目的 ································· 252

　　二、业务整合的分类 ································· 253

　　三、业务整合的原则 ································· 253

　　四、业务整合的步骤 ································· 254

　第三节　涉农企业海外并购组织整合 ························ 255

　　一、组织整合界定 ·································· 255

　　二、组织整合动因 ·································· 256

　　三、组织整合方法 ·································· 258

　第四节　涉农企业海外并购财务整合 ························ 259

　　一、财务整合的必要性 ······························· 259

　　二、财务整合的内容 ································· 260

　　三、财务整合的原则 ································· 263

　　四、财务整合的风险来源 ····························· 265

　　五、财务整合风险防范措施 ··························· 266

　第五节　涉农企业海外并购文化整合 ························ 267

　　一、企业并购文化整合内涵 ··························· 267

　　二、企业并购文化整合原则 ··························· 269

　第六节　涉农企业海外并购整合案例 ························ 271

第十章　涉农企业海外并购常见风险与问题 ··················· 280

　第一节　企业海外并购特点 ······························· 280

　　一、企业海外并购的方式 ····························· 280

　　二、企业海外并购的特征 ····························· 284

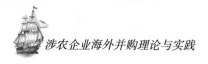
三、企业海外并购的分类 ················· 285

四、企业海外并购的动因 ················· 287

第二节 涉农企业海外并购常见风险及应对措施 ········· 289

一、企业海外并购常见风险 ··············· 289

二、涉农企业海外并购常见风险 ············· 297

三、涉农企业海外并购常见风险的应对措施 ······· 300

第三节 企业海外并购常见问题及应对措施 ·········· 302

一、并购主要问题分析 ················· 302

二、促进企业海外并购的有效措施 ············ 303

三、推动企业并购整合的有效措施 ············ 305

第一章 导 论

　　并购是企业通过获得整体或部分业务的实际控制权来实现资源优化配置，从而创造价值的过程。与依靠企业内部资本积累发展相比较，企业并购具有更强的推动力。从世界企业发展历程看，并购是企业发展的必由之路。企业海外并购是本国企业通过谋求海外资源实现自身发展的重要途径。本章主要阐述企业并购及其分类、企业并购与整合、企业并购整合流程以及涉农企业海外并购机遇与挑战等基本问题。

第一节　企业并购及其分类

一、并购内涵

（一）并购

　　"并购"是 Merger & Acquisition 的缩写，通常被称为"M&A"。《大不列颠百科全书》对 Merger 的解释是："指两家或更多的独立企业合并组成一家企业，通常由一家占优势的企业吸收一家或更多的企业。"

　　并购是获取公司控制权的投资行为，由于并购后整合是并购创造价值的关键环节之一，因此从过程的观点看，不能简单地将并购视为交易。公司财务理论认为并购是对公司控制权的交易，而公司战略理论和企业理论均认为公司是资源的集合体，因此，公司控制权实质上是关于公司资源的控制权。而这里所说的资源可以是构成一项业务的全部资源，也可以是公司整体的全部资源，但通常不是指公司中的一种单项资源，如公司的某项技术专利或某个写字楼等。由于并购交易的标的有时指向公司全部资源的控制权，有时指向部分资源的控制权，因此，并购也可以定义为"对公司资源控制权的交易"，不仅更加明确地揭示了并购的本质，也更好地融合了公司财务、公司

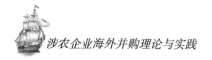

战略和公司理论对公司以及并购的认识。

狭义的并购概念是指合并和收购，是指公司控制权扩张的行为。从中国的并购实践来看，实务界一般采用狭义的并购概念。例如我国证监会设有"上市公司并购重组审核委员会"，银监会发布的《商业银行并购贷款风险指引》，均使用了狭义的并购概念。在有些情形下，并购的狭义性还体现在仅指并购交易，而未涵盖并购后整合。

广义的并购概念不仅包括控制权扩张的合并和收购，还包括并购后的整合，即包括控制权收缩型的重组和不涉及控制权转移的联盟。广义的并购是指企业控制权的重新安排，包括一个企业内部控制权的重新配置，如分立；或一个企业获得另一个企业的全部或部分控制权，如合并或收购；或一个企业分离出部分或全部的控制权，如剥离、股权转让等。企业是由业务构成的，而业务是由所有权型资产、使用权型资产、企业能力、企业文化等资源构成的可以相对独立地创造价值的资源集合体。因此，广义的并购既包括作为实现企业控制权的获取或放弃，也包括作为企业构成单元的业务的控制权的获取或放弃。

（二）合并

合并（Consolidation）是指两家或更多的独立公司变更为一家公司的行为。《中华人民共和国公司法》第一百七十三条规定：公司合并可以采取吸收合并或者新设合并。一个公司吸收其他公司为吸收合并，被吸收的公司解散。两个以上公司合并设立一个新的公司为新设合并，合并各方解散。

（三）收购

收购（Acquisition）是投资者购买其他公司的部分或全部的资产或股权以获得其他公司控制权的投资行为。主动实施收购的投资者称为收购方，而转让资产或股权的公司或个人称为转让方或出售方。收购方所购买的其他公司的资产或股权称为标的，标的所属的公司称为目标方或被收购方。在资产收购中，目标方和出售方为同一人；而在股权收购中，出售方是目标方的股东。作为收购方的投资人可以是法人，也可以是自然人。

收购须具备两个特征：一是标的必须构成业务，二是实际控制权必须发生转移。其中，业务是指企业内部某些生产经营活动或资产的组合，该组合一般具有投入、加工处理过程和产出能力，能够独立计算其成本费用或所产生的收入，但不构成独立法人资格的部分，例如企业的分公司、不具有独立法人资格的分部等。若标的不构成业务，则该交易或事项不能形成收购，而应作为收购资产处理，如企业购买空壳公司，将购买成本按照购买日所取得各项可辨认资产、负债公允价值的比例进行分配。

二、企业并购动机与实质

（一）企业并购动机

企业实施并购主要基于以下动机：

1. 较快扩大产品空间，获得竞争优势

竞争优势理论的原因基于以下三方面：第一，并购的动机根源于竞争的压力，并购方在竞争中通过消除或控制对方来提高自身的竞争实力。第二，企业竞争优势的存在是企业并购产生的基础，企业通过并购从外部获得竞争优势。第三，并购动机的实现过程是竞争优势的双向选择过程，并产生新的竞争优势。并购方在选择目标企业时针对自己所需的目标企业的特定优势。如果目标企业与主并购企业产品相同，通过收购可以在更大规模上进行生产，可以较快实现跨地域性规模经营，减少竞争对手，增加区域市场份额。如果目标企业与主并购企业产品相似且有其他类别，通过收购与兼并，可以较快增加产品种类，扩大产品线。如果目标企业与主并购企业产品不同，通过收购可以较快进行多元化经营，减少单一产品的经营风险。

2. 较快获得被并购企业现有的销售渠道，迅速打入当地市场，获取规模经济

古典经济学和产业组织理论分别从不同的角度对规模经济的追求给予解释。古典经济学主要从成本的角度论证企业经济规模的确定取决于多大的规模能使包括各工厂成本在内的企业总成本最小。产业组织理论主要从市场结构效应的理论方面论证行业规模经济，同一行业内的众多生产者应考虑竞争费用和效用的比较。通过跨地域并购的方式，收购方可以很方便地获得当地

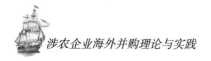

企业的市场地位、现成的销售渠道、客户资源以及与供应商多年建立起来的信用，使跨地域企业迅速打入当地市场，并在当地市场上占有一席之地。企业并购可以获得企业所需要的产权及资产，实现一体化经营，获得规模效益。

3. 降低投资风险，降低交易成本，提高投资回报

在适当的交易条件下，企业的组织成本有可能低于在市场上进行同样交易的成本，市场为企业所替代，当然，企业规模扩大，组织费用将增加，考虑并购规模的边界条件是企业边际组织费用的增加额等于企业边际交易费用的减少额。在资产专用性情况下，需要某种中间产品投入的企业倾向于对生产中间产品的企业实施并购，使作为交易对象的企业可以转入企业内部。在决策与职能分离下，多部门组织管理不相关经济活动，其管理成本低于这些不相关经济活动通过市场交易的成本。因此，把多部门的组织者看作一个内部化的资本市场，在管理协调取代市场协调后，资本市场得以内在化，通过统一的战略决策，使得不同来源的资本能够集中起来投向高盈利部门，从而大大提高资源利用效率。通过并购可以省掉建厂时间，迅速获得现成的管理人员、技术人员和生产设备，降低项目投资的前期风险，从而抓住市场机会，迅速获得收益，提高投资回报。

4. 获取价值低估好处

企业并购的发生主要是因为目标企业的价值被低估。价值低估的主要原因有三个方面：经营管理能力未发挥应有的潜力；并购方有外部市场所没有的有关目标企业真实价值的内部信息，认为并购会得到收益；由于通货膨胀等原因造成目标企业资产的市场价值与重置成本之间存在差异，如果当时目标企业的股票市场价格低于该企业全部重置成本，则并购的可能性较大。价值低估理论预言，在技术变化快、市场销售条件及经济不稳定的情况下，企业的并购活动趋于频繁。

5. 享受税收优惠或避税政策

跨区域或多元化并购常常可以获取税收等优惠政策和价格转移好处。由于股息收入、利息收入、营业收入与资本收益间的税率差别较大，在并购中采取恰当的财务处理方法可以达到合理避税的效果。在税法中规定了亏损递延的条款，拥有较大盈利的企业往往考虑把那些拥有相当数量累积亏损的企业作为并购对象，纳税收益作为企业现金流入的增加可以增加企业的价值。

企业现金流量的盈余使用方式有：增发股利、证券投资、回购股票、收购其他企业。在换股收购中，收购企业既未收到现金也未收到资本收益，因而这一过程是免税的。企业通过资产流动和转移使资产所有者实现追加投资和资产多样化的目的，并购方通过发行可转换债券换取目标企业的股票，这些债券在一段时间后再转换成股票。这样发行债券的利息可先从收入中扣除，再以扣除后的盈余计算所得税，企业可以保留这些债券的资本收益直至其转换为股票为止，资本收益的延期偿付可使企业少付资本收益税。

6. 方便筹资

并购一家掌握有大量资金盈余但股票市价偏低的企业，可以同时获得其资金以弥补自身资金不足，筹资是迅速成长企业共同面临的一个难题，设法与一个资金充足的企业联合是一种有效的解决办法，由于资产的重置成本通常高于其市场价值，在并购中企业热衷于并购其他企业而不是重置资产。在有效市场条件下，反映企业经济价值的是以企业盈利能力为基础的市场价值而非账面价值，被兼并方企业资产的卖出价值往往出价较低，兼并后企业管理效率提高，职能部门改组降低有关费用，这些都是并购筹资的有利条件。

（二）企业并购实质

企业并购实质是在企业控制权运动过程中，各权利主体依据企业产权做出的制度安排而进行的一种权利让渡行为。企业并购活动是在一定的财产权利制度和企业制度条件下进行的，在并购过程中，某一或某一部分权利主体通过出让所拥有的对企业的控制权而获得相应的收益，另一个部分权利主体则通过付出一定代价而获取这部分控制权。企业并购的过程实质上也是企业权利主体不断变换的过程。企业并购是对实际控制程度或实际控制权结构的配置，其中收购和合并意味着实际控制权的增强，而合并还对应着实际控制权结构的调整。收购实质是公司控制权的获取，而并购是公司控制权合二为一的集中。同样，剥离、股权转让和分立则意味着实际控制权的减弱，股权转让和分立还对应着实际控制权结构的调整。

企业并购的概念极为广泛，在本书中我们一般使用狭义的企业并购概念。企业并购概念体系如图1-1所示。由于规模经济、交易成本、价值低

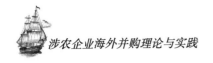

估以及代理理论等长足发展，使得企业并购理论和实践的发展非常迅速，成为经济发展、企业管理中最活跃的领域之一。

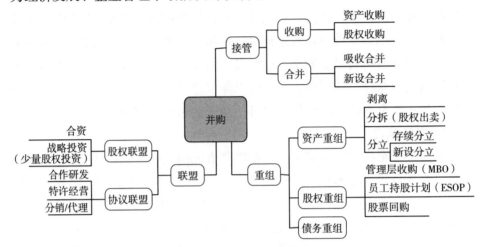

图1-1 企业并购概念体系

三、企业并购类型

（一）以并购目标方与并购方的产业联系分类

以企业目标方与并购方的产业联系，可将其分为横向并购、纵向并购和混合并购。

1. 横向并购

横向并购是指同属于一个产业或行业，或产品处于同一市场的企业之间发生的并购行为。横向并购可以扩大同类产品的生产规模，降低生产成本，消除竞争，提高市场占有率。

2. 纵向并购

纵向并购是指生产过程或经营环节紧密相关的企业之间的并购行为。纵向并购可以加速生产流程，节约运输、仓储等费用。

3. 混合并购

混合并购是指生产和经营彼此没有关联的产品或服务的企业之间的并购行为。混合并购的主要目的是分散经营风险，提高企业的市场适应能力。

（二）以企业并购方式分类

以企业并购方式，可将其分为要约、协议和集中竞价并购。

1. 要约收购

要约收购是指在公开的证券交易市场上，收购方公开向目标方股东发出要约，以收购目标方一定数量的股份，从而控制该公司的行为。这是我国《证券法》规定的上市公司收购的基本方法之一。从实物的角度看，如果收购方能够成功完成要约收购，大多数目标方都会被吸收合并。

 案例 1-1　美的集团收购无锡小天鹅股份要约收购

2014 年 6 月 7 日，美的集团股份有限公司（以下简称"美的集团"）拟向无锡小天鹅股份有限公司（以下简称"小天鹅"）全体流通股东发出部分收购要约，要约收购的股份数量为 126 497 533 股，占总股本的比例为 20%。股本报价为 A 股 10.75 元/股，B 股 10.43 港元/股。8 月 8 日，小天鹅发布公告，宣布美的集团部分要约收购小天鹅股份完结，其间美的集团共收购 79 639 774 股，其中，A 股有 180 户以其持有的 16 286 546 股股份接受收购方发出的收购要约，B 股有 26 户以其持有的 63 353 228 股股份接受收购方发出的收购要约。完成此次收购后美的集团直接间接持有小天鹅 52.67% 的股本，实现完全控制。

2. 协议收购

协议收购又称非公开收购、场外收购等，指收购方与目标方的个别股东（通常是大股东）订立股份转让协议，以约定价格购买目标方股东持有的股份，从而实现其收购目的的上市公司收购方式。协议收购具有以下特点。

（1）协议收购是不公开进行的，通过收购方与目标方个别股东之间进行的要约承诺过程达成收购协议。在协议达成之前，收购协议的协商过程、收购协议的内容等，通常不需要公开。

（2）协议收购是收购方与目标方的个别股东之间进行的收购行为，因而协议收购的相对人是特定的，通常是目标方的较大股东。

（3）协议收购也是对证券市场有较大影响的交易行为，特别是对目标方股票价格和股东权益有较大影响，为多数国家立法所限制。因此，收购方进

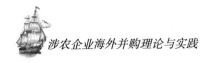

行协议收购时，也要遵守《证券法》有关规定，特别是收购协议达成后要信息公开的规定。我国《证券法》允许协议收购，同时在《上市公司收购管理办法》中做了严格限制。截至目前，我国绝大多数收购行为都是协议收购。

3. 集中竞价收购

集中竞价收购又称举牌收购，是公开市场收购的一种形式，它是指收购方通过证券交易所或者其他竞价交易系统，采用集中竞价交易的方式，直接购买目标方发行在外的流通股票，每达到法律规定必须披露公告的触发点时加以公告（中国规定的公告触发点为 5%），通过多次购买取得足以控制目标方的股份。

（三）以并购方与并购目标方的态度分类

以并购方与并购目标方的态度，可将其分为善意并购和敌意并购。

1. 善意并购

善意并购主要通过双方友好协商，互相配合，制定并购协议。善意并购是指收购方在得到目标方董事会同意的情况下实施的收购。

2. 敌意并购

敌意并购是指并购企业秘密收购目标企业股票等，最后使目标企业不得不接受出售条件，从而实现控制权的转移，是在目标方董事会抵制的情况下的收购。协议收购一般为善意收购，而敌意收购一般采取要约收购和竞价收购的方式。

（四）以并购方的获利模式分类

以并购方的获利模式，可将其分为战略并购与财务并购。

1. 战略并购

战略并购主要以获取目标企业产品市场上净利润增长收益的并购方式。战略并购获利的根本在于收获协同效应的收益，即通过深度整合获得资产重新配置而增值的收益。而收购方在战略并购中往往是长期持有标的。战略并购的收购方一般不被称为"战略投资者"，因为"战略投资者"经常被用于称呼在被投资企业公开上市前入股的投资人。

2. 财务并购

财务并购主要以资本市场上交易买卖价差来获得收益，财务并购获利的根本来源在于所收购标的的价值被低估，因而通过对其较少地整合或仅是买入并持有到资产价格上涨时再转手就可以获利。财务并购一般对标的的持有时间较短，相应地，财务并购的并购方被称为财务投资者，PE（私募股权）是并购市场中最主要的财务投资者。

（五）以并购法律形式分类

以并购法律形式，可将其分为吸收合并、创立合并和控股合并。

1. 吸收合并

吸收合并也称兼并，是指一个企业通过发行股票、支付现金或发行债券等方式取得其他一个或若干个企业。吸收合并完成后，只有合并方仍保持原来的法律地位，被合并企业失去其原来的法人资格而作为合并企业的一部分从事生产经营活动。

2. 创立合并

创立合并是指合并两个或两个以上的企业联合成立一个新的企业，用新企业的股份交换原来各企业的股份。创立合并结束后，原来的各企业均失去法人资格，而由新成立的企业统一从事生产经营活动。

3. 控股合并

控股合并也称取得控制股权，是指一个企业通过支付现金、发行股票或债券的方式取得另一企业全部或部分有表决权的股份。取得控制股权后，原来的企业仍然以各自独立的法律实体从事生产经营活动。

（六）以标的与并购方的国别关系分类

以标的与并购方的国别关系，可将其分为海外并购与外资并购，二者均属跨国并购，也称跨境收购。海外并购，也称外向并购，是本国企业在外国的收购；外资并购，也称内向并购，是外国企业在本国对本国企业的收购。一般来说，外国企业对注册在本国的外国企业或外国企业的子公司所实施的收购，不作为外资并购，但属于跨国并购。

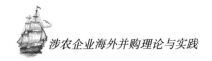

第二节 企业并购与整合

一、整合

整合是一个系统为实现系统目标，按照新的结构将若干部分、要素重新组合在一起，使之成为一个更为有机的、系统的、动态的行为过程。从经济学和管理学角度来讲，整合就是一个经济体系的结构优化过程和管理要素的有机结合过程。通过整合，一个经济体系的投入产出率和综合要素生产率可能得到提升，一个管理组织的管理成本可能下降，整个经济体系组织业绩就会实现帕累托改善。

整合不是全面合作，也不是全面竞争，而是在合作中竞争，在竞争中合作。整合的内涵是在保持系统的整体性和协调性上的合作竞争。系统各个组成部分或要素相互之间既合作又竞争，从而保持系统结构上的整体性和功能上的协调性。如果没有各组成部分之间的差异，就不会有彼此之间的分工，也就无所谓整合的必要。合作是竞争得以进一步发展的必要条件，是提高竞争效能的有效途径；竞争是推动系统发展进化的动力源泉，没有竞争机制的功能作用，就没有系统发展进化。因此，合作竞争是系统进化的两个不可或缺的重要力量，是整合的最本质性质。

二、企业整合

企业整合（industry reorganization），是指产业内的优势企业在判断产业环境未来变化趋势的基础上，综合权衡和合理配置资源，控制企业关键价值点，有效组织产业内的生产要素，以获得长期竞争优势的行为。企业进行整合的基本出发点是合理配置产业内的生产要素，吸取其他企业的长处，弥补自身之"短板"。优势企业的整合就是优势企业的产业结构优化过程和组织要素的有机结合过程。企业整合通过有目的的扩张，或兼并、重组和联合本产业或者相关产业的竞争对手或关联企业，配合价格和非价格竞争手段，积极扩大本企业的市场份额或拉伸本企业的价值链，改变产业组织结构，强化市场力量，获得超额利润。企业并购整合内容主要包括：

（一）业务整合

业务整合是产业整合的主体，是指优势企业把两个或两个以上的产业业务在结构上进行重新组合或集成，以获得业务调整优化所带来的规模经济、范围经济和协同效应。有效的业务整合要从发展战略的高度和客户细分性与个性化的需求，进行产业链、业务线、人员和财务等资源的整合，向客户进一步提供符合标准的产品或量身定做的产业服务。

优势企业的业务整合模式，可依其母公司策略的控管程度及子公司营运的整合程度来划分。其中，母公司策略的控管程度可分为策略协调、策略整合、财务管控及营运整合；而子公司营运的整合程度可分为业务自主、共享专业技能、共享业务系统及整合业务平台。因此，可将优势企业的业务整合模式划分为策略协调型、策略管控型、财务组合型及营运集中型4种类型。

（二）产权整合

产权整合是指产业整合在资本层次上的整合，既有企业通过"并购"实行股权经营的方式，也有企业投资设立新公司的企业分离方式。产权整合是产业整合的基础，其实质就是一种资本投资最优化、资本利润最大化的资本运动形式。产权整合作为一种战略，其存在和发展符合产业高风险、高收益的发展趋势。而优势企业的产权整合能够有效整合各种资产资源，并在整合产业资源中始终发挥着基础作用。优势企业整合各种产业资源，调整和优化产业结构，优化优势企业的资本结构，创新先进的经营理念、技术、营销手段等，无一不是建立在产权整合的基础上的。也唯有如此，产业整合才能从本源上通过实施整合战略构建优势企业的核心竞争力。纵览20年来国外产业发展态势，产业整合无不是借助于收购、兼并、重组、剥离等产权整合的市场手段来实现的，主要有横向一体化、纵向一体化及混合多元化三种整合模式。

（三）管理整合

管理整合是指优势企业在完成产权整合之后，为了有效地实现产业整合而在管理组织及管理制度等方面进行的整合。主要包括：

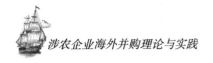

1. 组织整合

依据新的业务类型、特点，重新设计组织框架、组织结构，并对其原有的组织框架、组织结构进行改造与完善。

2. 人员整合

可以借整合之契机，优化配置企业人力资源。在人员整合过程中，优化、组建与整合核心团队，既要考虑人员的历史因素，又要考虑企业未来的发展。同时，应通过经营者持股、年薪制等方式来调动主要经营者、核心团队的积极性，加强对人力资本的产权激励，以解决传统激励不足问题。人员整合，是产业整合中比较棘手的难题，"千军易得，一将难求"正是对这一问题的最直接反映。

3. 客户资源整合

客户资源是现代企业最重要的资源，依据整合后的业务发展，借助信息系统平台，对其资源进行分类、整合，降低运作成本，提高运作效率。

4. 信息系统整合

优势企业应当建立并完善统一的后台信息系统，加强信息化建设，以实现资源共享，为业务决策提供依据，并使各种产品和服务充分发挥其功能，以便在资源整合的同时，大大降低运作成本。

5. 管理制度整合

依据整合后管理框架、管理体系、管理流程业务特点，设计管理制度调查评估模型，对企业管理制度现状进行深入调研和评估，查找、剖析管理制度体系中存在的主要问题，对不同管理制度体系进行整合，使其适应产业整合后对管理制度的新要求。

6. 企业文化整合

如果是不同的组织和团队，整合双方都有自己的经营理念和企业文化，如何整合两者的企业文化，减少两者之间的冲突和摩擦，这是决定产业整合绩效高低的关键所在。

三、企业并购与整合

企业并购是企业整合的一种工具和方式。通过加强企业在细分市场中的竞争地位、创造企业价值的兼并和收购，建立在战略性并购基础上的企业整合是一个价值发现的过程。如果并购双方以各自核心竞争力为基础，实现了资源的优化配置，就可以达到企业整合的目的。因为根据企业整合的衡量标准，企业管理层做出的并购决策，不仅要符合股东的最大利益，而且必须兼顾其他利益相关者的利益，如员工、顾客、供应商、经销商等利益。否则，其他的利益相关者就不可能在未来的企业中加强合作，充分贡献各自创造价值的潜力，从而最终伤害股东的利益。强调资本运营过程中的并购整合策略，不是仅仅关注并购行为本身。资本运营的一个重要手段就是并购，但并购成功的关键在于企业整合。

许多并购行为的失败不在于并购本身的技术问题，如资产估价问题、交易问题，往往是在并购后的企业战略、企业制度、管理机制、人力资源及文化整合方面出了问题，以致迟迟不能形成有效的产业竞争力。

美国经济学家贝恩把"市场结构—市场行为—市场绩效"作为产业组织的分析范式。借鉴贝恩"市场关系—产业行为—产业绩效"作为企业整合的分析范式，那么企业整合本质上就是以产业为架构、以企业为主体的市场整合。从微观层面来看，企业整合是企业的战略选择，是企业的一条可供选择的成长路径；从宏观层面来看，企业整合是产业结构优化和资源重新配置的一种现象或一个过程。在产业发展过程中，产品的市场关系是以供求和交换的方式来反映和实现分工、专业化与协作的关系。

产业间的分工和协作基本表现在三个层次：①市场主体层面的企业之间的分工和协作；②由企业组成的部门或产业层面的分工和协作；③层次更高的空间层面、区域之间分工和协作。

在信息化、网络化和经济一体化发展的背景下，随着社会分工和专业化的扩大与加深，市场交换也日益扩大和加深，而广泛的、长期持续的深层次的市场交换必定会形成统一的、稳定的、内在的联系，导致企业整合。

第三节　企业并购整合基本流程

一、企业并购基本流程

企业并购具体可以分为十个步骤，即制定并购规划、筛选目标、尽职调查、制定并购方案、价值评估、融资规划、交易谈判、审批与交割、并购后整合以及并购后审计，它们之间的关系如图1-2所示。

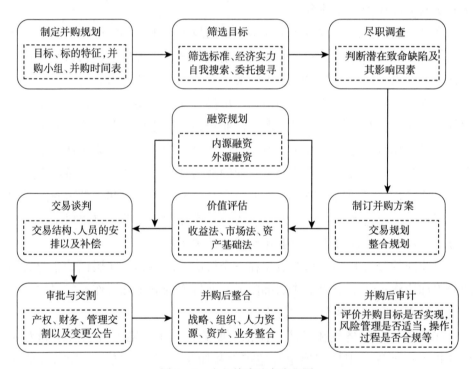

图1-2　企业并购基本流程图

资料来源：张金鑫，《企业并购》机械工业出版社，北京2016年8月版。

（一）制定并购规划

1. 企业战略评价

分析企业总体战略和业务战略要求，分析并购作为发展战略的原因，评价并购战略的合理性及其并购能力。

2. 进入市场机会评价

应评估拟进入市场的投资机会。在评估投资机会时，企业应对自身即将通过并购进入的业务或地域做如下了解：①了解行业结构以及价值创造点；②评估当前市场规模和成长潜力；③了解国内外主要竞争对手；④关注有关该行业的科技动态；⑤识别进入壁垒，对海外并购尤其重要。

3. 设定并购目标

设定并购目标应以创造企业价值为准则，可以从财务目标、战略目标等方面来考虑。确定目标方的筛选标准，可能涉及目标方的规模、价格区间、盈利能力、地理位置等。组建并购小组，明确并购小组分工和责任，明确并购决策机制，筹划可能获得的外部支持以及需要聘请的顾问。

（二）筛选并购目标

并购目标筛选并没有固定的模式和要求，一般是根据在并购规划以战略和价值为导向的筛选标准去选择。同时，还需要考虑收购目标企业是否和本企业的经济实力相匹配，对于所收购的业务是否具有管理能力，被收购的目标企业在收购后整合潜力有多大，等等。

相对于收购上市公司，非上市公司目标搜索更为困难。在进行搜索目标方时，企业可以由专门的小组进行搜集，公开的互联网、报纸、杂志等都是信息的重要来源。公司的客户、供应商、竞争者、消费者、员工也可能提供信息，专业的中介机构也同样是好的建议者。企业需要通过多轮筛选，甚至还可以与潜在的目标企业进行直接或间接接触，但是在接触时需要签订保密协议。

（三）尽职调查

尽职调查又称审慎性调查，是由中介机构在企业的配合下，对企业的历史数据和文档、管理人员背景、市场风险、管理风险、技术风险和资金风险做全面深入的审核，也就是对企业的经营、财务、合规性等状况做出详细的调查。人们常说的"买的没有卖的精"，就是信息不对称现象的真实写照。因此，做好尽职调查至关重要。

尽职调查目的是帮助企业判断并购企业潜在的致命缺陷，以及它们对收

购和预期投资收益的可能影响。致命缺陷主要包括目标方由于并购所造成的核心人员流失、主要客户流失、即将来临的财务危机、汇率的波动等重大缺陷，如果不解决或者不恰当地修正就会对企业造成相当程度的损害。通过尽职调查还可以确认企业是否具有产品改进或提升的潜能等。

（四）制订企业并购方案

并购方案是企业实际并购的"路线图"，并购方案的设计通常是围绕降低并购成本、提高并购效率和控制并购风险展开的，力求维持和增强并购方的资产流动性、盈利性和增值能力。并购方案一般分为两部分：交易规划和整合规划。

（1）交易规划。包括并购标的的设定、交易方式的选择、收购主体的确定、价格区间的估算、并购融资和支付筹划、信息披露方案、债务处置方案等。

（2）整合规划。主要包括对目标方在交易达成后的战略、组织、财务、人事、业务、管理、文化等方面调整的通盘计划。

并购方案被确认可行后，收购方应与目标方签署框架协议，就买卖双方关切的利益形成原则性约定。并购意向书不包括有关并购的所有相关事项，但是包括了关键事项的基本草案。

（五）并购价值评估

与一般资产评估不同的是，并购价值评估在于除了对目标方独立价值的评估外，还涉及对并购双方协同效应的价值评估。对目标方独立价值的评估方法主要有收益法、市场法和资产基础法等。通常在一宗并购交易中应使用不少于两种方法相互校验。协同效应的评估主要方法有整体扣减法和分部加总法。

（六）并购融资规划

对并购目标方估值后，就需要一定的融资准备。企业的融资分为外源融资和内源融资。外源融资主要是股权融资、债券融资以及夹层融资，例如银行贷款、发行股票、发行债券、可转换债券等；内源融资主要是自身的留存收益、供应商的信用政策、金融资产。由于企业并购所需要的资金较大，因此多会选择外源融资。在进行融资时，需要考虑企业自身所处的行业、利率的变化状况以及企业自身的经营规模和经营状况。除此之外，企业也可以向专业机构咨询，为企业自身制订一个合适的融资计划。海外并购融资汇率是需要重点考虑的因素。

（七）并购交易谈判

在估值、融资之后进行的交易谈判，包括交易结构、管理人员的安排、一般员工的安置和补偿、对其他利益相关者的补偿。交易结构主要包括并购的形式，如收购股权、资产、整个公司、并购交标价格、支付方式与期限、交接时间与方式。交易结构设计是并购的精华所在，并购的创新也体现在交易结构的设计上。对并购交易结构的影响因素主要有税法、反垄断法、公司法、会计法以及股东利益。

并购交易谈判需要并购双方进行一定的反复协商。海外企业并购需要有专门熟悉国际法、并购标的所在国法律人士参与。

（八）并购审批与交割

1. 并购审批

一个好的审批策略能够促进交易的高效完成。这个过程需要专家帮助企业了解相关监管规定，以使企业主动协调、快速完成审批过程。有关审批包括如下两个方面：

（1）股东。如果收购方是上市公司，则重大交易发生前须经股东大会同意，尤其是经多数股东表决同意。

（2）政府。在国内，政府审批要求：上市公司的收购往往要经证监会审核。涉及国有股权或资产转让时，须经国有资产监督管理委员会审核。涉及境外企业的收购要获得商务部和外汇管理局的审批。特殊经营业务的企业须经特殊监管部门审批，如银行业、保险业和通信业。可能形成行业垄断的企业并购须经反垄断局审批。

2. 并购交割

在审批以及签约之后，并购双方进行产权交割、财务交割、管理权交割

以及变更登记和发布并购公告。并购交割主要包括：

（1）产权交割。并购双方的资产移交，要在国有资产管理局、银行等有关部门的监督下，按照协议办理移交手续，经过验收、造册，双方签字后会计据此入账。目标方未了的债权、债务，按协议进行清理，并据此调整账户，办理更换合同债据等手续。

（2）财务交割。财务交割工作主要在于并购后双方财务会计报表应当依据并购后产生的不同的法律后果做出相应的调整。

（3）管理权交割。这是每个并购必须交割的事宜，完全取决于并购双方签订并购协议时就管理权的约定。

（4）变更登记和发布并购公告。只有在政府有关部门进行了相应登记，并购才正式生效。并购导致一方主体资格变动，存续公司应当进行变更登记，新设公司应进行注册登记，被解散的公司应进行注销登记。

（九）并购后审计

企业并购后的审计应该围绕企业内部新旧业务串联运行的组织情况、与原有客户关系的处理情况、企业内部组织结构的设置情况、各职能部门和分支机构职权的限定情况、各部门人员的分配情况及各部门间关系的协调情况等方面进行。

（十）并购后整合

并购交易的完成并不是并购的终点，要想达到并购目标，实现企业价值增值，必须经历艰苦的整合阶段。并购整合一般有 7 个方面：战略整合、组织整合、业务整合、资产整合、财务整合、人事整合以及文化整合等。并购整合阶段就是要让协同效应发挥出来，包括生产协同、经营协同、财务协同、业务协同、技术协同及管理协同等各个方面。

二、企业并购整合基本流程

企业并购动机有多种，对大多数企业来讲，获取长期利益是企业并购的主要动机。企业要获取长期利益，培育核心能力最为关键。因此，就应以企业核心能力转移、核心能力识别、核心能力拓展、核心能力强化为主线，构建企业并购整合流程，主要包括企业核心能力识别、整合战略与整合规划、建立整合框架、开展整合和整合绩效评价这 5 个阶段。

1. 企业核心能力识别

通过分析企业核心能力与并购整合的关系，大多数企业并购后整合核心能力主要体现在组织整合、无形资产整合和业务整合上，如图 1-3 所示。通过 3 个方面整合实现并购后企业的协同效应，提高企业的核心竞争力。

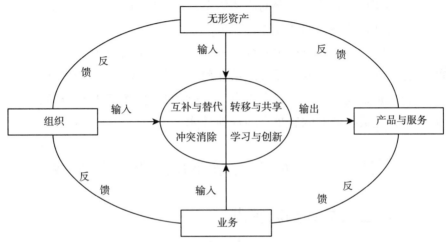

图 1-3　企业并购后整合核心能力转移机理

2. 整合战略与整合规划

成立并购后整合的组织，从宏观角度出发，依据企业并购目标，制定整合战略，进而从人员配置、时间、组织、活动等方面制定完善的整合规划。

3. 建立整合框架

这一阶段为企业并购后整合的基础阶段，主要依据整合战略及规划，成立各种整合工作小组，运用专业化的项目管理方法，对各小组制定详细的整合计划并开展相应工作。

4. 开展整合阶段

这一阶段为企业并购后整合的核心阶段，根据并购双方企业核心能力的不同，采用不同的并购后整合模式，开展主体整合、组织整合、无形资产整合和业务整合，最终实现综合协调效应。

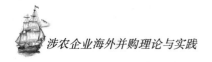

5. 并购后整合绩效评价

这一阶段是检验并购过程有效性的重要手段，通过构建绩效评价指标体系和绩效评价模型，可以对并购后整合的效果进行评价，发现问题并及时进行完善。

基于企业核心能力的企业并购后整合流程的关键是：

（1）对企业核心能力进行识别，对比分析并购双方企业的核心能力；

（2）确认适合的并购后整合模式；

（3）具体设计并购后整合的协调体系及整合机制；

（4）对并购后整合的绩效进行评价。

企业并购后整合需要运用系统工程的方法来开展整个整合工作，需要从并购双方企业的现状出发，通过制定并购后整合的具体战略和规划，成立并购后整合负责机构和各业务整合小组，并通过提供并购后整合资源、相关领导介入等来完成企业并购后整合的各项具体工作。

第四节　涉农企业海外并购机遇与挑战

一、企业海外并购新特点

我国企业海外并购起步较晚，第一起并购要算 1984 年的华润集团联手中银集团并购香港康利投资有限公司。从 2001 年加入 WTO 以来，我国企业海外并购迎来了第一次热潮。我国经济从此与世界连为一体，企业海外并购也呈现出焕然一新的发展态势，虽然大型国有企业仍然在海外并购中占据主导地位，但是民营企业逐渐壮大，成为海外并购中不可忽视的一部分。2008 年金融危机爆发后，许多欧美国家陷入水深火热之中，经济蒙受巨大损失，而对于想要进行海外投资的中国企业却是一个良好的契机，许多有实力的企业都纷纷开始进行跨国并购。2013 年，"一带一路"框架的提出，给我国企业"走出去"提供了良好的发展机遇，引起了社会各界人士的广泛关注，同时，也为中国企业的海外并购带来了新的生机，注入了新鲜活力。随着"一带一路"构想的逐步实施，我国海外并购逐步呈现出以下特点。

（1）海外并购区域、目标行业日趋广泛。我国经过近 40 年的经济高速增长，产业结构仍然处于不均衡状态，对外投资的行业也相对较为集中，随着"一带一路"构想的实施与推进，我国对外投资的结构不断优化，对实体经济和新兴产业的投资明显增多。2016 年全年，我国对制造业、信息传输、软件和信息技术服务业以及科学研究和技术服务业的投资分别为 310.6 亿美元、203.6 亿美元和 49.5 亿美元，呈逐年上升的趋势。全年我国企业对外投资并购共 742 起，涉及 73 个国家和地区的 18 个行业大类，同时，我国企业对发达国家制造业和高端制造业的并购步伐不断加快。

　　(2) 并购主体日益多元化，民营企业逐步成为海外并购的主力军。2015 年，国有企业 对外投资存量占 50.4%，自 2006 年以来一直呈下降趋势。在国有企业占比不断下降的同时，受国内劳动力成本上升、环境压力等因素影响，我国民营企业积极拓展海外市场。不同于国有企业海外并购的偏好，民营企业的海外投资更多元化，注重对核心技术、品牌等的获取。更重要的是，民营企业通过海外并购的方式逐步进入全球高端产业价值链，国家政策的支持也极大地提高了民营企业的海外投资积极性，政府的鼓励以及国内的客观环境加快了民营企业"走出去"的步伐，民营企业日益成为对外投资的主力军。

　　(3) 企业海外并购的金额不断扩大。从 2015 年以来，我国企业对"一带一路"沿线国家的投资持续升温，成为海外投资的新亮点。2016 年，我国企业共对"一带一路"沿线的 53 个国家进行了非金融类直接投资 145.3 亿美元，占同期总额的 8.5%，主要流向新加坡、印度尼西亚、印度、泰国、马来西亚等国家地区。2017 年前两个月，我国企业共对"一带一路"沿线的 41 个国家进行了非金融类直接投资 17.9 亿美元，主要流向老挝、新加坡、马来西亚、印度尼西亚、柬埔寨等国家地区。截至 2016 年底，我国企业在"一带一路"沿线建立初具规模的合作区 56 家，累计投资 185.5 亿美元，入区企业 1 082 家，总产值 506.9 亿美元，涉及多个领域。项目优势叠加产业园区，双轮推进我国企业布局"一带一路"。

二、涉农企业海外并购机遇

　　随着全球化程度日益加深，世界各国的联系也日渐紧密。近年来，我国涌现出好几起大型海外并购事件，例如，吉利并购沃尔沃，光明、伊利等乳业巨头跨国并购纷纷落户澳大利亚、新西兰等，我国企业已逐渐成为全球市场上的"大买手"。虽然面临着诸多挑战，但我国企业海外并购将从"一带一路"构想收获更多。实行企业海外并购是企业对外投资的一种主要形式，通过这种方式，企业可以获取以下好处：

（1）企业能够利用"一带一路"沿线国家丰富的生产资源和廉价的劳动力资源；

（2）企业能够向发达国家学习先进的生产技术、生产经验和科学有效的管理模式，进而降低成本，提高生产效率，尽可能实现资源优化配置，提升市场竞争力，使企业能够长远发展；

（3）当前我国多个行业出现产能过剩，急需向国外输出以助消化；

（4）虽然我国经济已高速发展，但在矿产、石油等自然资源的开采上还存在技术问题；

（5）无论对于发达国家还是发展中国家，现阶段都是进行经济结构调整转型的关键时期，我国当然也不例外；

（6）"一带一路"构想的实施，也可以助推亚洲国家的能源合作。中亚地区经济发展程度并不是很高，我国可以提供技术、资金与相关国家在自然资源开采上建立互补互助的关系。

当然我国有强大的外汇储备，可以从很大程度上解决企业"走出去"融资难的问题。可以从以下五个领域来总结"一带一路"构想，为我国企业海外并购带来的机遇。

（1）跨境电子商务领域。近年来，随着国内经济发展水平的提高，人们对生活的追求也日益丰富，许多消费者对海外商品、特别是一些欧美高端奢侈品的需求日益增长，很多中国人不仅通过网上代购、海外淘宝等网络手段来满足自己，甚至有些人疯狂地亲身前往目的地国家进行现场采购。不过，消费者在通过电商网络平台进行海外消费购物时，面临着许多不能避免的问题。例如有些电子商务只提供交易平台，不管商品真伪及后续服务，购买者的利益得不到保障，同时中间商层层加价，导致商品价格明显高于商品价值。面对如此大的商业机会，跨境B2B电商平台有很多传统电商平台不具备的优势。比如买家可以自主选择商品、自主订购、在线支付并可获得金融贷款等，这不但可为购买者提供安全保障，还大大降低了购物成本。在可预见的未来，如阿里巴巴的"天猫国际"、网易的"考拉海购"、顺丰的"顺丰海淘"等与互联网有关的领域，特别是跨境电子商务将迎来巨大发展良机。更多的国家和地区将收获"一带一路"带来的福音，并参与进来一起寻求更大的发展空间。

（2）交通基础软件领域。"高铁外交"是继"乒乓外交"后我国外交的新名片，这已成为众所周知的事情。随着中国国家领导人在出访中多次巧妙地穿插引线，高铁对国外许多人来说已并不陌生。"高铁"也不单单指交通领域的高铁，可细分到很多领域，比如通信、钢铁、工业控制、智能控制系统等。在"一带一路"建设的带动下，这些产业无疑将成为"高铁外交"的直接受益者。

（3）软件外包领域。软件外包通常指一些发达国家的软件企业，由于发达国家人力资源成本较高，为降低成本，提高收益，这些企业通常将非核心的软件项目交给发展中国家进行加工。作为发展中国家，我国也接受来自发达国家的软件外包业务。然而，我国离岸外包业务比较单一，来自日本的外包业务就占据了我国全部外包业务的80%。虽然我国人力资源价格低廉，但相对其他发展中国家而言，我国接受的软件外包业务数量仍然比较小，仅为印度的1/9。如今，随着中国经济实力日益增强，我国软件企业也逐步得到各国的认可，伴随着"一带一路"构想的实施，我国软件企业的知名度会越来越高，将接受更多来自全球各地的软件外包业务，发展势头不容小觑。

（4）通信信息领域。"一带一路"沿线国家很多是发展中国家，基础设施、通信领域发展不够完善，"互联互通"意味着全面加强基础设施建设，提高沿线国家和地区基础设施水平，这不仅包括公路、铁路、航运等交通领域，还包括电子通信、互联网等信息技术领域，这对我国通信企业无疑是很大的机遇，特别是华为、中兴通讯、信威这些已经走出国外的企业。早年间，这些企业就受到国家鼓励出口的一些优惠政策纷纷走出国内，在非洲、东欧、拉美等区域开辟了新的市场。此次"一带一路"构想提出加强互联互通，为我国通信企业走向国外提供了契机，而且为给这些企业海外并购提供更有力的支持，国家必然会推出新的优惠政策，加大优惠力度。

（5）涉农企业领域。国内食品安全问题的频发让乳业企业很早就把战略

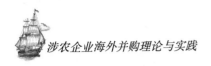
发展的目光投向海外，期望"走出去"到欧美发达地区，追求技术的领先、研发的升级，借鉴先进的管理经验，促进转型升级。从 2010 年光明乳业收购新西兰新莱特 51％股权后，拉开了国内乳企海外布局的序幕。此后国内乳企相继"出海"寻找合作伙伴，布局奶源、投资建设工厂以及研发中心。乳企都在不断探索适合自身的"走出去"战略及并购模式。但出海后如何建立高素质的管理团队、有效地整合业务、最终运营获利，却是需要解决的难题。

对于首家"出海"的企业，光明集团期望通过并购，带来新的盈利点，完善自身产业链建设，缩小与伊利、蒙牛的差距。但近几年来光明海外并购的优势并未明显显现，与伊利、蒙牛差距也逐渐进一步拉大，而光明的国际并购之路甚至一度被形容为"一路坎坷"。光明在 5 年以内实施 8 次海外并购，在新西兰、澳大利亚、法国、以色列等国家设有企业，行业 遍及乳制品、橄榄油、早餐麦片等诸多领域。但频频的海外并购之后，如何内化融合，成为一大挑战。

三、涉农企业海外并购挑战

1. 政治风险与挑战

自我国提出"一带一路"战略以来，得到了许多国家的支持，但同时也有许多反对的声音，一定程度上给"一带一路"的深入推进带来了严峻挑战。政治环境、政策法规等不稳定因素给企业带来经济损失，"一带一路"沿线国家和地区众多，有些国家地区社会冲突异常激烈，这对我国企业的海外并购事业带来了一定的挑战。另外，与国内企业并购不同，涉农企业海外并购，特别是国有企业海外并购，会遭到更多的审查及阻力，特别是收购当地一些有影响力的企业和品牌，东道国政府对于国有企业的收购会有更多的壁垒设限，例如反垄断审查、国家安全审查等。

2. 法律风险与挑战

法律风险贯穿海外并购活动的始终，在并购前期，企业应仔细研究目标企业所在国的法律法规，从而保障并购活动顺利实施。

3. 经济发展水平的差异

"一带一路"沿线国家和地区存在着错综复杂的制度与组织，企业如果不了解并购方的宏观经济环境，而经济发展又存在着不确定性，这样在并购过程中将会遇到很大阻碍。

4. 文化差异与习惯的挑战

我国企业在进行海外投资的时候，文化差异是不可避免的，也是不可忽视的一个方面。"一带一路"上的许多国家在文化宗教等方面都有其自身的特点，有些国家还很保守，有很多不为中国所熟悉的文化，而我国企业有自己的文化背景，所以在海外并购的过程中，有可能会忽视或者不理解当地的宗教与文化，这给我国企业在相关国家地区的发展带来了很大挑战。企业在海外并购后，人员会进行重组，不同国家的员工在一起工作，必然会引起不同文化的碰撞。

5. 利率、汇率风险的挑战

利率的波动而带来的企业海外并购的风险。农业的财政金融支持政策更加薄弱。资金是制约企业"走出去"战略进程及其海外投资项目顺利完成的重要因素。特别是大型海外投资并购项目，对于资金的需求量很大，需要更多的资金来保障资金链不断裂，但目前我国还没有创设农业长期低息贷款政策；同时，农业投资周期长、风险大、回报低、收效慢的特点也决定了农业并购项目在商业化融资方面面临更多阻碍。

6. 信息不对称风险的挑战

在海外并购的过程中，由于买卖双方所处地位不同，因此收集到的信息也是不尽相同的，信息搜集的不对称会造成海外并购不能合理进行。

7. 专业人才缺乏的挑战

国际化人才队伍的规模、质量及梯队建设对于企业并购的成功率以及并购后的管理和融合起关键作用。在并购步伐较快、并购公司的行业跨度、业务覆盖面较广的情况下，企业对熟悉国际农业产业、国际农产品市场运作规则、国际财务和税务、国际金融、国外法律等方面的综合性人才和专业人才需求量较大，而我国企业这方面人才的储备严重不足。

参 考 文 献

[1] 张金鑫. 企业并购 [M]. 北京：机械工业出版社，2016.

[2] 王阔. 赢在整合——企业的核心竞争力 [M]. 长春：吉林文史出版社，2017.

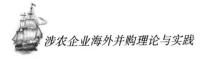

［3］牛振东．煤炭企业并购后整合协同及绩效评价研究［M］．北京：煤炭工业出版社，2017.

［4］北京市道可特律师事务所．企业并购重组的法律透视［M］．北京：中信出版社，2014.

［5］江苏省上市公司协会．上市公司并购重组流程及案例解析［M］．南京：江苏人民出版社，2015.

［6］雷霆．公司并购重组原理实务及疑难问题诠释［M］．北京：中国法制出版社，2014.

［7］田宝法．企业并购解决之道：70个实务要点深度释解［M］．北京：法律出版社，2015.

［8］赵鹏飞．我国上市公司并购信息披露法律问题研究［D］．厦门：华侨大学，2013.

［9］张伟华．海外并购交易全程实务指南与案例评析［M］．北京：中国法制出版社，2016.

［10］邹莉．一带一路背景下中国企业海外并购面临的机遇与挑战［J］．现代商贸工业，2017（26）.

［11］张颖薇．"一带一路"战略下中国企业海外并购研究［D］．长春：吉林大学，2016.

［12］陈凯．"一带一路"背景下中国企业海外并购服务体系研究［D］．上海：上海交通大学，2015.

［13］吕潮林，等．中国企业海外并购问题与对策分析文献综述［J］．国际商贸，2017（9）.

第二章　企业并购历史沿革

西方发达国家是并购理论的发源地，并购环境也较为成熟，相比于西方发达国家，我国企业并购才刚刚起步，并购环境也与西方发达国家有所不同。借鉴西方发达国家企业并购经验，学习并吸取其中的精华，可以使我国企业并购，尤其企业海外并购少走弯路。本章主要介绍了美国企业并购、欧洲企业并购、日本企业并购、中国企业并购历史。

第一节　美国企业并购历史

诺贝尔经济学奖得主、美国芝加哥大学经济学教授乔治 J. 斯蒂格勒（George J. Stigler）曾指出："一个企业通过兼并其竞争对手的途径成为巨型企业是现代经济史上的一个突出现象；美国所有的大企业都是通过某种程度、某种方式的并购成长起来的，几乎没有一家大企业是单纯靠内部积累成长起来的。"当众多的企业在某一时期都参与到并购中去，就会形成总体并购规模显著增大的现象，即形成并购高潮。有高潮就有低谷，由低潮经历高潮又跌入低潮的一个过程视为一个并购浪潮。

所谓并购浪潮，意指企业并购的发生在时间上非常的集中，大量的并购集中在某些特定的年份，之后并购活动便呈现出退潮之势。什么引起了并购浪潮？并购浪潮现象背后隐藏着一个有意思的学术问题：为什么并购会在某一时期爆发？通过观察并购浪潮发现，并购活动爆发通常受股票市场牛熊转换和经济周期更迭的影响。迄今为止，美国发生了五次并购浪潮，其起止时间分别为 1897—1904 年（第一次并购浪潮）、1926—1930 年（第二次并购浪潮）、1965—1969 年（第三次并购浪潮）、1984—1989 年（第四次并购浪潮）、1994—2000 年（第五次并购浪潮）。自 2003 年以来，并购活动一直在增加，直到 2011 年出现下降，但 2015 年又达到史无前例的高峰，这或许意

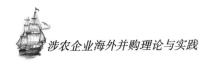

味着又一次新的并购浪潮出现（事实上已经有人称之为第六次并购浪潮）。

一、第一次并购浪潮——横向并购（1897—1904 年）

（一）背景

美国企业的第一次并购浪潮是在此背景下兴起的：19 世纪末，伴随着现代化工业和科技革命的兴起，客观上要求存在大型的工业企业与之适应。大型企业的形成，不能仅仅依靠企业内部的积累完成，会导致发展过程缓慢的现象。通过大规模并购，有利于加速形成大型的现代化企业进程，便于迅速扩大企业规模。第一次并购浪潮产生的原因是多方面的，首要原因是经济步入复苏阶段，企业开始自救图强。造成第一次并购浪潮的另一个原因是美国一些州的公司法逐渐放宽。第三个原因是美国交通运输系统的发展。

（二）特点

第一次并购浪潮的特点是以横向并购为主。第一次并购浪潮前后美国各行业的并购情况如表 2-1 所示。横向并购是指生产相似产品并且在市场上直接竞争企业所采取的一类并购方式，其主要目的是扩大产品在市场上的份额和减少竞争，也即是企业在国际范围内的横向一体化[①]。在如图 2-1 所示的横向并购模型图中可以看出，企业产生横向并购的行为后，两个不同的生产商 A、B 转化为同一个生产商的两个部门 A、B，此时处于下游的零售商 A、B 面对同一个生产商，企业在市场交易的博弈过程中生产商处于有利地位。因此，由企业并购过程可知，横向并购有增加企业利润的可能性，甚至获得超额利润。

表 2-1　第一次并购浪潮美国各行业并购情况表

部门	垄断公司	并购发生年份（年）	并购公司数目	被并购产量占总产量的比例（％）
汽车	通用汽车	1908—1910	25	—
钢铁	美国钢铁	1901	8	60

---

① 梁冰. 企业横向并购后供应链网络随机均衡与优化模型研究 [D]. 哈尔滨：哈尔滨工业大学，2013.

（续）

部门	垄断公司	并购发生年份（年）	并购公司数目	被并购产量占总产量的比例（%）
电器	美国电器	1890—1904	150	90
烟草	美国烟草	1890—1904	150	90
橡胶	美国橡胶	1892	12	50
罐头	美国罐头	1901	123	65～70
农机	国际收割机	1902	6	70
石油冶炼	美孚石油	1880	400	84
打字机	联合打字机	1892	5	75
糖业	美国炼糖	1893	55	70～90
缝纫机	胜家	1891	—	100
铝制品	美国制铝	—	—	90

资料来源：邵万钦．美国企业并购浪潮［M］．北京：中国商务出版社，2005：62．

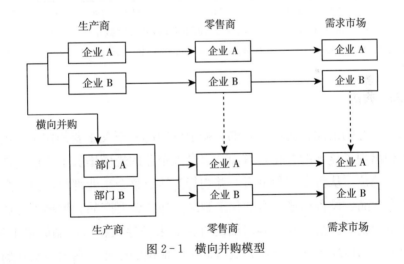

图 2-1　横向并购模型

（三）内容

　　19 世纪末，科学技术的进步促进了社会生产力的发展，给以铁路、冶金、石化、机械等为代表的行业大规模并购创造了条件。当时，各个行业中的许多企业通过资本集中组成了规模巨大的垄断公司。在 1899 年美国并购高峰时期，公司并购达到 1 208 宗（图 2-2），是 1896 年的 46 倍，并购的资产额达到 22.6 亿美元。1897—1904 年的并购浪潮中，美国有 75% 的公司因并购而消失。第一次并购浪潮几乎涉及了美国的所有行业。但是，经历了最多并购的是金属、食品、石化产品、化工、交通设备、金属制造产品、机械、煤炭等 8 个行业，这些行业的并购占该时期所有并购的 2/3。

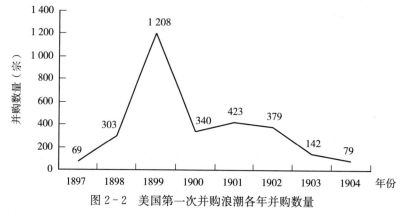

图 2-2　美国第一次并购浪潮各年并购数量

资料来源：Merrill Lynch Business Brokerage and Valuation［Z］. Merger Stat Review，1989.

（四）效应

第一次并购浪潮在美国企业的并购浪潮中起着至关重要的作用。美国的工业结构出现了显著的变化，有 100 家最大企业的规模增长了 4 倍，占据举足轻重的地位。从行业的角度看，并购行为涉及整个工业部门，而在金属原料、生产食品、设备运输、石油化工制品、加工金属产品、烟草等行业的并购行为更为激烈。第一次并购浪潮的直接后果是导致相似产品的集中生产，最终形成在部门或者某一产业领域占据垄断地位的企业。在第一次并购浪潮来临之前，企业尚未出现大规模的垄断行为，并购前的企业数量较多，且规模普遍较小，缺乏资金支持。随着企业并购的形成与发展，逐步形成了垄断企业，在第一次并购浪潮中幸存的大企业或者是产生并购行为而形成的大企业，对后来美国经济的发展赶到了巨大的促进作用，支撑了美国工业结构的发展，也奠定了日后美国产业结构的基础。

二、第二次并购浪潮——纵向并购（1926—1930 年）

（一）背景

美国企业的第二次并购浪潮发生在 1926—1930 年，其中并购的最高潮发生在 1929 年。伴随着新兴科学技术的发展，产生了一批资本密集型的工业部门，例如：汽车工业、化学工业、电气工业、化纤工业等。根据政府产业合理化要求，要尽可能使用各种新型机器设备，并采用自动化传送装置，实现生产标准化，形成的标志是福特模式的产生及其推广。第二次并购浪潮形成的原因比较复杂，首先，美国经济在第一次世界大战以后经历了较高的波动性。其次，美国铁路和公路的发展，火车、汽车的普及，广播的发明及对广告传播的促进，都从技术层面支持了大规模的生产和销售，从而促进企业扩大生产规模，以满足市场需要，占据更大的市场份额，获取更多的利润。

（二）特点

美国企业第二次并购浪潮表现出以下 3 个特征：

1. 以纵向并购为主

美国企业的第二次并购浪潮由横向并购转变为以纵向并购为主，在此阶段，在全部并购企业中，采用纵向并购方式的企业数量超过其总数的 75%，是绝大多数并购企业采取的并购方式。

2. 垄断企业并购中小企业

少数已经形成的垄断企业为了实现势力扩张、增强企业经济实力的目标，开始并购大量中小型企业。纵向并购的结果没有导致生产同类产品企业数量的减少，反而，增强了通过并购规模迅速扩大的企业之间的竞争力。

3. 开始出现工业资本与银行资本相互渗透的现象，形成金融资本

一方面，第一次世界大战之后，科学技术的发展以及实施产业合理化政策，是第二次并购浪潮形成的前提条件；另一方面，反托拉斯法的实施，提倡扩大横向规模，削弱了行业垄断形成的动力。

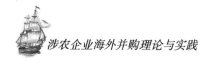

(三) 内容

相比于第一次并购浪潮,第二次并购浪潮尚未引起广泛关注。但实际中,无论从企业数量还是企业规模的角度,第二次并购浪潮都远远超过第一次并购浪潮。在此期间,共发生了 4 600 宗公司并购案,其中最活跃的并购领域是钢铁、铝与铝制品、石油产品、食品、化工产品和运输设备行业。第二次并购浪潮最终被美国史上最严重的 1929 年大危机打断。由于美国《反托拉斯法》的立法不断完善,对行业垄断的约束和监管更加严格,反垄断的措施更加具体,执行更加有效。虽然此次并购浪潮中有许多横向并购的案件,但是发生更多的是企业上下游之间的并购。美国有许多至今活跃的著名大公司就是在此期间通过并购形成的,譬如通用汽车、IBM 公司和联合碳化合物公司。

(四) 效应

从第二次并购浪潮产生的后果来看,加剧了第一次并购浪潮形成的集中。由于大量垄断企业的产生,市场竞争的难度加大,同时,投资银行的发展对企业并购起到举足轻重的作用,降低了纵向交易费用。因此,第二次并购浪潮并购成功的比例远远大于第一次。

三、第三次并购浪潮——混合并购 (1965—1969 年)

(一) 背景

第二次世界大战之后,主要发达国家进行了大规模的固定资产投资,伴随着新的科学技术的突破,各国在 20 世纪 60 年代迎来了经济发展的黄金时期,发达国家经济实力得以增强,也相继兴起了一批新兴工业部门,如:核能、合成材料、激光、宇航、电子计算机等新兴工业部门,它们对生产力的发展起到了巨大的推动作用,并且超过了之前所有科学进步所起推动作用的总和。这些新兴工业部门的兴起,必然要求市场上拥有巨额资金的强大垄断企业的出现。总而言之,正是由于生产力的大力发展、科学技术的进步、经济的繁荣以及并购企业之间的相互促进作用,才促使第三次并购浪潮的形成。此外,管理理念的变化也促使了第三次并购浪潮的形成。

（二）特点

美国企业第三次并购浪潮呈现出 3 个显著的特点：

1. 以混合并购为主

通过混合并购，企业的生产经营方式实现了转变，呈现多元化经营，这也有效降低了企业的经营风险，也可以降低企业进入新的经营领域的困难，增加进入新行业领域的成功率，有利于并购企业实现战略转移，有利于企业实现技术战略，有利于并购企业获得重生，在市场流动中企业资源实现优化配置。

2. 改变了并购效率动机的侧重点

第三次并购浪潮产生了追求并购融资协同效应的动因，充分利用企业的自现金流量，实现合理流动，降低融资成本，给并购后的企业财务带来增效作用。通过混合并购，企业资本转移到企业内部，实现资本内部化，达到筹集资本方面的规模经济。

3. 并购成为企业产权经营的手段

产权经营实质上就是龙头企业通过新设全资子公司、控股或者参股等股权变动方式将整条产业链条上各节点独立完整的组织产权进行分割和渗透，以实现对于全产业链条内外部资源的有效控制和新的价值创造[①]。在第三次并购浪潮中，产权经营方式成为绝大多数企业的生产经营方式。根据统计得到的数据，在 1960—1968 年，在被并购的企业中，25％的中小型企业在被并购之后又被转手出售。

（三）内容

第三次并购浪潮发生在 20 世纪 60 年代的后半期，具体来说是 1965—1969 年。这是美国战后经济发展的"黄金时期"。由于战后科技的发展，特别是电子计算机、激光、宇航、核能和合成材料等部门的新成果，对生产力的发展起到极大的推动作用。1963—1970 年，美国共发生 26 509 宗并购，其中仅仅 1967—1969 的 3 年间就发生了 13 544 宗并购（图 2-3），其规模

---

① 马微微. 产权经营视角下农产品加工业全产业链整合研究 ［D］. 郑州：郑州大学，2015.

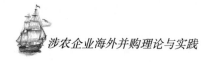

大大超过前两次并购。

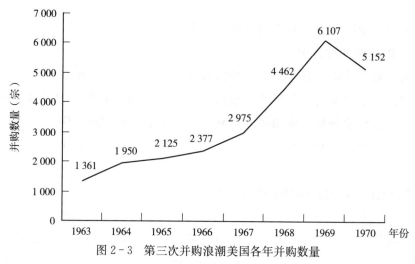

图 2-3　第三次并购浪潮美国各年并购数量

资料来源：帕特里克．高根．朱宝宪，吴亚军，译．兼并、收购与公司重组［M］．北京：机械工业出版社，2004：20．

（四）效应

1. 大型企业集团的成熟

多元化战略促进了美国企业组织结构向 M 型结构转变。M 型组织结构产生的最初目的是为了适应纵向一体化后企业更为复杂的运营需求。在第三次企业并购浪潮期间，多元化企业的产业跨度、管理难度逐步加大，M 型组织结构适应了这种趋势，反过来也推动了多元化企业的发展。

2. 企业并购存在隐患

从实际并购效果看，有成功的案例，但是也有很多失败的案例。究其产生的原因，若经济出现波动，并购企业的利润增长未达到预期目标，则企业的市盈率（股价与每股净资产的比值）必然下降；若股市出现下滑，股票价格下降，作为支付手段的股票方式必然大打折扣，并购行为节奏放缓；若经济不景气，加上财务杠杆的过度使用，为了筹集并购资金，大型企业集团会发行债券或者是优先股，当企业创造的利润不能支撑债券利息时，企业出现生存危机。

四、第四次并购浪潮——融资并购（1984—1989 年）

（一）背景

美国企业的第四次并购浪潮发生在 20 世纪 80 年代后半期，其时间为 1984—1989 年，其中 1985 年达到最高潮。由于美元危机和石油危机的爆发，美国经济进入萧条和复苏阶段，随后企业之间的并购活动频发，由此掀起了美国企业的第四次并购浪潮。此次并购浪潮发生的直接原因表现为在高风险的金融政策下所实现的金融市场与金融工具的创新及发展。此外，《1896 年税务改革法》推行之后，税收的变化对这次并购浪潮也起到了推波助澜的作用。

（二）特点

美国企业第四次并购浪潮呈现出 3 个显著的特点：

1. 并购规模逐步扩大

美国企业第四次并购浪潮规模空前，远远超过了前三次并购浪潮。纵观企业并购的数量，1975 年企业并购事件发生 439 件，1985 年企业并购事件则达到惊人的 3 437 件，仅仅 10 年的时间，企业并购案件的数目增长了将近 8 倍。1983—1985 年，并购金额达到 10 亿美元以上的大型并购案件就有 61 件，这在 1978 年是十分罕见的。

2. 资本结构和运营机制的全面重组

第四次并购浪潮的本质特征是美国企业资本结构和运营机制的全面重组。本次并购浪潮的产业特点，是大型企业内部的组织结构调整。一方面，企业多元化并购的比重呈现下降趋势；另一方面，多元化产业发展的大型企业成为了大规模并购的主要对象，并在产生并购行为之后，在并购企业内部进行大规模的优化重组，然后将非主导产业进行转让、剥离出去，提高并购企业主导产业的资产质量。

3. 金融企业发挥着重要作用

伴随着资本主义市场的产生与发展，投资银行等金融企业在企业并购进程中发挥着极其重要的作用，企业并购的操作流程逐渐呈现出多样化的趋

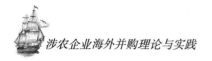

势，支付方式较为灵活，杠杆收购、举债并购的现象普遍存在，甚至出现了"小鱼吃大鱼"的现象。

（三）内容

第四次并购浪潮规模庞大，数量繁多，是前四次并购浪潮中规模最大的一次。第二次世界大战之后，世界各国凭借和平发展以及科技进步，为本次并购浪潮创造了经济和技术条件。1980—1988 年，企业并购总数达到20 000 宗，1985 年达到最高峰。此阶段，美国由于受到日本等国家的冲击，其传统垄断行业受到激烈的竞争挑战。由于新兴行业的出现与发展，新老经济体的碰撞，以及新旧行业的交替，为并购事件的发生创造了需求。

（四）效应

从某一层面意义上讲，美国企业的第四次并购浪潮对于美国经济进入现代化市场经济起到了非常重要的作用。但是，由于这次变革机制涉及企业所有者与经营者之间深层次的矛盾，敌意收购伴随经营者的反收购措施，大企业举债急剧上升。同时，由于金融杠杆收购带有明显的金融投机倾向，金融犯罪活动十分猖獗。因此，虽然此次并购浪潮推动了美国企业的资本结构调整和运行机制变革，发育和完善了产业重组的金融工具，但人们对其评价很不一致。

五、第五次并购浪潮——战略并购（1994—2000 年）

（一）背景

美国企业第五次并购浪潮的背景是：经济全球化。国际货币基金组织把经济全球化视为世界经济发展的客观过程，并在其发表的《世界经济展望》中明确提出，经济全球化应该是"通过贸易、资金流动、技术涌现、信息网络和文化交流，世界范围的经济调整融合。其表现为贸易、直接资本流动和转让"①。经济全球化，有利于在全球合理配置资源和生产要素，有利于产

---

① 董岩. 经济全球化基本问题研究 [D]. 长春：吉林大学，2013.

品和资本在全球范围内流动，有利于科学技术在全球范围内扩张，有利于促进落后地区经济的发展，是世界经济发展的必然结果。

（二）特点

第五次并购浪潮主要表现出跨国并购、巨额收购，以及强强联合的特征。在本阶段，随着经济一体化以及全球化的到来，越来越多的企业选择跨国并购的方式走向国际化。拥有强大经济网络的跨国公司通过对外直接投资的方式，最终实现在世界范围内生产要素的优化配置。企业之间的经营战略，也逐步从扩大规模、降低成本、行业转移的传统并购动机向基于全球经济的资源配置与行业竞争的新并购战略转移。

（三）内容

1994—1996 年的 3 年里，美国企业的并购总额分别达到 3 406 亿美元、5 190 亿美元、6 588 亿美元。1997 年，美国企业的并购总额超过了 1 万亿美元，比 1996 年增加超过 50％。

1998 年，美国金融界的大型并购案频发，4 月 6 日，首先是旅行者集团与花旗银行宣布合并，合并之后的花旗集团资产总额达到 6 980 亿美元，客户超过 1 亿，企业业务遍及全球 100 多个国家，雇员超过 16 万人，成为仅次于大通曼哈顿银行的全美第二大金融集团。紧随其后的是美国美洲银行和国民银行宣布合并，合并金额达到 648 亿美元，资产总值超过 5 700 亿美元。仅隔数小时之后，美国第一银行与第一芝加哥银行也宣布合并，并购金额达到 298 亿美元，资产总值达到 2 300 亿美元。1999 年，美国网络以换股金额 220 亿美元的方式收购 LYCOS，并购后的新企业年销售额达到 15 亿美元，受众家庭 7 000 万个。2000 年，美国在线与时代华纳企业宣布合并，产生交易规模达到 1 550 亿美元。

从行业角度看，1997—2001 年，美国按照并购金额排序的前五行业分别是传播业、金融业、广播业、计算机软件及设备、石油，在这些行业涉及的并购金额占并购总值的 49％。按照并购数量排序的前五行业分别为计算机软件及设备、金融业、服务业、电子设备、经纪投行咨询业（表2－2）。

表2-2　1997—2001年美国交易价值超过1亿美元的前十大行业并购数量

目标行业	1997 年	1998 年	1999 年	2000 年	2001 年	5 年合计	比例（%）
计算机软件及设备	54	69	132	192	69	516	10.9
金融业	84	78	82	53	56	353	7.5
服务业	51	54	65	51	44	265	5.6
电子设备	40	43	66	73	24	246	5.2
经纪投行咨询业	55	46	38	65	36	240	5.1
传播业	27	50	59	64	26	226	4.8
广播业	38	27	49	43	30	187	3.9
公用事业	20	21	54	47	44	186	3.9
保险业	51	35	41	28	26	181	3.8
娱乐业	49	36	43	35	18	181	3.8

资料来源：1997—2001 年美国各年度 Merger Stat Review.

（四）效应

1. 科技进步和新兴产业的发展

类似于前四次企业并购浪潮，科学技术的进步以及新兴产业的发展是第五次并购浪潮的前提条件。一方面，新兴产业的发展需要大量的资金支持；另一方面，自 1994 年以来，美国国内的经济呈现出强劲增长的态势，企业总体经营绩效良好，有足够的资金调整战略，在两者的同时作用下，追求融资协同效应以及企业战略调整使企业并购成为双方较好的选择。

2. 美国政府放松垄断限制

美国政府对垄断管制的放松为企业大规模并购创造了条件。由于国际竞争力加剧以及国际市场的一体化，产业结构的调整促使各国经济实力的调整，各国政府为了增强本国企业的竞争力，纷纷放松了垄断的限制。1994 年之后，在反托拉斯政策方面，美国政府采取了低调态度，放松对企业并购的限制，极大程度降低了一些垄断行业和公用事业的进入壁垒，客观讲，加强了企业并购的活跃性。

3. 经济全球化

面对经济全球化的背景，美国企业为了迅速扩大企业规模采取强强联合方式，增强企业竞争力。在银行业，日本的银行在全世界排名前十的银行中占据一半以上，呈现出明显的竞争优势，其他国家为了寻求在世界市场上的立足地位，被迫扩大其银行规模，例如，美国波音公司与麦道公司的兼并，就是为了应对欧洲空中客车公司的挑战。

第二节　欧洲企业并购历史

一、背景

经济全球化的兴起刮起了大西洋两岸的并购旋风。随着经济全球化的广泛发展，各国的经济生产方式以及日常的生产活动联系日益密切，尤其是在欧洲、美洲等发达国家，经济之间的联系日益密切，已经形成你中有我、我中有你的命运共同体。在经济全球化的背景下，发达国家在服务贸易领域的市场开放度越来越大，金融行业、电信行业、流通行业等的跨国并购是推进企业跨国投资的重要力量；其次，欧洲企业意识到若想占据新世纪世界经济发展中的主角地位，就必须抢占世界上最大的市场。面对全球性的企业并购浪潮，欧洲企业不仅面临着巨大的压力，也为其带来了前所未有的机遇；最后，跨国并购模式逐渐成为发达国家进入国外市场的重要方式，欧洲企业并购也不例外。随着 20 世纪 80 年代全球化进程的推进，发达国家实行贸易保护主义，跨国企业进入国外市场面临着许多障碍，如关税、政策等方面的限制，加上传统的跨国并购多有"你死我活"的动机，市场竞争十分激烈。当代社会，随着经济全球化的发展、国际化生产进程的加快、世界贸易组织的成立、市场对外开放程度的提高，为跨国企业开拓国外市场提供了有利的条件。

二、并购模式

欧洲企业并购流程图如图 2 - 4 所示，企业的管理层选择目标企业兼并收购，并聘请投资银行中介机构作为企业兼并顾问。投资银行提出切实可行的企业兼并方案，征求目标企业董事会意见。若董事会否决提案，则企业兼并不成功；若董事会批准提案，则进行下一步，以书面的形式征求企业股东的意见。例如英国，若有超过50％的企业股东回复表示同意此项收购提议，则可进行最后一步的提交政府审核，政府主要是考虑企业兼并对于市场结构、市场竞争等方面的影响，最后做出是否批准这项计划的决定。

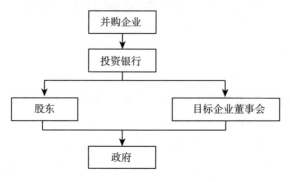

图2-4　欧洲企业并购流程图

三、并购特点

近年来，欧洲企业并购交易呈现出以下特点：一是企业并购交易大都集中在几大行业领域中，如：电信行业、金融行业、生物制药行业、IT行业；二是企业并购交易类型以合作型居多，恶意型兼并收购交易减少；三是并购模式属于战略驱动型并购，并购案例中存在数百亿、甚至上千亿的并购交易；四是在全球并购浪潮中，欧洲企业充当了主角，通过并购方式抢占美国大市场的地位，重塑欧洲企业的形象；五是欧洲政府政策的"绿灯效应"，企业并购产生的一切变化是由于政府政策的变化。企业并购政策的直接目的是为欧洲企业并购创造一个统一而相对宽松的政策环境，从而推动经济一体化向纵深发展。其直接目的就是为欧洲的企业并购建立一个统一的政策框架，尽可能地消除由于成员国政策不一致所造成的障碍，使得并购能在一个相对宽松和无歧视的政策环境中进行，也使欧洲经济一体化得以凭借企业并购这一方式向纵深发展。

四、并购浪潮

(一) 第一次并购浪潮 (19世纪末20世纪初)

这一时期，英国的并购活动有大幅度增长。1880—1891年间，共有655家中小型公司通过并购组成74家大型公司，垄断了各主要工业部门。尽管这一阶段英国重工业间也进行了为数众多的并购，企业规模有了一定程度的扩张，但是英国的并购活动还是以轻工业企业为主。在这一时期并购后的大企业，以纺织、酿造行业为主，钢铁、化工和电机等新兴行业的企业仍然处于较小的规模。在企业组织上，以家庭型、合作型企业组织形式为主，采用现代公司制的企业占少数。根据欧洲相关资料的统计，仅欧盟成员国瑞士的企业流向美国的资金就高达2 240亿美元，占其通过兼并与重组方式进行的对外投资总额的70%，其中不少企业并购案均属重量级；英荷消费品集团联合利华以每股73美元的价格收购美国贝斯特食品公司，总交易额达213亿美元，这个并购案将使联合利华获得全球食品行业的亚军地位；全球森林工业的巨子——芬兰和瑞典联营的斯托拉恩索集团收购美国的联合造纸公司，金额高达45亿美元；法国娱乐和通讯集团维旺迪公司以340亿美元的股票收购美国西格勒姆公司及其环球电影和宝丽金音乐部门；德国电信公司以500亿美元的股票收购美国的一家著名移动电话公司声流公司 (Voice Stream)；西班牙特拉网络公司以价值125亿美元的股票吞并了美国的Lycos公司；瑞士信贷银行出资115亿美元收购美国唐纳森—勒夫金—詹雷特银行 (DLJ)，后者是一家管理资产达1 200亿美元的大型投资公司。此外，大宗的跨大西洋交易还有瑞士银行并购美国潘伟伯证券公司等。

(二) 第二次并购浪潮 (20世纪20年代)

20世纪20年代的英国还处于萧条时期，但并未妨碍英国企业间并购活动的提升。由于科技的发展，许多新技术都能很好地应用到实际工业领域中，大规模的生产给企业带来了规模经济效益，并购浪潮也在这个时候席卷英国本土。例如，在化工方面，出现了由战前四大垄断组织 (布华纳景德公司、不列颠染料公司、诺贝尔公司和联合碱制品公司) 联合组成的化学工业

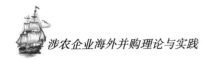

康采恩"帝国化学公司"（ICI），该公司基本上控制了英国化学生产的95％，合成氨的全部生产和燃料生产的40％。德国作为第一次世界大战的战败国，向其他国家支付的战争赔款使得德国的工业产值大幅度下降，垄断寡头趁机从各个方面降低成本，抬高物价，吞并中小企业。从1924年起，德国经济开始恢复，卡特尔数量从1 000增至2 100。与其他欧洲国家不同的是，德国的资本集中不是通过市场自然形成，它更大程度上是在政府调控和干预下形成的。

（三）第三次并购浪潮（20世纪50—60年代）

1972年，英国发生的并购数达到1 210起，并购资产总额达到25.3亿英镑，并且，很多并购事件都发生在大企业之间。制造业的并购活动加剧，1957—1969年，制造业中最大的100家公司中，有22家公司被并购。英国的沃达丰以131亿美元收购了印度的和记埃萨67％的股份；瑞士电信宣布愿意以48亿美元收购意大利的宽带提供商迅网电信（Fastweb）；西班牙电信联合四家意大利公司收购了意大利电信的最大股东，从而成为其理论上的最大股东；桑内康姆（Sonaecom）试图收购葡萄牙电信，迫使葡萄牙电信出售部分业务，并增发特别股利以提高负债率。由于历史原因，长期以来，德国企业的规模都比较小，所以，在前两次并购浪潮中并没有太大行动。到了1963年，政府进行了国家干预，修正了垄断法以放宽并购限制；1965年，又用降低税收的办法鼓励并购。所以，在1960—1970年间，法国的并购企业数也高达1 850家，年平均收购数比第二次世界大战前高出10倍。这次并购浪潮因为石油危机而平息下来。

（四）第四次并购浪潮（20世纪80年代）

欧洲企业第四次并购浪潮发生在20世纪80年代。1989年间，全世界共发生企业并购7700起，并购价值达到3 550亿美元。这次浪潮一直持续到20世纪90年代初，不仅持续的时间长，而且比以往任何一次并购浪潮的规模都大，方式也灵活多样，并购活动遍及所有欧洲国家。英国在1970—1975年间，工商企业的并购有4 911起，总价值为71.318亿英镑，平均每起价值145.2万英镑；而在1985—1990年间，共发生并购6 309起，并购数量只增加了 28.5%，但同期并购价值却达到 948.17 亿英镑，增加了 12 倍，平均每起价值 1 502.8 万英镑，增加了 9 倍。到 1990 年，随着经济的再次衰退，证券市场价格大幅度下跌，这次浪潮得以平息。

五、效应

从总体上看，欧洲企业并购对于全球经济的发展有显著的正面影响。欧洲企业并购不仅对欧洲经济的发展产生较大的影响，而且对世界经济的发展也产生了比较大的影响。从世界经济的角度看，欧洲企业并购加速了世界经济全球化进程，加速了生产国际化进程，加速了世界产业结构的调整过程，加速了在企业资产的拥有者、控制者、与企业外部经济主体进行的全球资本优化、资源重组的进程。从欧洲整体经济的角度看，欧洲企业并购美国企业可以缩小欧洲与发达国家在资本收益率方面的差距，有利于欧洲企业扩大国际市场份额占有率，在新经济时代竞争中抢占先机，促进欧洲经济一体化进程。但是，欧洲企业并购使得过量的资金份额流向美国市场，最终使得欧洲经济出现"贫血症"，欧元上市之后的低迷徘徊，正是这种资金"贫血症"的具体体现。

第三节　日本企业并购历史

一、背景

第二次世界大战之后，日本企业的并购活动随着国内经济的复兴而逐步发展。二战之后，日本国内经济存在许多被搁置的事项，物质较为匮乏，日本的国际收支上支出大于收入，使得外汇汇率上升，本币汇率下跌。但是进入 20 世纪 50 年代之后，日本加快了国内经济迅速恢复的步伐，国内资本投资活动日益活跃。到 1955 年，日本国内经济的发展得以恢复甚至超过了二战前的水平，1955—1973 年，日本经济经历了高速发展的阶段。如表 2-3 所示是 1955—1973 年日本国内生产总值（GDP）的变化。

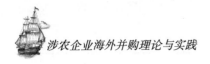

表 2 - 3　1955—1973 年日本国内生产总值（GDP）的变化

年　份	1955	1956	1957	1958	1959	1960	1961	1962	1963	1964
名义增长率（%）	10.8	12.6	15.2	6.3	14.3	21.4	20.8	13.5	14.4	17.6

年　份	1965	1966	1967	1968	1969	1970	1971	1972	1973
名义增长率（%）	11.3	16.1	17.2	18.4	17.5	17.9	10	14.5	21.8

资料来源：刘昌黎．现代日本经济概论［M］．大连：东北财经大学出版社，2008：10.

由表 2 - 3 可以看出，从 1955—1973 年，日本在这段时期多数年份的经济增长率大都超过了其他主要发达国家。日本之前由于战争和战败与欧美各国的经济差距较大，但是由于战后日本经济的高速增长，使得日本与欧美各国的差距逐步缩小，甚至超过了部分欧美国家。由表 2 - 3 知，1968 年日本国内生产总值增长率达到 18.4%，GDP 仅次于美国，处于世界第二位。而且从 20 世纪 50 年代，日本开始实施贸易立国的经济发展战略，其出口规模迅速扩大，到 1985 年、1986 年贸易顺差分别为 492 亿美元和 858 亿美元[①]。由于长期连续产生的贸易顺差，日本企业资金充足，且积累了大量的外汇，有能力进行大规模的并购活动。1985 年，由于处于美国的压力下，日本、美国、英国、德国、法国这五国签署了"广场协议"，在这之后，日元持续了 10 年升值，从 1985 年 9 月的汇率是 1 美元＝240 日元到 1988 年 1 月的汇率是 1 美元＝120 日元，只用了不到两三年的时间，日元升值一倍，这对于日本企业并购起到了巨大的推动作用，日本企业并购也是在这种背景下产生的。

二、并购动因

（一）获取优质资源

日本领土面积较小，人口众多，物质资源极其匮乏，日本经济的发展需要大量物质资源，其中绝大多数资源国内无法提供，只能依靠国外进口。因此，为了保障国内经济发展所需资源，需进行资源开发型企业并购，不仅能获得资源，还能降低生产成本。

---

① 刘昌黎．现代日本经济概论［M］．大连：东北财经大学出版社，2008：22.

（二）扩大市场份额

日本企业并购的另一动因是确保产品的市场份额。日本经济的发展依赖于产品市场，有严重的市场依赖性。由于日本经济的发展，使得日益增长的社会产品远远超过日本国内市场的容量，企业并购一方面是为了保障产品出口渠道顺畅，另一方面是为了扩大海外市场份额。

（三）避免贸易摩擦

20 世纪 70 年代末，日本与发达国家之间产生强烈的贸易摩擦，日本产品纷纷进入发达国家市场，由于日本产品质量高、价格低所具有的优势，给欧美等发达国家的相关联产业带来严重的冲击，因此，他们纷纷采取措施限制日本产品进入欧美国家。因此，为了避免贸易摩擦，避免发达国家各国对日本进口的限制，日本企业采取并购等方式，确保企业在国内和国际已有的市场份额甚至扩大市场份额，增加日本企业产品的市场竞争力。

（四）日元升值

20 世纪 50—70 年代，日本经济迅速发展，一跃成为世界第二大经济国。1955—1973 年，日本经济的年平均增长率高达 9.8％。1985 年，美国产生巨额贸易赤字，与之相对应，日本成为世界上最大的债权国。同年，由于处于美国的压力下，日本、美国、英国、德国、法国这五国签署了"广场协议"，迫使日元升值。之后，日元的升值持续了 10 年之久，美元兑日元的汇率由 1 美元＝250 日元上升到 1 美元＝87 日元，日元升值将近 3 倍。由于日元的升值，日本企业的并购速度进一步加快。

（五）避免公害

20 世纪 70 年代初，日本经济的迅速发展引起了公害，由于人类自身的活动造成了环境的污染以及破坏，对民众的生命、安全、健康、公有财产、私有财产、国民生活的舒适度等方面造成危害，不仅影响到国民生活，也影响到经济本身的发展。为了避免公害，日本企业把目光转向东南亚等发展中国家，企业战略的调整也获得了日本政府的支持。

三、并购浪潮

（一）第一次并购浪潮（20世纪60—70年代）

日本企业第一次并购浪潮发生在20世纪六七十年代。第二次世界大战之后，由于制度的变化，日本股东的地位下降。为了铲除日本财阀的势力，在盟军推动下，1950年日本修订了《商法》，限制了股东大会的权利，董事地位强化，股东地位弱化。20世纪五六十年代，日本企业实力较弱，为了防止外国企业的恶意收购，日本企业之间相互持股，企业股东对于企业的生产经营没有参与权。直到20世纪六七十年代，日本重返国际社会舞台，以经济开放为目的，实现贸易自由化、汇兑自由化、资本自由化的进程，参与国际竞争的强烈愿望推动了日本企业并购的进程。1963年11月日本产业结构调查委员会提交的《产业结构政策的方向和课题》中明确指出，"虽然生产协同化和企业集中、合并是企业自主判断的问题，但是在符合国民经济要求的情况下，政府应积极地协助和支持"，日本通产省先后制定了《国际竞争力强化法案》和《产业振兴临时措施法案》等，以促进当时的企业兼并[①]。

（二）第二次并购浪潮（20世纪80年代中期—90年代上半期）

20世纪80年代之后，迫于西方国家的压力，日元大幅度升值，日本扩大对外直接投资，企业海外并购尤其是并购美国企业的案件增多。日本企业对美国企业的海外并购，创下了日本企业最大的跨国并购案，三菱用14亿美元的价格购买洛克菲勒中心，索尼用34亿美元的价格收购了美国哥伦比亚电影公司。此时，正处于泡沫经济的高峰期，大多数企业并购以"金钱"为目的，也就是说企业之间的并购并不是以企业本身的发展为目的，而是将目标企业并购之后转手出售，以期达到获利的目的。直到20世纪90年代，企业并购的目的发生了转变，以企业改组、增强企业素质的善意并购占据主导，大企业之间的并购成为主流。

---

① 孙明贵.九十年代日本企业兼并的特点和原因[J].外国经济与管理，1999（1）：48.

（三）第三次并购浪潮（从 2002 年开始）

日本企业的第三次并购浪潮从 2002 年开始。2002 年以来，日本中央银行长期实行宽松的金融政策，日本经济发展良好，企业经营业绩突出，资金丰厚，企业收益增加，在企业人员、生产设备过剩的情况下，大多数企业都认为目前的国内市场没有发展前景，迫切通过跨国企业并购寻找商机。因此，2002—2006 年，企业并购的数量、金额呈现逐年上升趋势。2007 年下半年，由于金融机构对美国次贷危机的担心，企业并购资金放贷意愿降低、并购金额下降。2008 年全球性金融危机爆发，企业破产倒闭现象严重，日本企业又掀起了并购海外之风。这一阶段日本企业并购的目的，大多是为了抢夺企业经营权、控制企业运营，并购企业会寻找与公司战略吻合、提供新技术、可拓展新市场的国外企业并购。比如武田药品工业株式会社（Takeda Pharmaceutical）投资 88 亿美元收购美国生物科技公司 Millennium Pharmaceuticals Inc，从而获得了其抗癌药物的专利权；电子元件制造商 TDK 投资 2000 亿日元收购德国的 EPCOS 公司以填补其产品线的空白①。

四、并购特点

（一）企业并购规模庞大

相比于欧美发达国家，日本企业受到传统的保守与束缚，20 世纪 90 年代前，企业并购的进程缓慢，企业合并的数目较少。1998 年之后，日本各行业之间的并购重组速度加快。根据日兴证券 2000 年 7 月 1 日的统计结果，1999 年日本企业并购数目突破 1 000 件，达到 1 184 件；2000 年上半年，企业并购数目早已超过 800 件，与上年相比，同期增长 135％。就企业并购的金额而言，1998 年企业并购的价值为 32 万亿日元，1999 年企业并购的价值为 68 万亿日元，增长幅度超过 2 倍之多，创历史新高。

---

① Japan's cash-rich companies are buying up foreign firms [Z]. The Economist，2008 - 10 - 02.

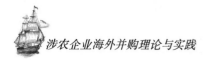

（二）企业并购目的的转变

二战之后，日本垄断资本较之于欧美垄断资本，其构成有自己的独特之处。日本企业之间的"相互持股"结构模式客观上加强了企业之间稳定关系的形成，企业之间通过相互持股等方式的结合，在一定程度上扩大了企业的生产经营规模。从实际情况看，企业之间的并购活动是一种摆脱困境的手段。20世纪90年代之后，受金融危机的影响，日本企业元气大伤，经济全球化加剧了日本企业之间的竞争。在这种局面下，日本企业之间的并购成为增强核心竞争力的反映。

（三）国内并购与国外并购并存

20世纪80年代末，日本企业进行大规模的海内外扩张并购。20世纪90年代末，欧美及日本企业并购中有了大型跨国企业的参与，1 000多件企业并购案件中，100多家属于跨国企业并购。从数量上看，日本企业国际并购少于国内并购，但是在大型合并领域中，外国企业成为并购的主要对象，如美林公司买下山一证券；法国雷诺公司将日产汽车并入自己的旗下；英国C&W公司取得IDC的控股权；长期信用银行则转给了美国的里波·伍德财团。此外，汽车业巨头通用汽车、软件业霸王——微软公司等超级企业也在这股合并中扮演了重要的角色；从合并金额上来看，据美国汤姆森金融证券数据公司调查结果显示，1999年外国企业参与的兼并金额约达21.7万亿日元，占总金额的32%。

（四）强强联合成为并购的主要手段

纵观日本的并购案例，参与合并的大都是同一行业领域中排名前列的大企业。在金融行业领域，日本十大银行中8家宣布并购，这些银行并购之后，日本金融界形成四大集团；在保险行业领域，日本最大的保险公司京东海上、排名第六的日动火灾公司、第五大寿险公司朝日人寿保险公司宣布合并；在造纸行业领域，第二大企业日本造纸公司、第四大企业大昭和造纸公司走向统一。这些案例说明，以往"大鱼吃小鱼"的合并方式已非主导，强强联合并购成为主流。

五、经验及启示

(一) 经验

企业并购是经济发展、企业扩张的必然产物。特别是在"广场协议"之后，日本总共发起了 21 起并购活动，但是这种并购经济繁荣的背后却是巨大的"泡沫"。当时的日本缺乏海外并购经验，结果在市场上损失惨重。20年前的日本企业大量并购经济落后、技术落后的美国企业，结果造成了严重的损失。这种教训是深刻的。导致日本企业并购失败的根本原因，是缺乏切合实际的规避短期风险的投资规划，也缺乏长远战略性的考虑。在对市场不熟悉以及无法预测投资回报的情况下，盲目进行投资的结果必然是失败。当然，也不能忽视日本企业并购带来的经验，并购成功的案例不在少数，如已被公认的"丰田模式"的全球扩张战略。丰田企业并购的特点在于：决策谨慎、循序渐进、先国内后国外、先持股吸收再兼并。丰田企业在海外并购中，注重了解当地的文化习俗、风土人情、企业文化，实行"本土化管理"。总体来讲，日本企业并购在经历了当年的失败之后，现阶段的大多数并购活动都具有战略性的意义，对我国企业并购的发展有十分重要的借鉴意义。

(二) 启示

1. 明确并购目标

企业经营的实质是赢利。企业在并购之前需了解并购要实现的战略目标，根据战略目标选择要并购的目标企业，保证目标企业能真正为并购企业的发展做出贡献，实现企业规模扩大、资源重组整合，提高企业核心竞争力，填补有市场潜力的企业。明确并购目标之后，有助于把握决策的方向性以及并购工作的顺利展开。

2. 做好对目标企业的尽职调查，合理评估并购协同效应

为了提高企业并购成功的可能性，企业并购之前要对目标企业进行深入的尽职调查，尽职调查主要内容包括企业经营状况、行业发展状况、财务状况、技术研发状况、企业文化状况等。通过尽职调查，判断并购业务的选择是否合适，最终制定合适的并购整合方案，降低并购风险。

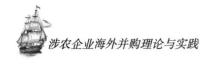

3. 做好并购后的整合工作

并购后的整合是企业并购的关键，可以提升企业的价值。并购后的整合主要包括企业制度整合、财务整合、市场营销整合、价值链整合、人力资源整合、企业文化整合等许多方面，其中人力资源整合和企业文化整合是并购整合的关键。

4. 从并购交易价值较小的企业开始

研究表明，较为成功的企业在初期并购规模较小，逐渐过渡到大规模的并购，最后进入核心业务领域。

第四节　中国企业并购历史

我国真正意义上的企业并购应该是从 1978 年改革开放开始的。随着企业自主经营权的扩大以及企业所有权和经营权的分离，通过并购来促进国有企业经营机制转化，合理配置资源，盘活资产乃至调整和优化产业结构的作用得到越来越广泛的重视。我国企业并购大体上可以分为 4 个阶段：试点起步阶段（1984—1987 年）、规范市场阶段（1987—1992 年）、快速发展阶段（1992—2001 年）、调整待发阶段（2002—2005 年）。

一、背景

20 世纪 90 年代世界第五次并购浪潮的兴起，促使改革开放后的中国企业愿意顺应趋势、走出国门、走向世界，投入市场竞争的环境中。跨国并购为中国企业打开了视野，拓展了发展空间，也为世界的发展打开了了解中国的大门。在经济复苏的背景下，企业之间并购日渐激烈，中国企业的频频并购是对之前"误机"弥补的最后时机。中国企业并购的背景可从两方面考虑：一方面，改革开放之后，随着中国加入 WTO 以及市场经济的发展与健全，中国企业迎来了转型的关键时期，具有内忧外患意识的龙头企业意识到满足现状只会被市场淘汰，纷纷将视角转移到国际市场，并进行新的实践和探索；另一方面，近年来，国内竞争激烈，国外企业的进入，贸易壁垒的限制，种种因素使得企业没有足够的空间获取利润，迫使企业另谋出路。

20 世纪 90 年代中期之后，国际企业并购浪潮规模庞大，涉及领域广泛，是世界经济发展中极具影响力的一个时期。这场世界范围的企业并购对国际经济以及国际市场格局的发展具有重大影响，不仅关系到发达国家经济的发展，而且关系到中国在内的发展中国家的影响。近年来，企业并购在我国发展迅猛，对资源优化配置、提高企业竞争力有着十分重要的作用。中国企业在经历了走向国际化、拓展海外市场两次大冲击之后，面临着结构优化、重新整合、占领世界市场的机遇与挑战。对于迈入 21 世纪的中国企业讲，企业并购是中国企业遭受的第三次大冲击，同时也是中国企业摆脱落后、走向成熟必须顺应的潮流趋势。

二、并购动因

（一）市场导向动因

中国企业并购的市场导向演示规律，如图 2-5 所示，一方面，并购具有较强的机遇性，是迅速占领国外市场的捷径，表现出巨大的优势。当国内市场被瓜分，面对激烈的市场竞争、产品同质化的现状，海外并购成为重要发展方向。为了迅速进入国外市场，并购方迫切希望通过并购的方式直接获得被并购方经营多年形成的成熟的流水生产线和销售渠道，缩短从投资到生产再到营销的时间间隔，便于企业把握投资机遇。另一方面，国际市场与国内市场不完全吻合，消费偏好多元化，打入国外市场需要迅速捕捉市场信号。

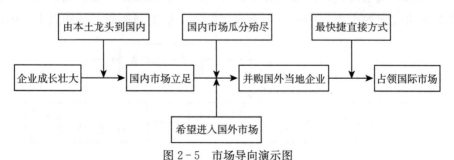

图 2-5 市场导向演示图

（二）品牌导向动因

中国企业并购的品牌导向演示图如图 2-6 所示，目前，企业品牌成为企业竞争力的有力手段。真正的龙头企业，是那些拥有自主品牌的企业。如果企业的经营没有持续的品牌忠诚度，只能称得上"销售"，而称不上"市场"。近年来，中国企业的品牌意识增强，从传统的产品转移到企业品牌上，并希望国内企业可以"走出去"，被世界广泛接受。改革开放以来，许多被老百姓熟知的企业品牌被外资企业吞并，沦为国外品牌。这种现象引起了我们的深思，中国失去了创建世界知名品牌的良好机遇，阻碍了我国企业扩大规模和增强竞争力。近年来，随着国人品牌意识的提高，中国企业加快了跨国并购知名品牌的进程。

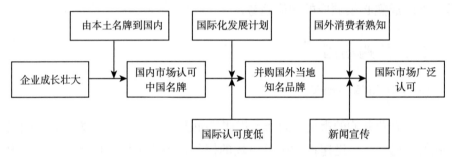

图 2-6 品牌导向演示图

（三）技术导向动因

中国企业并购的技术导向演示图如图 2-7 所示。在激烈的市场竞争中，技术革命时代已经到来。实践证明，外资企业借机瓜分中国市场，但是严格限制先进技术的引进，中国沦为最底层的生产加工制造商。长期以来，中国

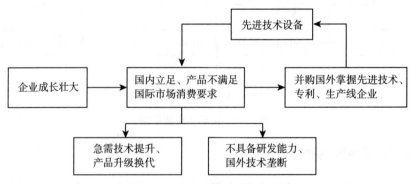

图 2-7 技术导向演示图

企业非但没有学到核心技术，还限制了本国企业的发展，破坏生态环境，失去了市场、创新能力和技术。在这样的情况下，众多企业纷纷将目光转向跨国并购。例如，2009 年末，北汽控股企业并购瑞典萨博汽车，最重要的并购内容是对变速箱和整车平台的生产技术以及设备、模具的所有权。通过并购北汽不仅提高了研发能力，还开创了自主品牌。

三、特点

（一）企业跨国并购规模逐步扩大

根据联合国贸发会议的统计数据，2007—2016 年近十年来中国企业跨国并购案例及增速、中国企业跨国并购收购金额及增速分别如图 2−8、图 2−9 所示，整体呈现出上升趋势，并在 2016 年达到高峰，实现跨国并购案例、跨国并购收购金额的最大化。

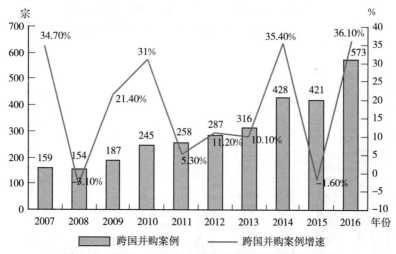

图 2−8　2007—2016 年中国企业跨国并购案例及增速

数据来源：联合国贸发会议。

2016 年全球跨国并购收购金额前 10 名的排名中（图 2−10），排名前 3 位的分别是荷兰、比利时、中国，并购金额分别达到 1 197.54 亿美元、1 010.6 亿美元、922.21 亿美元。随着中国经济实力的增强，完全支持大规模的海外并购。我国外汇储蓄激增，是企业参与海外并购有力的资金保障。

此外，由于产业结构调整、企业并购重组，我国企业规模变大、实力变强，有跨国经营的经验，具备对外投资优势。跨国并购有助于帮助中国优秀企业走出困境，实现整体突破性发展。

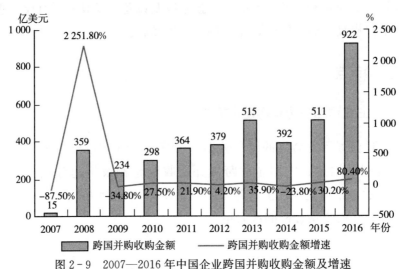

图 2-9　2007—2016 年中国企业跨国并购收购金额及增速

数据来源：联合国贸发会议。

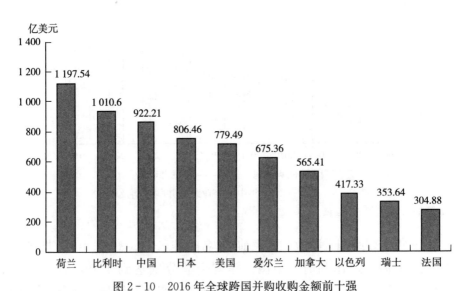

图 2-10　2016 年全球跨国并购收购金额前十强

数据来源：联合国贸发会议。

（二）扩大市场份额，获取核心技术

在全球市场扩张的背景下，中国企业发现并购行动可以迅速帮助企业整合资源。实施并购行动的目的不是为了提升企业的经营业绩，而是为了获取新技术，树立"品牌意识"，获得被并购方成熟的销售渠道，缓解中国与贸易伙伴之间的贸易顺差。企业通过并购海外知名品牌，借助其影响力拓展当地及其他海外市场，然后进行包装，获得当地消费者的认可，迅速打入当地市场。

（三）并购行业集中，以制造业与能源业为主

近年来，中国企业并购的投资行业有很多，但是很难改变已经形成的主要的投资行业。其中，根据历年并购的统计研究得出结论：我国企业并购行业高度集中，以制造业、能源业为主，行业并购金额的年增长率高达 70%。2007 年，中国企业海外并购共发生 25 起能源行业并购事件，增长 108%，并购金额达 52.88 亿美元，增长 54.3%。制造业行业的海外并购也是中国企业海外并购案例的重要组成部分。目前，中国企业的海外并购存在着结构不平衡的问题，但是随着产业结构的调整，第三产业逐步发展壮大，跨国并购也开始在服务业、金融业、零售业兴起。这不仅丰富了中国企业海外并购的行业，也标志着中国企业海外并购多元化战略的实施。

（四）并购模式多样，呈现"以小博大"趋势

自从产生跨国并购开始，始终以"强强联合"的模式运行。长久以来，国际市场上的大型并购事件都是同一行业具有垄断地位的企业并购相对弱势的企业，达到扩大企业规模、提高市场占有率、实现规模经济效应的目的，这一般也是跨国企业成长的过程。然而，在中国市场上，出现了新的企业并购趋势——"以小吃大"模式。2010 年 3 月，爆出只有 14 年历史的北京吉利出资 18 亿美元，成功并购了有八十几年历史的世界二十大汽车品牌之一的沃尔沃，根据《财富》杂志的统计，吉利集团在 2009 年收入为 42.89 亿元，而仅收购沃尔沃这一品牌就需要耗资 18 亿美元，相当于其近三年的全部营业收入。这场收购案为中国企业海外并购画上重重一笔。

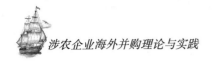

四、并购浪潮

(一) 试点起步阶段 (1984—1987 年)

我国企业并购最早发生在 1984 年河北省保定市。保定市政府为了摆脱企业亏损状态，同时给予优势企业资金、场地，大胆探索，采取大企业带动小企业、优势企业兼并劣势企业的做法，取得了良好效果。1984 年 7 月 5 日，以河北保定纺织机械厂承担被收购方全部债权债务的方式并购保定针织器材厂为开端，9 家优势企业先后并购了 10 家劣势企业，之后，企业并购相继在武汉、北京、沈阳等 9 个城市中出现。这一阶段并购的特点是：第一，企业并购基本在同一地区同一行业中进行；第二，并购企业数量少，规模小；第三，政府为了卸掉财政包袱，消灭亏损企业，大多以所有者身份介入并购活动；第四，并购方式主要有两种，分别为承担债务和出资购买。

(二) 规范市场阶段 (1987—1992 年)

1987 年以来，政府鼓励企业并购，出台了一系列的政策法规，党的十三大报告明确提出小型国有企业产权可以有偿转让给集体或个人。1988 年 3 月，第七届全国人民代表大会第一次会议明确把"鼓励企业承包企业，企业租赁企业"和"实行企业产权的有偿转让"作为深化改革的两项重要措施。1989 年 2 月，我国第一部有关企业并购的行政法规《关于企业兼并的暂行办法》颁布。这一阶段并购的特点是：第一，企业并购由少数城市向全国扩展，除了大中型城市之外，并购活动也发生在乡镇企业中；第二，并购形式由一对一的单个并购活动向一对多的复合并购方向发展；第三，企业并购由本地区、本行业逐步向跨地区、跨行业并购方向发展；第四，被并购企业不仅仅局限于亏损企业，企业并购的目标也发生了转变，紧紧围绕优化经济结构、调整地区产业结构、发展优势产品推进企业并购；第五，并购方式出现了控股方式和参股方式；第六，局部产权交易市场开始兴起，产权转让活动逐步走向规范化。

(三) 快速发展阶段 (1992—2001 年)

1992 年，中国确立了市场经济体制的改革方向，企业并购成为国有企业改革的重要组成部分。产权改革是企业改革的重要组成部分，政府越来越重视产权交易市场的培育和发展，企业并购在规模和形式上都有了新的突破。伴随着产权市场和股票市场的发育，企业并购在这一阶段表现出如下特点：第一，企业并购规模扩大，强强合并越来越多；第二，产权交易市场在企业并购中发挥着关键性的作用；第三，股权收购成为重要形式，我国股份制企业数量增多，证券市场发展迅速，证券市场中的企业并购事件增加；第四，中国并购市场趋于国际化，经济效益好、经济实力强的国有企业开始兼并外国企业，取得较好的收益。

（四）调整待发阶段（2002—2005 年）

2002 年以后，中国证监会发布了《上市公司股东持股变动信息披露管理办法》《上市公司收购管理办法》等法律法规，2003 年又对上市公司并购重组涉及的法律问题进行了细致的规范，基本确立了上市公司并购重组法律体系。政策鼓励实质性资产并购重组，寄希望于证券市场发挥资源优化配置的功能，同时也给外国投资者并购中国企业提供了法律依据。随着市场的逐步规范，企业并购活动趋于频繁。2002 年，我国企业并购数量的增长率高达 41.18％。2003 年，企业并购与上年相比仅增长了 2.38％。2004 年，企业并购数量首次出现了负增长。2005 年，企业并购数量上升，并购案件超过 500 件。

2005 年以后，我国企业并购又进入了快速发展阶段。从并购趋势看（表 2-4），此后几年，相比于国有企业，非国有企业的并购活动发展迅速。

表 2-4　不同性质企业发起的并购占年度并购数量比例（2006—2013 年）

单位:％

年份	国有企业	非国有企业
2006	61.26	38.74
2007	64.06	35.94
2008	61.28	38.72
2009	56.67	43.33
2010	60.91	39.09
2011	59.07	40.93
2012	58.33	41.67
2013	57.91	42.09

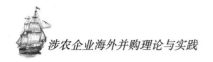

五、存在问题

（一）企业并购最大的外部障碍是发达国家政治上的敌意

我国企业的产权制度改革相对滞后，企业并购以国有企业为主，但国有企业的海外并购容易让人想到存在某种政治意图，从而遭到其他国家政府的政治干预，最终导致跨国并购的失败。比如：联想、海尔，几乎每一次中国企业的海外并购都会遭到他国政治方面的责难，处于矛盾漩涡。因此，发达国家政治上的敌意是中国企业并购最大的外部障碍。

（二）政府管理干预过多

我国企业并购最大的问题之一是政府的干预过多。企业并购涉及方方面面，协调比较困难，如果没有政府的支持很难进行下去，在市场不健全的情况下，政府的宏观调控是有必要的。但是目前，政府不合理的干预过多，充当并购主体，甚至越俎代庖，造成十分严重的不良后果：一方面行政垄断造成条块分割和地区封锁，违背市场规律人为规定了生产要素的流向，阻碍着跨地区、跨部门、跨所有制并购的进行，不利于资源的优化配置；另一方面有些企业主管部门借助于行政力量对并购双方实施行政性的"撮合"和"拉郎配"，强行要求优势企业并购劣势企业，从而加重了优势企业的负担，削弱了优势企业的竞争力。例如，猴王集团在行政干涉下，并购了宜昌市啤酒厂，虽投入不少资金和人力，但缺乏技术和管理经验，因此没有取得很好的效果[①]。政府的干预违背了市场经济的发展规律，达不到并购应实现的目标。

（三）企业并购管理水平低下

从企业的角度讲，在前期，没有充分认识到战略规划的重要性，没有充分考虑到企业并购的战略规划问题；在后期，没有充分认识到管理整合的重要性，对管理整合投入力度不够，没有发现其潜在价值，并购效率不高。此

---

① 郑浩昊．企业并购的社会经济条件［J］．湖北三峡学院学报，1998（4）：14．

外，企业并购的过程控制管理不规范，造成企业并购活动无法有序进行，达不到预期目标。从财务风险角度看，企业并购财务风险防范意识不足。企业并购过程中存在很多风险，如市场风险、管理风险、财务风险等等，其中，财务风险是最大的风险。财务报表是并购中进行评估和确定交易价格的重要依据，其真实性对整个并购交易至关重要[①]。对财务报表粉饰可以美化企业目标的经营状况，甚至可以把面临倒闭的企业掩饰得完美无缺。因此，财务风险是企业并购中必须考虑的主要风险。

六、对策建议

通过比较国内、国外企业并购的现状以及特点（表 2 - 5），对于我国企业并购的发展具有借鉴意义。

表 2 - 5　国内外企业并购特征比较

	外国企业海外并购	中国企业海外并购
并购对象	行业排头兵企业	业绩不佳的业务或销售渠道
并购条件	苛刻，控股权、控制销售权及财务权、品牌使用权	支付现金、承担债务
并购手段	逐步渗透、分步到位	出售股份
并购目的	整体布局、全行业通吃	扩大市场份额，获取核心技术，甚至关注短期套利
法律环境	（1）对重要行业的跨国并购实行严格管制； （2）制定完善的法律规定和严格的审查程序； （3）实行积极有效的行政和法律干预等	（1）审查制无禁止合并的权力，只有备案的作用； （2）没有单独的外资并购政策，缺乏全国统一、透明、公开、操作性强的产业政策和产业导向
典型案例	美国卡特彼勒成功并购中国工程机械龙头企业	中海油并购美国尤尼科石油公司、海尔并购美泰公司失败

通过比较分析，我国企业的跨国并购应从以下几方面努力改进。

---

① 罗伯特·阿诺.公司并购［M］.北京：企业管理出版社，1999：23.

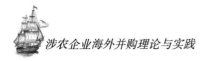

（一）宏观层面

1. 进一步健全和完善社会保障制度

企业并购过程中，隐性失业逐步显性化。对于富余人员必须分离，如果不能妥善安置与重组，企业并购无法进行。然而，目前我国社会保障体系还不健全、不完善，主要表现为养老保险的制度性偏差，医疗保障制度的公平与效率双欠缺，失业保险制度的功效低下，因此，健全和完善社会保障制度是刻不容缓的事情[①]。

2. 加强并购中的国际法律研究，加速国内法律制度建设

企业并购的法律条件，不仅在于制定和实施有关法律，而且也在于完善与企业并购有关的法律保障体系，包括明确的政策法规，规范政府行为、产权交易的秩序化、国有资产管理法律化，并购程序合理化等内容[②]。一方面，政府应注重他国重点监管的行业，考虑外汇管制的各项规定，充分了解东道国的法律规定；另一方面，借鉴国外经验，加快中国企业并购的立法工作，尽快完善企业并购的法律规范，实现企业并购规范化、法制化。

3. 对中国企业"走出去"提供金融政策支持

首先要成立专门的跨国并购管理机构，及时协调国家发改委、商务部、人民银行、财政部等相关部门的工作，为中国企业提供跨国并购的政策支持和咨询服务；二要适当放松对企业的金融控制和外汇管制，给予国内企业必要的海外融资权，鼓励企业开拓国际化融资渠道，并提供必要的政府担保；三要给予税收优惠政策，在避免双重征税的前提下，可采用多层次差异性税收政策，鼓励国内企业积极开展海外经营活动；最后，要为中国企业跨国并购提供保险支持，如借鉴日本等发达国家的经验，建立海外投资保险制度，促进对外投资企业加强与风险投资公司、保险公司的联系，建立风险共担机制，帮助国内企业防范和化解跨国并购风险。

---

① 陈朝阳. 中国企业并购论 [M]. 北京：中国金融出版社，1998：59.
② 郑浩昊. 企业并购的社会经济条件 [J]. 三峡学院学报，1998（4）：17.

（二）微观层面

1. 提高企业核心竞争力，努力创建国际品牌

我国企业必须全面提高自身科技水平，掌握世界先进的科学技术水平。随着技术的进步，生产日益趋于复杂化，结构也更复杂。因此，若想加入跨国并购的行列中，必须培育和提高企业的核心竞争力，突出主营业务，重点放在价值链上最具优势的环节上；同时，要努力创建国际品牌，争取战略环节的主动权。企业经营管理者要注重企业文化的培养，当然企业在培养自身的文化时，应避免一种只注重内部和短期的企业文化，保持一种健康的文化氛围，使其与公司的战略目标趋于一致[1]。

2. 重视并购产业、行业选择

综合国内外经济发展的需求，我国企业并购应重点选择以下行业：一是发展进口替代的资源开发性并购，建立一批战略性资源的国外供应基地，弥补国内资源短缺，维持国内经济稳定发展；二是开展成熟技术行业海外市场拓展，如：电子行业、家电行业等，提高行业效率，优化产业结构，扩大出口份额，提供外汇资金；三是开展高新技术的海外并购，如：航天技术、信息技术、生物工程等，学习国外先进的管理技术，推动产业结构优化升级。

3. 学习国外先进经验，提高企业软竞争力

在经济全球化的背景下，跨国企业之间的竞争已经上升到软竞争力阶段。所以中国企业在提升硬件的基础上，必须在提升企业软竞争力方面下工夫，不断学习和探索国外先进的管理经验，不断调整市场竞争的规则，提高企业软竞争力。

参 考 文 献

[1] 吴三强. 美国企业并购研究 [D]. 长春：吉林大学，2016.

[2] 刘芍佳. 欧洲企业并购及政府监管 [J]. 浙江社会科学，1999 (2)：30-35.

[3] 辜海笑，王继翔. 欧盟的企业并购控制政策及其影响 [J]. 世界经济研究，2002 (3)：81-85，89.

---

① 韩凤朝. 企业重组与企业文化重塑 [J]. 中外企业文化，2000 (1)：25.

［4］赵俊杰．欧洲并购美国：搭建新经济平台［J］．世界知识，2001（5）：32-33.

［5］宋达志．企业并购对欧洲公司信用质量的影响［J］．国际金融，2007（7）：53-57.

［6］洪霄烨．战后日本企业跨国并购及其启示［D］．长春：吉林大学，2010.

［7］孙志茜．全球经济复苏背景下中国企业跨国并购研究［D］．石家庄：河北工业大学，2011.

［8］郑浩昊．我国企业并购研究［D］．武汉：华中师范大学，2002.

［9］李晓静．中国企业跨国并购的战略思考［D］．北京：对外经济贸易大学，2006.

［10］黄美霞，侯军岐，王纪元．北京种业企业并购整合战略的建议［J］．中国种业，2017（9）：1-4.

［11］孙瑞瑞．跨国种业公司并购的反垄断法规制［D］．郑州：郑州大学，2016.

［12］张建平，侯军岐．我国种业企业并购财务管理研究［J］．价值工程，2016，35（21）：250-252.

第三章　企业并购理论

企业并购理论是企业并购实践的产物，也是企业并购实践的升华与提升，反过来又指导后续企业并购实践，提高企业并购效率，降低企业并购风险。J. 弗莱德韦斯顿曾对并购理论研究后指出：企业并购是由多种因素推动的，用一个一般化的理论来解释所有并购活动是极其困难的。本章主要介绍了企业并购理论体系的协同效应理论、差别效率理论、价值低估理论、委托代理理论、市场势力理论。

第一节　协同效应理论

一、协同效应理论的提出及内涵

（一）协同论的发展历程

协同论亦称"协同学"或"协和学"，是 20 世纪 70 年代以来在多学科研究基础上逐渐形成和发展起来的一门新兴学科，是系统科学的重要分支理论。其创立者是联邦德国斯图加特大学教授、著名物理学家哈肯（Hermann Haken）。1971 年他提出协同的概念，1976 年系统地论述了协同理论，发表了《协同学导论》，还著有《高等协同学》等。协同论认为，千差万别的系统，尽管其属性不同，但在整个环境中，各个系统间存在着相互影响而又相互合作的关系。其中也包括通常的社会现象，如不同单位间的相互配合与协作，部门间关系的协调，企业间相互竞争的作用，以及系统中的相互干扰和制约等。协同论指出，大量子系统组成的系统，在一定条件下，由于子系统相互作用和协作，这种系统研究的内容，可以概括地认为是研究从自然界到人类社会各种系统的发展演变，探讨其转变所遵守的共同规律。

安德鲁·坎贝尔等（2000）在《战略协同》一书中说："通俗地讲，协同就是'搭便车'。当从公司一个部分中积累的资源可以被同时且无成本地应用于公司的其他部分的时候，协同效应就发生了。"他们还从资源形态或资产特性的角度区别了协同效应与互补效应，即"互补效应主要是通过对可见资源的使用来实现的，而协同效应则主要是通过对隐性资产的使用来实现的"。蒂姆·欣德尔（2004）概括了坎贝尔等人关于企业协同的实现方式，指出企业可以通过共享技能、共享有形资源、协调的战略、垂直整合、与供应商的谈判和联合力量等方式实现协同。20 世纪 60 年代美国战略管理学家伊戈尔．安索夫（H. Igor Ansoff）将协同的理念引入企业管理领域，协同理论成为企业采取多元化战略的理论基础和重要依据。伊戈尔·安索夫（1965）首次向公司经理们提出了协同战略的理念，他认为协同就是企业通过识别自身能力与机遇的匹配关系来成功拓展新的事业，协同战略可以像纽带一样把公司多元化的业务联结起来，即企业通过寻求合理的销售、运营、投资与管理战略安排，可以有效配置生产要素、业务单元与环境条件，实现一种类似报酬递增的协同效应，从而使公司得以更充分地利用现有优势，并拓展新的发展空间。安索夫在《公司战略》一书中，把协同作为企业战略的四要素之一，分析了基于协同理念的战略如何可以像纽带一样把企业多元化的业务有机联系起来，从而使企业可以更有效地利用现有的资源和优势开拓新的发展空间。

由韦斯顿（J. F. Weston）提出的协同效应（Synergy）理论认为，公司兼并对整个社会有益，它主要通过协同效应在效率方面得以改进。协同效应是指两个企业兼并后，其产出比兼并前两个企业产出之和还要大，这一效应常被称为"2＋2＝5"效应。另一种是马克·L. 西罗尔（Mark L. Sirower）在《协同陷阱：并购游戏输在哪里》一书中给出的定义，协同效应是两家企业合并后的经营效益比两家独立企业所期望取得效益之和增加的部分。这两个关于协同效应的定义都认为企业并购后效率会高于任何一家公司单独运作，但马克·L. 罗西尔的定义为量化协同效应，为合理评估并购价值提供了分析思路。

（二）协同效应理论的内涵

协同是指企业并购后经济效益随着资产经营规模的扩大而得到提高，资产的经营规模可以通过横向、纵向或混合并购而获得。因此，横向、纵向或混合并购都能从协同理论中得到支持。协同效应主要指的是并购给企业生产经营活动在效率方面带来的变化以及效率的提高所产生的效益，其含义为：并购改善了公司的经营，从而提高了公司效益，包括并购产生的规模经济、优势互补、成本降低、市场份额扩大、更全面的服务等。协同效应理论认为，公司并购会产生协同效应，即所谓的"1＋1＞2"效应。并购的协同效应可归纳为：管理协同效应、经营协同效应、财务协同效应、市场力量等。协同效应主要表现为：

1. 规模经济效应

规模经济是指随着生产规模的扩大，单位产品所负担的固定费用下降从而导致收益率的提高。显然，规模经济效应的获取主要是针对横向并购而言的，两个产销相同（或相似）产品的企业合并后，有可能在经营过程的任何一个环节（供、产、销）和任何一个方面（人、财、物）获取规模经济效应。

2. 纵向一体化效应

纵向一体化效应主要是针对纵向并购而言的，在纵向并购中，目标公司要么是主并公司的原材料或零部件供应商，要么是主并公司产品的买主或顾客。纵向一体化效应主要表现在：可以减少商品流转的中间环节，节约交易成本；可以加强生产过程各环节的配合，有利于协作化生产；企业规模的扩大可以极大地节约营销费用，由于纵向协作化经营，不但可以使营销手段更为有效，还可以使单位产品的销售费用大幅度降低。

3. 市场力或垄断权

获取市场力或垄断权主要是针对横向并购而言的（某些纵向并购和混合并购也可能会增加企业的市场力或垄断权，但不明显）。两个产销同一产品的公司合并，有可能导致该行业的自由竞争程度降低；合并后的大公司可以借机提高产品价格，获取垄断利润。因此，以获取市场力或垄断权为目的的并购往往对社会公众无益，也可能降低整个社会经济的运行效率。所以，对横向并购的管制历来就是各国反托拉斯法的重点。

4. 资源互补

合并可以达到资源互补从而优化资源配置的目的，比如有这样两家公司

A和B，A公司在研究与开发方面有很强的实力，但是在市场营销方面十分薄弱，而B公司在市场营销方面实力很强，但在研究与开发方面能力不足，如果我们将这样的两个公司进行合并，实现优势互补，就会把整个组织机构好的部分同本公司各部门结合与协调起来，而去除那些不需要部分，使两个公司的能力达到协调有效的利用。

二、企业获取协同效应的重要前提

由于经济的互补性及规模经济两个或两个以上的企业合并后可提高其生产经营活动的效率，这就是所谓的协同效应。获取协同效应的一个重要前提是产业中的确存在规模经济，且在并购前尚未达到规模经济。

规模经济具体表现在两个层次：生产规模经济——企业通过并购可调整其资源配置，使其达到最佳经济规模的要求，有效解决由专业化引起的生产流程的分离，从而获得稳定的原材料来源渠道，降低生产成本，扩大市场份额。企业规模经济——通过并购多个工厂置于同一企业领导之下，可带来一定规模经济，表现为节省管理费用、节约营销费用、集中研究费用、扩大企业规模、增强企业抵御风险能力等。

兼并对工厂规模经济带来的好处是：企业可以通过兼并对工厂的资产进行补充和调整，达到最佳经济规模的要求，使工厂保持尽可能低的生产成本；兼并还能够使企业在保持整体产品结构情况下，在各个工厂中实现产品的单一化生产，避免由于产品品种的转换带来的生产时间的浪费，集中在一个工厂中大量进行单一品种生产，从而达到专业化生产的要求；在某些场合，企业兼并又能够解决由于专业化带来的一系列问题。现代化大生产由于科学技术的发展，在很多生产领域中要求实行连续化生产，在这些部门，各生产流程之间的密切配合有着极其重要的意义。企业通过兼并，特别是纵向兼并，可以有效地解决由于专业化引起的各生产流程的分离，将它们纳入同一工厂中，可以减少生产过程中的环节间隔，降低操作成本、运输成本，充分利用生产能力。

规模经济的另一个层次是企业规模经济，通过兼并将许多工厂置于同一企业领导之下，可以带来一定程度的规模经济。这主要表现在：节省管理费用。多数企业可以对不同顾客或市场进行专门化生产的服务，更好地满足他们各自的不同需要。而这些不同的产品和服务可以利用同一销售渠道来推销，利用相同技术扩散来生产，达到节约营销费用的效果。可以集中足够的经费用于研究、发展、设计和生产工艺改进等方面，迅速推出新产品，采用新技术。企业规模的相对扩大，使得企业的直接筹资和借贷都比较容易，有充足的财务能力采用各种新发明、新设备、新技术，适应环境和宏观经济的变化。

三、协同效应对企业产生的作用

（一）提高目标企业的管理效率

实现协同效应的方式之一，是提高目标公司的管理效率。当一家经营有方的公司收购管理上低效率的目标公司，通过适当的并购整合，将增加目标公司的价值。这不仅会给单个公司带来效率，也给社会带来福利的增进，这是一种帕累托改进。最终，随着公司规模的扩张，实现企业收入的增长。例如，在并购之前，两家公司由于生产经营规模的限制都不能接到某种业务，而伴随着并购的发生、规模的扩张，并购后的公司具有了承接该项业务的能力。此外，目标公司的分销渠道也被用来推动并购方产品的销售，从而促进并购企业的销售增长。当行业生产能力过剩，市场竞争十分激烈时，通过并购消灭竞争对手，削减过剩的生产能力，提高市场垄断力，从而提高企业效益。

（二）降低企业内部融资成本

成本降低是最常见的一种协同价值，而成本降低主要来自规模经济的形成。首先，规模经济由于某些生产成本的不可分性而产生，例如人员、设备、企业的一般管理费用及经营费用等，当其平摊到较大单位的产出时，单位产品的成本得到降低，可以相应提高企业的利润率。规模经济的另一个来源是由于生产规模的扩大，使得劳动和管理的专业化水平大幅度提高。专业化既引起了由"学习效果"所产生的劳动生产率的提高，又使专用设备与大型设备的采用成为可能，从而有利于产品的标准化、系列化、通用化的实

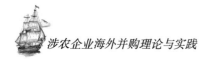

现，降低成本，增强获利能力。由企业横向合并所产生的规模经济将降低企业生产经营的成本，带来协同效应。将行业中处于不同发展阶段的企业联合在一起，可能会获得更有效的协同效应。其理由是，通过纵向并购可以减少各种形式的交易费用。

通过并购降低公司内部融资成本实现财务协同效应，也是并购协同效应的方式。财务协同效应理论认为，有大量内部现金流和少量投资机会的公司与有投资机会但缺乏内部资金的公司进行合并，可以获得较低的资金成本优势。目标公司的现金持有量可以用来判断公司的并购动因是否为实现财务协同效应。此外，一些项目的现金流量是正的，但是由于公司的原因得不到足够的资金，这时候公司就可能进行混合并购，即并购一个处于新兴行业的公司以吸引投资者的目光。从这个角度来讲，混合并购纯粹变成一种技术性的手段，使并购公司的一些项目能够获得融资以渡过财务困境。一旦这些项目的赢利性提高了，融资的协同作用也就结束了，这些公司就被再度抛出。干春晖教授认为，这一理论能够解释中国证券市场上的一些混合并购，如"借壳上市"目的可能仅仅是为了获得上市公司的直接融资平台[①]。

（三）有利于实现资产组合和风险分散

第一，股东虽可以在资本市场上对许多不同的企业进行分散投资，但有些股东尤其本身又是企业经营者的股东都不想失去对企业的控制权，因而，分散经营风险是企业能够长期经营下去的保障。

第二，企业员工分散其劳动收入来源的机会非常有限。一般来说，企业经营者及员工需要进行企业专用知识方面的投入。他们的大部分知识都是在为企业工作的过程中获得的，而这些知识只对本企业有价值，对其他企业而言并无多大的价值。企业员工由于具有专用知识，一般在其现有的工作中都要比在其他企业中有更高的劳动生产率。因此，他们看重自身工作的稳定性以及更多地获取专属知识和高薪的机会。获得高薪的机会通常与在企业中的提升联系在一起。分散经营风险可以给员工以工作安全感和增加提升机会，并且在其他条件不变的情况下，还会导致劳动力成本的降低。

---

① 干春晖. 并购经济学 ［M］. 北京：清华大学出版社，2004.

第三，在现代企业理论中，企业随着时间的推移而逐渐积累员工的知识技能，这些知识技能在某种程度上是企业专属的，用来将员工与工作岗位进行有效的配合，或者在特定工作中对员工进行有效搭配。当企业破产被清偿时，这些专属于企业的知识技能的价值也随之失去了。如果企业进行分散经营，这些知识技能便可以转移到正在发展的业务部门中去，保证企业团队和组织增长的连续性。

第四，企业还拥有无形资产如商标、专用技术、信誉等。无形资产是企业长期通过对广告、研究与开发、人员培训等方面的大量投资而获得的，能给企业长期带来经济利益。分散经营有助于保护企业的无形资产，因为当企业破产被清偿时无形资产便不复存在了。

第五，在财务和税收方面，分散经营可以提高企业的负债能力和降低企业经营不确定性引起的现金流量的波动。分散经营可以通过内部发展和并购方式来完成，然而在特定情况下，采用并购方式要优于内部发展的方式，因为通过并购可以迅速地实现分散化经营。

四、协同效应的类型

协同效应有很多种类型，最常见的有经营协同效应、管理协同效应和财务协同效应。

（一）经营协同效应

经营协同效应（Operating Synergies）主要指实现协同后的企业生产经营活动在效率方面带来的变化及效率的提高所产生的效益，其含义为协同改善了公司的经营，从而提高了公司效益，包括产生的规模经济、优势互补、成本降低、市场份额扩大、更全面的服务等。经营协同效应如图3-1所示。经营协同效应也叫作运营经济（Operating Economy），由于经营上的互补性，使得两个或两个以上的公司合并成一家公司之后，能够造成收益增大或成本减少，即实现规模经济。该理论假定在行业中存在着规模经济，而且在合并之前，公司的经营活动水平达不到实现规模经济的潜在要求。

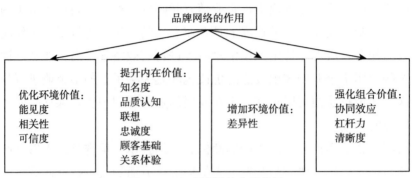

图 3-1　经营协同效应示意图

（二）管理协同效应

管理协同效应（Management Synergies）又称差别效率理论。管理协同效应主要指的是协同给企业管理活动在效率方面带来的变化及效率的提高所产生的效益。如果协同公司的管理效率不同，在管理效率高的公司与管理效率低的另一个公司协同之后，低效率公司的管理效率得以提高，这就是所谓的管理协同效应。管理协同效应来源于行业和企业专属管理资源的不可分性。管理协同效应如图 3-2 所示。

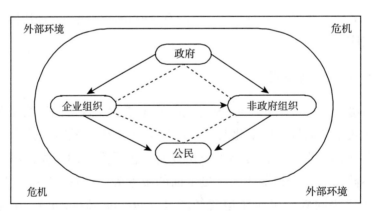

图 3-2　管理协同效应示意图

（三）财务协同效应

财务协同效应（Financial Synergies）是指协同的发生在财务方面给协

同公司带来收益：包括财务能力提高、合理避税和预期效应。例如在企业并购中产生的财务协同效应就是指在企业兼并发生后通过将收购企业的低资本成本的内部资金投资于被收购企业的高效益项目上从而使兼并后的企业资金使用效益更为提高。财务协同效应如图 3-3 所示。

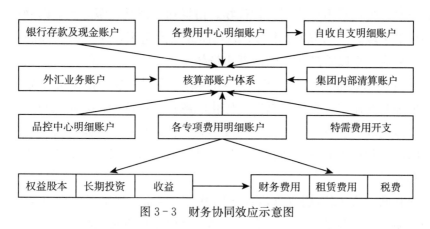

图 3-3　财务协同效应示意图

五、基于三种并购方式的协同效应

（一）横向并购的协同效应

横向并购的经营协同效应主要通过规模经济来实现。规模经济是西方经济学家解释公司并购动因的最早理论之一。干春晖教授在解释横向并购的规模经济时指出，只有公司到达一定的规模后，才有可能达到最低的市场成本，因此追求规模经济效应，降低产品和服务的平均成本就成为公司并购，特别是横向并购的重要动力。[①]

并购的规模经济效应主要表现在 5 个方面：平均管理费用因分摊范围的扩大而降低；销售渠道的同一化以及销售范围的扩大导致销售费用的降低；新技术、新产品的开发能力增强；公司扩张后其借贷和筹资变得相对容易，强大的公司财力可以使公司更容易适应外部环境的变化，从而提高公司竞争力和垄断力。

---

① 干春晖．并购经济学［M］．北京：清华大学出版社，2004．

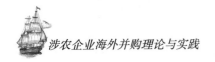

（二）纵向并购的协同效应

纵向并购的经营协同效应的理论基础源于科斯的现代公司理论。根据罗纳德·哈里·科斯（Ronald Harry Coase）的理论，公司的产生源于交易费用的节约，公司是市场机制的替代物，市场和公司是资源配置的两种可以互相替代的手段。[①] 公司通过并购形成规模庞大的组织，使组织内部的职能相分离，形成一个以管理为主的内部市场体系。

乔治·J. 斯蒂格勒（Stigler J. George）根据亚当. 斯密关于分工受市场程度限制的命题，提出对纵向一体化的解释。他认为，公司之间是否实行纵向一体化取决于以下两种方式的成本和收益大小：一种是在公司内部管理各种纵向关联行为的成本和收益；另一种是通过市场来实现上述关联行为的成本和收益。[②]

奥利佛·E. 威廉姆森（Oliver E. Williamson）列举了纵向并购中 5 个节约交易成本的源泉。①通过纵向一体化可以避免双头垄断或寡头垄断下的交易成本；②对于那些技术上很复杂或者要求定期设计或改变产量的产品，存在契约的不完备性，内部化可能节约协调成本；③在一些行业中，由于不确定性而导致战略性错误的风险很大，内部化削弱了出于机会主义目的而企图利用不确定性的动机；④一体化可能改进信息的处理过程；⑤一体化增强了机构在避开法规的限制以及避税等方面的适应性。[③]

克莱因、克劳福德和阿尔奇安（Benjamin Klein，Robert G. Crawford，Armen A. Alchian）认为若一项资产具有较大比例的、非常依赖于另外一项资产的准租金，那么这两项资产就会趋向于为一方所有。[④]

格罗斯曼和哈特（Sanford Grossman，Oliver Hart）在解释并购动因时

---

① Coase R. H. The nature of the Firm [J]. Economics New Series，1937，4（16）：390 – 397.

② Stigler J. George，Monopoly and Oligopoly by Mergers [J]. American Economic Review，1950（5）：68 – 96.

③ Oliver E. Williamson. 生产的纵向一体化、可占用性租金与竞争性缔约过程 [C] //企业制度与市场组织——交易费用经济学文选. 上海：上海人民出版社，1996：110 – 153.

④ Benjamin Klein，Robert G. Crawford，&Armen A. Alchian. 生产的纵向一体化、可占用性租金与竞争性缔约过程 [C] //企业制度与市场组织——交易费用经济学文选. 上海：上海人民出版社，1996：110 – 153.

认为，当契约成本过于高昂时，一方当事人就会把契约内部化。[①]

（三）混合并购的协同效应

J. 弗莱德韦斯顿（J. Fred Weston）[②] 在解释混合并购产生经营协同效应时指出，有人认为规模经济可以在一般的管理活动，如公司的规划和控制职能中获得。即便中等规模的公司也至少需要一个最小数目的办公人员，因此，有规划和控制才能的公司工作人员就可能在一定程度上未被充分利用。按照其观点，一般管理能力能够在并购活动中得以转移，因此，若并购后的公司恰好达到需要增加工作规模时，将会使收购公司原有的人员得到充分利用。由此得出的结论是混合并购也能够带来规模经济。

第二节　差别效率理论

并购效率理论是从并购后对企业效率改进的角度来考察的，认为并购和其他形式的资产重组活动有着潜在的社会效益。效率理论认为公司并购活动能够给社会收益带来一个潜在的增量，而且对交易的参与者来说无疑能提高各自的效率。效率理论的基本逻辑顺序是：效率差异──→并购行为──→提高个体效率──→提高整个社会经济的效率。这一理论包含两个基本的要点：①公司并购活动的发生有利于改进管理层的经营业绩；②公司并购将导致某种形式的协同（Synergy）效应。该理论暗含的政策取向是鼓励公司并购活动的。

一、差别效率理论的概念

该理论认为并购活动能够提高企业的经营绩效。它通常包括管理能力的充分发挥和提高，已获得某种形式的协同效应。差别效率理论又称为管理协同效应。差别效率理论主要指的是协同给企业管理活动在效率方面带来的变

---

①　Sanford Grossman, Oliver Hart. 所有权的成本和收益：纵向一体化和横向一体化的理论 [C] //企业制度与市场组织──交易费用经济学文选. 上海：上海人民出版社，1996：110 - 153.

②　Weston J. F. 接管、重组与公司治理 [M]. 第 2 版. 大连：东北财经大学出版社，2000.

化以及效率的提高所产生的效益。如果协同公司的管理效率不同，在管理效率高的公司与管理效率低的另一个公司协同之后，低效率公司的管理效率得以提高，这就是所谓的差别效率理论。差别效率理论应来源于行业和企业专属管理资源的不可分性。差别效率理论表明，现实中总存在着管理效率低或者没有充分发挥其经营潜力的企业。如果一家企业有一个高效率的管理队伍，其经营管理能力超过了企业本身的日常管理需要，该企业便可以通过并购一家管理效率低下的企业来使其额外的管理资源得以充分利用。有学者将差别效率理论称为管理协同假说。其主要内容为，若一家公司拥有一个高效率的管理团队，其能力超过了公司日常管理的需求，该公司便倾向于通过收购一家管理效率较低的公司来使其额外的管理资源得以充分利用。公司的管理能力是由组织经验和组织资本结合的产物，不同代表人物划分的方式不同，如图 3-4 所示。

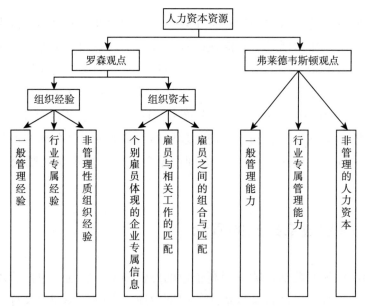

图 3-4　不同代表人物划分人力资本资源的方式

罗森将组织经验区分为三种：一般管理经验、行业专属经验、非管理性质组织经验。他将组织资本也区分为三种：一是体现在个别雇员中的公司专属信息，即由雇员体现的信息；二是雇员与相关工作的匹配；三是雇员之间的组合和匹配。韦斯顿认为，人力资源也可分为三种：一般管理能力，即一般管理职能中组织经验与相关组织资本的结合；行业专属管理能力；非管理的人力资本。其中一般管理能力可以转移到大多数其他行业中，行业专属管理能力只能转移到相关行业中，而非管理的人力资本则很难转移到其他公司中。J. 弗莱德韦斯顿（J. Fred Weston）举例说，那些面向研究开发而缺乏营销组织的公司，往往会被相关业务领域中有强大营销管理能力的公司所收购。[①]

该理论可以解释横向并购、纵向并购以及混合并购。与该理论十分相似的一种理论是亨利·梅恩（Henry G. Manne）提出的"无效率的管理者理论"。亨利·梅恩认为，对管理的控制主要依赖于代价高昂的外部接管机制。无效率的管理者指不称职、未能充分发挥公司的经营潜力，而另一团体则可能会更有效地进行管理。差别效率理论更可能成为横向并购的理论基础；而无效率的管理者可能为从事不相关业务的公司间的并购活动提供基础。这种理论解释这样的结论：当整个经济社会中只有一家企业时，其管理效率将达到最大化。显而易见，这一结论是不现实的，差别效率理论没有考虑企业并购后由于规模的扩大，管理层次的增多，管理效率的提高受到内部协调或者是管理能力的限制。差别效率理论在横向并购方面具有一定的说服力。

效率理论仅仅从生产规模以及实现规模经济效益和利用过剩管理资源以提高管理效率两个方面来说明问题。但是，在科技高速发展的今天，高科技产业的效益是巨大的，而高科技的运用是与高投入紧密联系在一起的。通过企业并购，可以迅速扩大资本规模，从而为企业采用高科技提供资金上的保证。尽管企业并购能够提高企业经营绩效，但并非都是为了取得规模效益。

该理论有两个基本假设：

①如果收购方有剩余的管理资源且能轻易释出（Release），并购活动将是没有必要的；但如果作为一个团队（Team）其管理是有效率和不可分割的，或者具有规模经济，那么通过购并交易使其剩余的管理资源得到充分利用将是可行的。

②对于目标公司而言，其管理的非效率可经由外部经理人的介入和增加

---

① J. Fred Weston. 接管、重组与公司治理［M］. 第 2 版. 大连：东北财经大学出版社，2000.

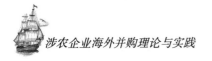

管理资源的投入而得到改善。

二、差别效率理论的作用

并购差别效率的作用主要表现在以下几个方面：

（一）节省管理费用

例如，开展并购，通过协同将许多企业置于同一企业领导之下，企业一般管理费用在更多数量的产品中分摊，单位产品的管理费用可以大大减少。

（二）提高企业运营效率

根据差别效率理论，如果 A 公司的管理层比 B 公司更有效率，在 A 公司收购了 B 公司之后，B 公司的效率便被提高到 A 公司的水平，效率通过并购得到了提高，以至于使整个经济的效率水平将由于此类并购活动而提高。因此，并购不仅会给参加者（并购双方）带来利益，而且会因整个经济效益水平的提高而带来社会效益。也就是说，两个企业之间的并购具有管理协同效应。这一理论表明从事相似经济活动的企业最有可能成为潜在的收购者，这是由于他们具有相对低于行业的平均管理水平。这一理论假设，收购企业的管理层作为一个整体受不可分性或规模经济的制约，并且假设受行业需求状况和竞争的影响，收购企业在自身的基础上进行扩张是不可行的，但可以通过并购相关行业内的另一家企业，发挥其过剩的管理能力，从而提高效益。

（三）充分利用过剩的管理资源

如果一家公司有一高效率的管理队伍，其一般管理能力和行业专属管理能力超过了公司的日常管理要求，该公司便可以通过收购一家在相关行业中管理效率较低的公司来使其过剩的管理资源得以充分利用，以实现并购差别效率理论，这种并购之所以能够获得协同效应，理由主要有两个：第一，管理人员作为企业的雇员一般都对企业专属知识进行了投资，他们在企业内部的价值大于他们的市场价值，管理人员的流动会造成由雇员体现的企业专属信息的损失，并且一个公司的管理层一般是一个有机的整体，具有不可分性，因此剥离过剩的管理人力资源是不可行的，但并购提供了一条有效的途径，把这些过剩的管理资源转移到其他企业中而不至于使它们的总体功能受到损害；第二，一个管理低效企业如果通过直接雇佣管理人员增加管理投入，以改善自身的管理业绩是不充分的或者说是不现实的，因为受规模经济、时间和增长的限制，无法保证一个管理低效的企业能够在其内部迅速发展其管理能力，形成一支有效的管理队伍。

差别效率理论对企业形成持续竞争力有重要作用，因此它成为企业协同的重要动机和协同后要实现的首要目标。深入理解差别效率的含义以及作用机制是取得差别效率理论的前提。在操作中首先要选择合适的协同对象，其次要通过恰当的人力资源政策使得管理资源得到有效的转移和增加，最后不能忽视文化整合的作用。

第三节　价值低估理论

一、价值低估理论的概念

关于企业价值的定义，金融经济学家给企业价值下的定义是：企业的价值是该企业预期自由现金流量以其加权平均资本成本为贴现率折现的现值，它与企业的财务决策密切相关，体现了企业资金的时间价值、风险以及持续发展能力。扩大到管理学领域，企业价值可定义为：企业遵循价值规律，通过以价值为核心的管理，使所有企业利益相关者（包括股东、债权人、管理者、普通员工、政府等）均能获得满意回报的能力。显然，企业的价值越高，企业给予其利益相关者回报的能力就越高。而这个价值是可以通过其经济定义加以计量的。企业价值的构成情况，如图3-5所示。

所谓价值低估是指企业的权益（股票）的现行市场价值低于其内在价值。价值低估理论认为，当目标公司的市场价值由于某种原因未能反映出其真实价值或潜在价值时，其他公司可能将其并购。因此，价值低估理论预言，在技术变化日新月异及市场销售条件与股价不稳定的情况下，并购活动一定很频繁。

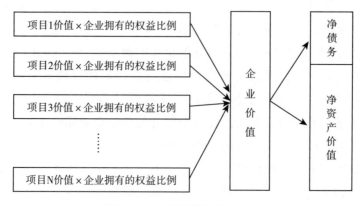

图 3-5　企业价值构成示意图

价值低估理论有若干方面，每一方面的性质和内涵都有些不同。

（一）短视理论

该理论认为问题的所在是市场参与者，特别是机构投资者强调短期的经营效果，其结果将导致有长期投资方案的公司价值被低估，当公司价值被低估时，他们就成为对其他有大量可从自由支配资源的公司或个人投资者（进攻者）而言有吸引力的目标。

（二）托宾Q理论

经济学家托宾于 1969 年提出了一个著名的系数，即"托宾 Q"系数（也称为托宾 Q 比率）。Q 比例的定义为企业证券市场价值与其资产重置成本之比，在西方国家，Q 比率多在 0.5 和 0.6 之间波动。Q 比例低于 1 表明企业证券市场的价值低于其重置成本，Q 比例如果高于 1 则证明企业证券市场的价值高于其重置成本。Q 比例如果较低的话，如果一家公司想要增加其特定产品的生产能力，它不必要从头做起，只需购买一家生产此类产品的公司就可以达到目的，而且，付出的价格也要低一些，例如，如果平均 Q 比率在 0.6 左右，而超过市场价值的平均收购溢价是 50%，最后的购买价格将是 0.6×1.5，相当于公司重置成本的 90%。因此，平均资产收购价格仍然比当时的重置成本低 10 个百分点。所以，Q 比例低于 1 实际上表示该公司的价值被低估了。在价值低估的年份，如东南亚金融危机后的东南亚国家，股票市场的价格低迷，为一些公司提供了较低的低价购买的机会。

（三）信息不对称理论

大量的研究表明：即使在欧美国家那样发达的资本市场上，股票市价能反映所有公开的信息，但未必能反映所有未公开的"内幕信息"。一些实力雄厚的大机构或大公司通常具有相当的信息优势，它们比一般投资者更容易获取关于某个公司竞争地位或未来发展前景的"内幕信息"，而此时整个市场对此却一无所知，知情者若发现该公司的股票市价低于其真实价值，就可能趁机收购其股票。另外一种假说与上述理论有相似之处，这一假说认为：某些公司的管理当局具有高超的分析能力，并在发现新信息或新机会方面具有"警犬一样的嗅觉"，他们能对大量潜在的并购对象进行连续不断地跟踪和扫描，以企业家特有的敏感，能迅速辨认出那些拥有宝贵资源或颇具成长潜力但却不幸被市场低估的目标公司。

二、价值低估的原因

某些企业的价值在市场上可能被低估，所谓企业价值被低估，是指企业市场价值低于企业重置成本。当一个企业的价值被低估时，就很有可能成为有大量可供自由支配资源的企业的平均目标。价值低估理论认为，企业并购活动的发生，主要是因为目标企业的价值被低估。

企业的市场价值被低估的原因主要有以下几点：一是目标企业的经营管理能力未充分发挥应有的潜力而价值被低估，目标企业的经营者由于管理能力的原因，未能充分发挥自己应有的潜能，因此该企业的实际价值被低估了；二是并购企业拥有外部市场所没有的关于目标企业真实价值的内部信息，由于信息不对称，即收购者有内幕信息，他们如何获得内幕消息可能随着具体情况的不同而改变。但是如果竞价者有市场上所没有的消息时，若他们认为目标企业的价值被低估时，往往就会产生并购期望；三是由于通货膨胀造成资产的市场价值与重置成本的差异，造成企业的价值被低估。美国经济学家托宾提出过一个著名的系数，即"托宾 Q"。托宾 Q 值是企业市场价值与企业重置成本的比值。托宾等人通过研究发现：如果某一公司想要增加生产特定产品的能力，他可以通过购买一家生产此类产品的公司来达到目的，而不是从头做起。当托宾值小于1时，则企业的实际价值被低估，表明企业并购成本低于目标企业重置成本，比重新组建一家企业便宜；四是市场参与者，特别是机构投资者，强调短期的经营成果，其结果是导致有长期投资方案的企业价值被低估。当某一企业股票的市场价值低于资产的重置成本时，它将成为被并购的对象，并购将会产生潜在的效益。比如20世纪70年代的美国，由于通货膨胀等内在的各种原因，美国的股市在70年代一直处于低迷状态，直到1982年以后随着通货膨胀率的下降和商业前景的改善，股价才逐渐开始回升。通货膨胀导致了资产的现行重置成本大大高于历史账面成本。这两个方面的影响导致了托宾Q值的下降。Q值是公司股票的市场价值与净资产的重置价值之比。美国70年代末到80年代初，Q值在0.5～0.6。如果一家企业想要扩大生产能力，可以通过购买一家生产此类产品的企业迅速达到这一目的，而且更便宜。例如，如果Q值为0.6，支付的溢价率为50%（这也是20世纪70年代末的平均水平），可以得出并购价格为$0.6 \times 1.5 = 0.9$。这意味着平均并购价格仍比所并购资产的重置净值低10%。可见当Q值较低时，可以为价值低估理论的有效性提供一个广阔的基础。在技术变化迅速以及市场销售条件与股价不稳定的情况下，由于价值低估的情况屡见不鲜，企业并购将会很频繁。

价值低估理论即使出于这种考虑也同管理协同及经营协同理论没有太大的区别。因为Q值较低必然是因为目标企业要比一般企业经营管理效率更低或资源未能充分发挥作用，价值低估理论不能单独存在，它也必须要有管理协同及经营协同理论方面的基本原理。

三、价值低估理论的限制

价值低估理论是从纯粹的财务角度来看待并购行为的，用它来解释20世纪80年代盛行的财务并购现象比较有效，但它至少受到以下两个方面的限制。

1. 宏观经济环境的影响

在经济周期的高涨阶段，投资踊跃，股票价格上升，价值被低估的公司数量减少，则并购行为发生的频率降低。因此，价值低估理论可以解释衰退期和萧条期的并购现象，而难以解释经济高涨期和繁荣期存在的大量并购现象。

2. 企业实力的限制

按照价值低估理论，并购企业需要有远远超过目标企业的实力，因而同等规模同等 Q 比率的企业之间的并购几乎不可能发生，即使有举牌出价也会因对手反收购而失败。因此，它不能解释大型的战略并购现象（如时代华纳和美国在线的并购）。

第四节　委托代理理论

一、委托代理理论的概念

委托代理理论是建立在非对称信息博弈论的基础上的。非对称信息（Asymmetric Information）指的是某些参与人拥有但另一些参与人不拥有的信息。信息的非对称性可从以下两个角度进行划分：一是非对称信息发生的时间，二是非对称信息的内容。从非对称信息发生的时间看，非对称性可能发生在当事人签约之前（Ex Ante），也可能发生在签约之后（Ex Post），分别称为事前非对称和事后非对称。研究事前非对称信息博弈的模型称为逆向选择模型（Adverse Selection），研究事后非对称信息博弈的模型称为道德风险模型（Moral Hazard）。从非对称信息的内容看，非对称信息可能是指某些参与人的行为（Action），研究此类问题的，我们称为隐藏行为模型（Hidden Action）；也可能是指某些参与人隐藏的知识（Knowledge），研究此类问题的模型我们称之为隐藏知识模型（Hidden Knowledge）。

委托代理理论是制度经济学契约理论的主要内容之一，主要研究的委托代理关系是指一个或多个行为主体根据一种明示或隐含的契约，指定、雇佣另一些行为主体为其服务，同时授予后者一定的决策权利，并根据后者提供的服务数量和质量对其支付相应的报酬。授权者就是委托人，被授权者就是代理人。

委托代理关系起源于"专业化"的存在。当存在"专业化"时就可能出现一种关系，在这种关系中，代理人由于相对优势而代表委托人行动。现代

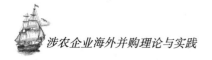

意义的委托代理的概念最早是由罗斯提出的："如果当事人双方，其中代理人一方代表委托人一方的利益行使某些决策权，则代理关系就随之产生。"委托代理理论从不同于传统微观经济学的角度来分析企业内部、企业之间的委托代理关系，它在解释一些组织现象时，优于一般的微观经济学。

委托代理理论是过去 30 多年里契约理论最重要的发展之一。它是 20 世纪 60 年代末 70 年代初一些经济学家深入研究企业内部信息不对称和激励问题发展起来的。委托代理理论的中心任务是研究在利益相冲突和信息不对称的环境下，委托人如何设计最优契约激励代理人。

委托代理理论的主要观点认为，委托代理关系是随着生产力大发展和规模化大生产的出现而产生的。其原因一方面是生产力发展使得分工进一步细化，权利的所有者由于知识、能力和精力的原因不能行使所有的权利；另一方面专业化分工产生了一大批具有专业知识的代理人，他们有精力、有能力代理行使好被委托的权利。但在委托代理的关系当中，由于委托人与代理人的效用函数不一样，委托人追求的是自己的财富更大化，而代理人追求自己的工资津贴收入、奢侈消费和闲暇时间利用最大化，这必然导致两者的利益冲突。在没有有效的制度安排下，代理人的行为很可能最终损害委托人的利益。而世界上不管是经济领域还是社会领域都普遍存在委托代理关系。

二、企业并购的代理问题

委托代理问题起因于两权分离模式下的现代公司制度。两权分离是现代企业的一大优点，但管理者与所有者的利益取向不同，管理者会因为工作中缺乏动力或进行额外的消费来满足自身的利益而损害股东财富的最大化，从而产生代理问题。代理产生的基本原因在于管理者和所有者之间的合约不可能无代价地签订和执行。由此而产生的代理成本包括：①构造一系列合约的成本；②委托人对代理人行为进行监督和控制的成本；③限定代理人执行最佳决策或执行次佳决策所需的额外成本；④剩余损失，即由于代理人的决策和委托人福利最大化的决策间发生偏差而使委托人所遭受到的福利损失。剩余损失还可能是由于合约的完全履行成本超过其所能带来的收益而造成的。

这些代理成本无疑会降低公司的市场价值，而且由于股东与经理人的目标不一致、信息不对称、股东之间相互"搭便车"等原因，公司的代理成本可能会变得很高。委托人和代理人利益不一致和信息不对称所产生委托代理问题及产生原因，如图3-6所示。

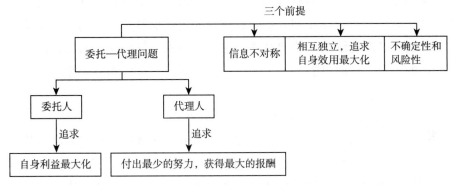

图3-6　委托—代理问题产生的原因

　　代理问题在并购公司和目标公司都会存在，因此，用代理问题来解释并购也有两方面的内容：一方面，代理问题是客观存在的，虽然它可以通过一些组织结构和市场方面的机制来得到控制，比如对公司决策权的重新安排，可以降低代理人的权利，管理者的报酬制度和聘用的长期制，外部管理者的市场竞争，股票市场的价格变动等。但当所有这些机制不足以控制代理问题时，外部的并购将为这一问题的解决提供最后的控制手段。并购可以使外部管理者战胜现有的管理者和董事会，从而取得对目标企业的决策控制权。这说明，如果企业管理者当局因为无效率或代理问题而导致经营潜力得不到充分发挥的话，企业就可能面临并购的威胁。因此，代理问题严重的企业会成为并购的对象，而认识到被并购企业的经营效率低下是因代理问题而导致的那些企业将成为并购者。所以，被并购企业的代理问题可能推动企业之间的并购。另一方面，在通常情况下，并购企业的并购行为并不是由股东发起的，而是由并购公司的董事会或者经理代表股东策划完成的。由于代理问题的存在，经理人员在做出并购决策时，能否代表股东的利益就是值得怀疑的。经理人员的并购决策往往是"肥了自己，亏了股东"。所以，从并购公司角度看，并购公司的管理者所提出的并购，从动机上来说，也可能是代理问题的表现。这类并购将更多地体现管理者的利益要求。在西方学者的研究文献中，对这一方面代理问题引致的并购提了许多假说来解释。作为代理问题解决办法的并购理论仅说明了存在严重代理问题的企业将会被收购，但收购之后并不一定能保证代理问题会消失。这种并购会破坏管理层职位的稳定性，从而导致与企业长期利益相反的管理决策。在随时存在并购威胁下，管理层往往更会注重企业短期效益而忽视任何与长期效益相关的投资决策。

委托代理理论认为，公司经理会出于自身利益最大化的考虑做出收购其他公司的决定，从而可能侵害了公司股东的利益。具体而言，企业并购活动的代理问题包括：

1. 建造公司帝国和过度投资

建造公司帝国又被称为"帝国大厦"假说。该理论认为，对高层管理者而言，经营大企业当然比小企业更有优势、希望和地位，薪水也可能更高。由于兼并与收购比内部投资能够更容易、更迅速地使企业规模得以扩大，所以经理人员便热衷于通过并购建立自己的"帝国大厦"。公司经理们具有建造公司帝国的倾向，这是因为，随着公司规模的扩大，他们控制更多的资源，经理们的薪酬也将随之增长。同时，公司规模的不断扩张也给下属员工创造更多的提升机会，这为公司的高层经理们在权力分配过程中提供了寻租空间。如果建造公司帝国确实可以给公司经理们带来控制权私人利益，那么经理们不仅会有过度投资的倾向，而且还会想方设法维持其所控制的公司帝国。

2. 多元化经营

多元化经营从管理者的角度说明了企业并购活动的代理问题。并购是企业获得管理价值最大化的行为。管理者希望通过并购扩张企业，不断促使企业迅速发展，以实现其在事业上的雄心壮志。在企业并购中，特别是在脱离商业活动的情况下，最普遍的并购动机来自管理者的事业心、成就感。而企业内部的积累难以达到迅速扩张的目的，因此，并购称为管理者乐于接受的一种扩张方式。

该假说表明管理者知道自己在并购过程中支付了过高的价格，并购是在牺牲股东利益的情况下使得自身所控制公司的规模最大化。因为管理者的补偿与其自身所控制的资产的数量有关，所以管理者喜欢追求资产增长的速度而非利润（Marris，1964）。同时，管理者为了减少人力资本方面的风险，乐于从事相关多元化的业务（Amihud，Lev，1981），公司经理们喜欢多元化经营，目的在于分散公司的经营风险，同时降低自身的职业风险。但是结果证实以管理主义为目的的并购，给企业带来的效益是负的（Berkoitch & Narayanan，1993；Seth，Song & Pettit，2000）。

3. 自由现金流量假说

该理论认为，经理人员和股东对于处置"自由现金流量"存在意见不一致的情况。自由现金流量是指在一定时期内企业的现金持有量超过投资需求和正常周转所需的部分。股东要求"自由现金流量"应该支付给股东，但经理人员认为若支付给股东会减少他们所控制的资源，所以经理人员可能将自由现金流量用于收购和兼并其他企业。詹森（Jensen）将闲置现金流量定义为超过所有投资项目资金要求量的现金流量，且这些项目在以适用的资本成本折现后要有正的净现值。詹森（1986）认为，由于股东和经理人员在限制现金流量配置问题上的冲突而产生的代理成本，是造成接管活动的主要原因。这个代理问题可以分为两个方面来理解，一方面，股东和管理者在企业战略选择上具有严重的利益冲突的，代理成本是不能妥善解决这些利益冲突而产生的。当代理成本很高时，接管活动有助于降低这些费用。另一方面，代理成本又可能是并购造成的，因为管理者可以运用闲置现金流量来并购其他企业。

闲置现金流量的派发，将会减小管理者控制之下的资源规模，并相应缩小管理者的权力，这样可以降低代理成本。但是，管理者常常并不把这些现金流量派发给股东，而是投资于很低的项目，或大举进行并购，以扩大企业的规模，由此造成更大的代理成本。公司经理不愿意把自由现金流量还给股东。因为，一方面，把自由现金流量还给股东，减少了公司经理所能控制的资源；另一方面，现在把自由现金流量支付给股东，将来需要钱时就可能面临再融资问题。因此，在自由现金流量的使用上面，股东和经理之间存在利益冲突。公司经理可能会滥用公司产生的自由现金流，投资于那些低收益的项目上，包括从事一些不能为股东创造价值的并购活动。

詹森（1986，1988）对企业并购进行研究之后构建了自由现金流量假说。其认为，由于股东与经理之间在自由现金流量派发问题上的冲突而产生的代理成本，是造成并购活动的主要原因。这个问题可以分成两个方面来理解。一方面，股东（委托人）与经理（代理人）在企业战略选择上是有严重的利益冲突的，代理成本是不能妥善地解决这些利益冲突而产生的。当这种代理成本很高时，并购将有助于减少这些成本。另一方面，代理成本又恰恰可能是由并购造成的，因为经理可以运用自由现金流量来并购别的企业。詹森认为，如果企业是有效率的并且希望股东价值最大化，那么，这部分自由现金流量就应该派发给股东。自由现金流量的派发，将会减小经理控制之下的资产规模，并相应缩小经理的权力。这样可以降低代理成本。当经理试图通过发行新股来融资时，他会在更大程度上受制于资本市场的监督和约束。但是，经理常常并不将这些自由现金流量派发给股东，而是投资于回报率更低的项目，或大举并购别的企业，以扩大企业规模，由此造成更高的代理成本。除了当前自由现金流量的派发问题，会引起股东与经理的矛盾之外，经理承诺支付的将来现金流量，也是一个问题。在詹森看来，如果以发行债券来取代股票，那么，经理所作的将来支付现金承诺，会比其他任何股利政策（将来支付股利给股东的承诺）有效，因为债券的还本付息是固定的。但是，增加债务比例会增大破产可能性，这也可以看做债务的代理成本。因为，当企业选择高风险的项目时，是以增大债权人的风险为代价而使股东受益。詹森认为最佳债务比率，是在债务的边际成本等于债务的边际收益之时出现的。

自由现金流量假说运用"自由现金流量"的概念来解释股东与经理之间的矛盾冲突，并进而解释并购行为的起因，的确使理论的研究更深入一步。但是，正如詹森本人所承认的，他的理论不适于分析成长型企业，因为这种企业的确需要大量的资金投入。这就不能不使这种理论的适用范围受到很大的限制。

4. 过度自信理论

早在 1986 年，理查德·罗尔（Richard Roll）就提出经理们的"狂妄自大"可能导致在并购活动中支付给被并购公司过高的价格，从而使收购公司的股东遭受损失。[①] 值得说明的是，该假说并不假定经理人员自私自利，经理

---

① Richard Roll. The Hubris Hypothesis of Corporate Takeovers [J]. Journal of Business, 1986, 59 (2): 197 - 216.

人员在决定并购重组之初可能抱有良好的愿望，但由于野心、自大或过于骄傲而在评估并购机会时犯了过分乐观的错误。近些年来，随着行为金融学的发展与成熟，经理人员的过度自信也成为公司财务领域内的一个热门话题。

罗尔（1986）提出的自负假说（Hubris Hypothesis）认为，由于经理过分自信、血气方刚，所以在评估并购过程中会犯过于乐观主义的错误。在并购过程中，并购方企业认定一个潜在的目标企业并对其价值（主要是权益价值）进行评估。当估价结果低于权益（股票）的市场价值时，便不会提出报价，只有当估价超过当前的市场价值时才会提出报价并作为竞价企业进行并购尝试。如果没有协同效应且资本市场有效，那么估价的平均值将等于当前的市场价值。并购支付的溢价只是一种误差，是竞价者在估价中所犯的错误。他指出，并购方或许没有从他过去的错误中吸取教训，或者会自信其估值是正确的，这样，并购就有可能是并购方的过度自信引起的。这种理论的前提是市场具有很强的效率，依据这个前提，一方面，股价反映了所有公开或未公开的信息，资源的再配置不会给资本市场上的投资者带来收益；另一方面，并购有效理论又是建立在市场低效率基础上的。理论的矛盾就在这里出现了。不过，罗尔认为自负假说只是提供了一个比较的基准，况且，自负假说并没有要求经理着实去追求自我利益。经理也许会出于好意，但在决策中却会犯判断错误。

罗尔提出的自负假说，或许有一定意义，但作为实际并购现象的理论解释，由于要求假定存在很强的市场效率，所以其前提与现实是存在差距的。现代企业理论表明，企业存在的原因，正在于市场运行并非是无摩擦的。这就是说，第一，规模经济是由于资产的专用型而产生的。第二，在团队生产中产生的管理，是建立在反映个人特征的企业特有信息基础上的。企业信息是有价值的，这恰恰是因为信息是有成本的。第三，某些交易成本会导致市场交易内部化（一体化）。所以，资产专用性，信息成本和交易成本等"不完善因素"，使得单个的生产投入在企业内仍然保持单个和分立的形式是低效的。并购很可能是一种促使企业资源在企业之间再配置的有效途径。

5. 大股东掏空理论

有两个因素推动了大股东的产生，控制权共享收益和控制权私利。

大股东的存在一定程度上能够解决股东与管理层之间的代理问题，因为

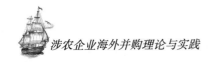

大股东有动力搜集信息并监督管理者。他们也有足够的权力对管理层施加压力，以使管理者努力工作。如果其他因素不变，随着大股东持股比例的增加，大股东有更大的增加公司价值的动力。如果小股东能够分享由此产生的现金流量，那么就出现了共享收益。但是大股东同样有动力使用控制权来消耗公司资源或者独占小股东分享的收益，大股东往往会得到与他所持股份比例不相称的收益，这部分额外的收益就是控制权私利。安德鲁·施莱弗（Andrei Shleifer）用"掏空"（Tunneling）一词来描述资源从控制股东转移的现象，具体表现为直接的偷盗、过高的管理者薪酬、为控股款担保、侵占公司的发展机会等多种形式。①

三、委托代理理论的意义

委托代理理论可以解释企业的并购现象。由于委托代理关系在社会中普遍存在，因此委托代理理论被用于解决各种问题。如国有企业中，国家与国企经理、国企经理与雇员、国企所有者与注册会计师，公司股东与经理，选民与官员，医生与病人，债权人与债务人都是委托代理关系。因此，寻求激励的影响因素，设计最优的激励机制，将会越来越广泛地被应用于社会生活的方方面面。

第五节　市场势力理论

一、市场势力理论的概念

市场势力理论又称市场力量理论、市场垄断力理论，认为企业收购同行业的其他企业的目的在于寻求占据市场支配地位，或者说兼并活动发生的原因是它会提高企业的市场占有份额。市场势力理论认为，并购活动的主要动因经常是由于可以借并购达到减少竞争对手来增强对经营环境的控制，提高

---

① Andrei Shleifer. Stock Market Driven Acquisitions [J]. Journal of Financial Economics，2003
(70)：295-312.

市场占有率，使公司获得某种形式的垄断或寡占利润，并增加长期的获利机会。根据这一理论，企业在收购一个竞争对手后，即产生了将该竞争者挤出市场的效应，可能会在削减或降低现有竞争对手的市场份额的同时，提高其市场地位和控制能力，从而可以提高其产品的价格和市场的垄断程度，获得更多的超额利润即垄断利润。市场势力理论逻辑关系，如图 3-7 所示。

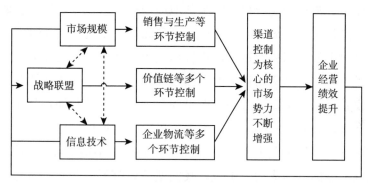

图 3-7　市场势力理论逻辑关系示意图

二、市场势力理论的核心观点

市场势力理论的核心观点是，增大公司规模将会增大公司势力。在这个问题上，许多人认为并购的一个重要动因是为了增大公司的市场份额，但他们却不清楚增大市场份额是如何取得协同效应的。如果增大市场份额仅仅意味着使公司变大，那么我们实际上是在谈论前面已阐述过的规模经济问题，事实上，增大市场份额是指增大公司相对于同一产业中的其他公司的规模。

关于市场势力问题，存在着两种意见相反的看法。第一种意见认为，增大公司的市场份额会导致合谋和垄断，并购的收益正是由此产生的。所以，在发达的市场经济国家中，政府通常会制定一系列的法律法规，反对垄断，保护竞争。但第二种意见却认为，产业集中度的增大，正是活跃的、激烈竞争的结果。他们进一步认为，在集中度高的产业中的大公司之间，竞争变得越来越激烈了，因为关于价格、产量、产品类型、产品质量与服务等方面的决策所涉及的难度是如此巨大，层次是如此复杂，简单地合谋是不可能的。这两种相反的意见表明，关于市场势力的理论，尚有许多问题还没有得到解决。

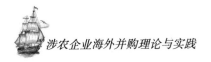

三、市场势力理论的发展

科曼纳（Comanor）在 1967 年的论文中就指出，获取垄断的并购也可能在纵向并购中出现。公司可以并购产业链上下游中的关键公司，通过对这些公司的控制，树立产业壁垒，限制其他厂商进入该行业，达到获取垄断地位的目的。惠廷顿在 1980 年发现大公司在利润方面比小公司的变动要小。这说明大公司由于市场势力较强，不容易受市场环境变化的影响。规模、稳定性和市场势力三者是密切相关的。而威廉姆森认为，公司持续并购，并以此扩张规模并不是为了提高效率，而是为了追求、维持和加强其在市场上的垄断地位。实证表明，一些公司的确为了谋求垄断地位、获得垄断利润而进行并购和扩张，但从长期来看，如果公司并购扩张不能提高效率降低风险，那么并购也不能称之为成功。于是，我们就需要解释一个基本命题：最终决定公司规模的是垄断的力量，还是效率的力量。艾尔弗雷德·D. 钱德勒（Alfred D. Chandler）通过描述两项事实对这一问题给予了明确回答：最终决定公司规模的是效率。第一项事实是，美国烟草公司为了垄断雪茄的生产开展了大规模的并购。虽然该公司已经在烟草行业举足轻重，但其企图控制雪茄生产的努力却以失败而告终，原因在于该公司无法通过控制雪茄工业而使雪茄生产更有效率。第二项事实发生在 19 世纪 80 年代，斯威夫特肉类加工公司试图在西部屠宰牲口，然后用冷冻车运到东部销售，而不像通常那样先把活的牲口通过铁路运到东部，然后再在当地屠宰、销售。虽然这一做法受到铁路系统和东部肉类批发商的抵制，但"价廉物美的优势终于使斯威夫特战胜了重重的反抗"。到 20 世纪 90 年代，该公司已扩张成为少数几个能支配肉类加工的公司之一。两项事实从正反两面说明垄断并不是发生公司并购的必要条件。①

艾尔弗雷德·D. 钱德勒进而阐述，如果公司规模的扩张不能使效率有所提高，那么无论是已有的垄断力量，还是追求垄断的努力，都不能导致公

---

① Alfred D. Chandler. Decision Making and Modern Institutional Change [J]. The Journal of Economic History, 1973, 33 (1): 1 - 15.

司规模的持续扩张；相反，如果一个公司扩大规模可以带来效率的提高，那么，即使是强大的垄断力量也无法阻止公司的扩张。垄断的力量限制了更有效率的市场竞争机制作用的发挥，长期下去，反而造成垄断公司本身缺乏效率。就像可口可乐前总裁在回答为何不通过兼并百事可乐以垄断饮料市场时给出的智慧的答案所说的：保留一个强大的百事可乐更有利于提高可口可乐公司的经营效率。[①]

四、市场势力并购的情况

市场势力理论认为，并购可以增强企业对市场的控制，减少竞争对手，增加企业长期获利的机会。并购的收益是资本集中要求的必然结果。它会导致企业之间共谋和对市场的垄断，从而获得垄断利润。通常在三种情况下会导致以增强市场势力为目的的并购活动：一是在需求下降、生产能力过剩的削价竞争状况下，几家公司合并，以取得对自身产业比较有利的地位；二是在国际竞争使国内市场遭受外商势力的强烈渗透和冲击的情况下，公司间通过联合组成大规模公司集团，对抗外来竞争；三是由于法律变得严格，使公司间的多种联系成为非法，通过并购可以使一些"非法""内部化"，达到继续控制市场的目的。企业并购无疑能增强企业的市场势力，这使得许多企业为追求市场势力的增强试图进行并购。但这种并购容易破坏自由竞争，从而形成高度垄断的局面，因而常常受到各国反垄断法的限制。

五、增强市场势力的来源

横向并购、纵向并购和混合并购虽然作用机理不同，但都能达到扩大市场势力的目的。横向并购通过行业集中，减少了本行业中的银行数量，使并购后的银行对市场控制力得以增强，形成某种程度上的垄断；纵向并购后的银行业务范围向纵深发展，形成一体化服务，可以使银行利润来源增加，市

---

① Alfred D. Chandler. Decision Making and Modern Institutional Change [J]. The Journal of Economic History, 1973, 33 (1): 1 – 15.

场影响扩大；混合并购则扩大了银行的绝对规模、拓展了银行的业务面及其利润来源，使其拥有相对充足的财力与竞争对手进行竞争，达到独占或垄断某一业务领域的目的。基于此，市场势力理论的核心观点是，增大银行规模将会增强银行实力，大就是美，大则不倒。

市场势力理论实际上就是规模经济理论在并购中的运用。按照规模经济理论的解释，企业规模越大，所可能耗费的单位成本越低，因此，在其他条件不变的情形下，应尽力扩大经营规模。更为重要的是，对于商业银行这种特殊形式的企业来说，其规模经济效应更易形成，这是因为：

第一，商业银行经营的对象是货币，货币的"同质性"使银行具有其他任何行业都无可比拟的广阔市场。银行规模越大，可能筹措的货币资金就越多，贷放货币资金的对象选择就越广泛，潜在收益也就越大。

第二，经营的方式是借贷，经营规模越大，"产出"所消耗的单位成本下降速度越快。

第三，商业银行可以通过发放贷款等业务创造派生存款，银行规模越大，越有可能达到银行制度所创造的多倍存款的极限。总之，对于经营"同质服务"的商业银行来说，规模越大，可能筹措的货币资金就越多、业务面越广泛，相应地收益越高。这一点在 1980 年就已被英国经济学家惠延顿证明过。

六、市场势力理论的评价

传统的市场势力理论认为，企业并购的动机源于对企业经营环境的控制，并购降低了市场中企业数量，提高了市场集中度，便于剩余企业进行串谋，操纵市场价格，从而获得超额垄断利润。近些年，许多学者对这种传统理论提出了质疑，认为市场集中度提高往往是激烈竞争、优胜劣汰的结果，而且在实际竞争中，企业串谋几乎不可能实现。他们指出，市场一方竞争者的并购扩张行为将迫使其他企业进行并购重组，同时，先发企业往往有很强的动机加快并购步伐，即具有继续并购的动机，引起企业之间的并购重组大战。而且这种并购有助于提高市场（特别是信息产品市场）的标准化程度，实现企业间的资源互补。

参　考　文　献

［1］张定乾. 结合西方企业并购理论谈我国国有企业并购问题［J］. 网络财富，2010（15）：
　　　29－32.

［2］苏敬勤，刘静. 中国企业并购潮动机研究——基于西方理论与中国企业的对比［J］. 南
　　　开管理评论，2013，16（2）：57－63.

［3］王林元，王晓慧. 影响企业并购的宏观经济因素分析——基于企业并购理论与中国市场
　　　实践的实证研究［J］. 吉林金融研究，2011（9）：5－10.

［4］葛翔宇，周艳丽. 企业并购中目标公司价值的实物期权定价新方法——基于前景理论的
　　　行为分析［J］. 数量经济技术经济研究，2017，34（3）：145－161.

［5］文彬. 现代企业并购理论的变迁及启示［J］. 广东商学院学报，2005（4）：74－79.

［6］汤文仙，朱才斌. 国内外企业并购理论比较研究［J］. 经济经纬，2004（5）：63－67.

第四章　涉农企业并购前期准备

并购作为企业寻求发展的一种方式是一个连续的过程，而非一个单一的时间点，是通过一系列的交易安排所整合起来的交易形式。根据交易安排和交易对象的不同，并购前期准备工作也有所不同。无论是何种类型的并购，前期的充分准备，能使得后续的交易更加顺畅、具有效率，所面临的风险和问题也更少。本章论述企业并购的前期准备的主要环节和内容，包括：组建并购团队、并购标的的选择、并购标的估值和相关文件的准备。

第一节　组建并购团队

企业并购团队的组建对于并购成功与否起着十分关键的作用，建立一支专业化、全面化的并购执行团队有助于整个并购工作的进行。然而企业在进行并购团队组建时，由于涉农企业从业人员大多是技术出身，管理创新能力较弱，企业管理水平低，在组建团队内部人员时往往会出现科研创新能力强、管理创新能力弱的情形，影响并购的实施。因此，涉农企业在组建团队时要注意内部与外部相结合，内部注意多种人才的选用。

如图 4-1 所示，企业组建并购团队包括三部分：核心小组、内部人员、外部人员。核心小组包括领导者和并购经理，主要负责并购过程中重大决策的制定；内部人员是指公司内部参与并购的人员，需要包括技术、研发人员、运营人员、财务人员、营销人员、销售人员、人力资源人员、法律人员等等，这些人员集中起来共同完成并购过程，会使其更了解并购标的情况，方便后期的管理工作；外部人员主要是指各种中介机构。由于企业内部人员主要由公司内部自行决定，所以接下来主要介绍外部人员即中介机构的种类和选择。

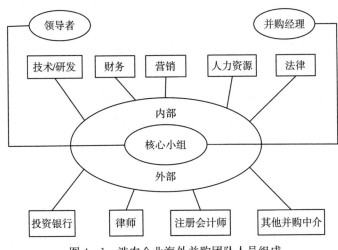

图 4-1 涉农企业海外并购团队人员组成

一、中介机构的种类及作用

中介机构是企业为进行并购交易而聘请的专业团队，旨在为整个并购交易提供专业性的意见，以促成交易更加高效地完成。由于企业内部相关部门在处理类似交易的专业性上存在不足，而且相对于整个并购交易而言，聘用中介机构的花销并不会十分巨大，但是能够提供的帮助是实实在在的，所以外聘中介机构通常是十分必要的。中介机构通过明确的分工，能够极大地提高交易的效率，推进交易的进度。中介机构主要包括投资银行、律师、注册会计师和其他中介。

（一）投资银行

投资银行是并购操作的三大核心中介之一。投资银行主要是指从事证券发行、承销、企业兼并收购、投资分析、风险投资、项目融资等业务的非银行金融服务机构。大型投资银行就像"金融超市"，能为客户提供所有的金融服务产品；小型投资银行则像"专卖店"，只提供某一特定的投资银行服务，比如专做政府债券交易、专做收购兼并业务等。

在并购中，投资银行的主要作用是：①有助于并购方选择目标企业，对交易双方起到促进和推动作用；②提供融资服务，包括提供过桥贷款和协助收购发行垃圾债券，通常是金融中介机构先对并购者资助短时间、高利息的并购资金，再借助发行垃圾债券进行偿付。在并购过程中，其他金融服务机构，如财务专业人员的贡献同样不可低估：在收购前，要选定目标公司，进行资产评估，谈判和确定收购价格，筹措资金，处理财务、税务等问题；并购完成后，还要关注目标公司的现金流量，安排发行债券，偿还过渡性贷款等事宜。

（二）律师

律师是并购操作的三大核心中介之一，是指熟悉法律，能为社会提供法律服务、具备国家认可的相应资格的专业人员。随着近二十年来外资的进入，我国的并购律师在外资并购方面也积累了大量的经验，掌握了许多相关的交易技巧，在与国外律师的角力中，也开始逐渐处于更加平等的位置。而现在并购业务作为律师业务领域当中的高端业务，需要律师具备大量的专业知识和充分的事务技能。

并购离不开律师提供的法律支持。在并购中，律师需要对并购交易的合法性进行审查，是否允许并购，是否要履行报批手续，是否存在禁止性条款；对目标企业进行尽职调查，了解目标企业的主体资格、产权结构和内部组织结构、重要法律文件、重大合同、资产状况、人力资源状况、法律纠纷、外部法律环境及相关税务政策等；起草完备的并购方案和法律意见书，对并购的方式进行可行性论证，并能够提出最优化的方案供并购方选择；协助处理治疗性法律事务，如纠纷谈判、调解、仲裁、诉讼等；协助处理预防性法律事务；起草相关的合同、协议及法律文件，参与并购谈判，及时提出法律意见；并购整合期间提供后续法律服务。

（三）注册会计师

企业并购中，会计师主要提供评估与审计服务。具体而言，并购交易过程中，会计师的职责包括：按照会计准则审计会计报表，并出具报告；参与项目方案的讨论和确定；就有关项目方案中的财务问题向委托方及各中介机构提供咨询意见；协助投资银行专家和律师计算相应的并购成本，对财务和税收方面提出意见和建议；协助建立可供股东控制和监督的财务管理制度；应股东要求，进行阶段性和特殊目的的财务审计。

（四）其他并购中介

（1）银行。银行主要是为企业提供并购的财务顾问服务，为企业并购提供融资安排，提供并购贷款。

（2）评估师。注册资产评估师通过专业的评估方法如现金流量折现法、市场比较法和重置成本法等方法对拟交易的资产进行估值，作为并购交易的定价依据。

（3）公关顾问。公关的职责主要在于交易中的协商、洽谈，消除并购障碍，说服股东和潜在投资者相信收购和反收购的价值，引导舆论，对目标公司员工、政客以及管理者产生影响。

（4）咨询机构。咨询机构的主要职责是设计并购方案，规划业务流程，设置组织机构，确定人力资源、资产、管理文化整合方案，形成核心竞争力。

（5）信托机构。信托机构在并购交易中，主要是按照委托人意愿，以信托公司自己的名义作为收购主体收购目标公司，为并购企业提供投资银行服务。

二、中介机构的选择

中介机构主要是根据客户自身的要求和偏好来选择的，通常客户会选择在并购领域具有丰富经验和大量优秀成功业绩的中介机构。同时，可能由于行业的不同，会选择在某一行业的并购交易有优势的中介机构。当然，聘请中介机构的费用，也是客户考虑的因素之一。涉农企业在海外并购中需要选择适合自身规模和特点的中介机构。大型中介机构规模较大、实力较强，并且形成品牌效应，具有较强的专业实力，但是付出的成本也相应更高；小型中介机构人员和资金实力不足，为了树立良好的形象和吸引更多客户，可能更会尽心地完成每一个项目，但是其地域优势较强、收费更为合理。二者各有所长，涉农企业在进行中介机构选择时，应当充分考虑以上因素，最好选择业务领域与并购项目对口，并且对其业务细分领域和被并购企业所在国政治人文环境有一定了解的机构，以在节约成本的基础上，尽量通过选择合适

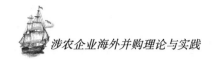

的中介机构来减少其并购过程中可能出现的问题。

2013 年 9 月，中国猪肉制品加工行业领导企业双汇集团通过其母公司双汇国际成功并购美国猪肉加工商史密斯菲尔德公司。此次并购交易金额高达 71 亿美元，成为中国食品生产加工企业对美国企业最大规模的收购。在本次交易中有很多专业的中介机构发挥着重要的作用。中介机构涉及鼎晖、摩根士丹利、德勤会计师事务所、中国银行等。其中，鼎晖负责引导并协调双汇并购交易的整个过程；摩根士丹利作为双汇的财务顾问提供并购后债务重组方案和融资计划；德勤会计师事务所为双汇并购提供审计服务；中国银行作为双汇在国内最重要的银行合作伙伴，是本次融资成功的关键，中国银行各地分支机构相互合作，共同为双汇的并购贷款提供服务，中国银行根据市场情况和双汇并购交易情况针对性地设计了银团贷款方案，并牵头成立银团成功为双汇筹集了 40 亿美元。在后来的双汇国际 IPO 中，中银证券作为主承销商保障了其股票的顺利发行。

三、涉农企业海外并购团队的要求

海外并购的复杂性及高度技术化的特性需要建立专业化的团队从事项目工作，并且从涉农企业来说，由于农业产业的特殊性，对于海外并购团队的要求会更高。海外并购团队的建立，需要公司的培养和员工自身的努力，团队人员需要具备以下方面的能力。

（一）要掌握扎实的专业知识

无论技术、研发，还是财务、税务、法律，各专业队伍成员均需要有相关扎实的专业知识。扎实的专业知识是并购团队立足的基础。从技术和研发来说，农业企业的研发需要较长的周期和深厚的专业基础。因此为了更好地进行涉农企业的并购，并购团队需要具有扎实的专业知识。

（二）要有较为丰富的项目经验

只有对并购交易流程熟悉，对交易风险点了解透彻，才能在面对大型交易时做到心中有数而不慌乱，才能在紧张的交易时限内有条不紊地完成并购交易中的各项工作。丰富的经验是并购团队工作的保障。

(三) 要具备一定的商业法律常识

并购团队中的技术人员、营销人员、法律人员、人力资源顾问等，均需要有一定的商业、法律常识。有了基本的常识和风险意识，技术人员就不会同对方谈论不该谈论的话题，法律人员也会理解商务人员思考的逻辑。一定的商业法律常识是并购团队合作的润滑剂，便于各专业人员的讨论可以在相同的商业、法律常识基础上进行。

(四) 要有必要的行业知识

这主要是对律师、财税人员提出的要求。对公司内部律师来说，不需要对技术有太深入的了解，但是诸如行业背景信息、竞争对手、产业链条等信息需要有准确的把握。必要的行业知识对并购团队工作是助力剂。尤其是对于复杂的农业产业来说，必要的行业知识是进行并购交易的关键，这样才能在相关的工作中减少失误。

(五) 要有较好的语言能力

海外并购的工作语言，基本上大部分是英文，良好的英文能力，能方便并购团队与谈判对手、外聘顾问进行沟通。对公司律师来说，良好的英文能力，不仅仅意味着听说读写能力，还意味着要用英文进行谈判的能力。良好的语言能力是并购团队的另一个基础能力。

第二节　并购标的的选择

2015 年世界 500 强公司的列表中，中国公司占据 106 席，虽然营收规模达到了世界领先水平，但国际化水平较低，与"全球领先的国际化企业"的战略定位仍有差距，在全球业务范围内依然是追随者。研究表明，许多交易未能实现预期目标，一个重要的原因在于对目标公司缺乏调查了解，或高估并购带来的增值效益，而在合并后未达到预期目标。因此并购过程中并购前期目标的选择至关重要，在很大程度上决定了交易是否能够完成。

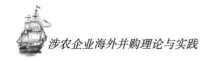

一、并购目标选择相关理论

在并购基础理论中，目标公司选择横跨三个环节，即并购方向、并购匹配和并购协同。其中并购方向规定了并购目标的属性，即并购目标所处地点、产业、规模、效益以及并购时机；并购匹配表达了收购方和目标方属性的关系状态；并购协同表达了收购方和目标方在特定关系下预期产生的结果。Hooke（2000）认为目标企业选择首先关注企业特性，如营利性、企业规模等方面，再关注其经营状况、商业计划、主要产品及其淘汰属性、现有及潜在竞争对手、主要客户、关键技术等。国外的另一些研究提出成为潜在并购目标应具备的一系列因素，如企业规模、企业增长性、并购定价范围，以及可接受的管理范围，收益稳定性、市场独立性、所有权分散程度、竞争地位，以及包含这些因素的并购步骤。戚汝庆（2001）认为选择并购目标时应不仅考虑企业因素，还要考虑产业因素。产业层面，并购面临三种发展方向，同产业、相关产业和非相关产业。孙涛（2006）着重从目标企业财务指标进行并购目标公司评价和选择，祝金荣（2006）将考察重点从财务指标扩展到市场、技术、企业管理等方面。然而这些视角没有从并购价值创造视角研究目标企业。萨德．苏达斯纳（2013）认为筛选最佳目标公司是找出收购后公司实现目标所需要的核心竞争力，在考察公司与不同目标公司进行并购所带来的资源与能力是否与这样的核心竞争力相匹配。根据萨德·苏达斯纳（2013）对目标公司选择的描述，如图4-2展示了在目标公司选择过程中的若干分析和决策点及对应的理论。

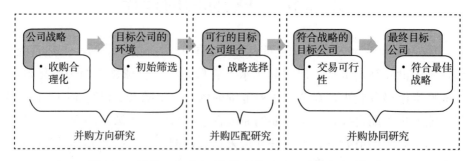

图4-2 涉农企业并购目标选择的过程及对应的理论研究

因此最终目标企业一般显示以下特征：①目标企业现有状况符合主并购方最佳战略；②交易可行性较高；③交易估价在可接受范围；④最小的交易完整风险。

二、并购目标选择过程

通过对并购目标选择理论的相关研究，总结出了选择目标企业的一般过程，如图4-3所示。企业在决定以并购作为企业发展方式后应当根据企业的发展战略制定企业的并购战略。在制定并购战略前，企业应当对自身的发展战略以及情况进行分析，并结合企业所面临的内外部环境确定企业的并购战略目标；其次要对并购目标所处的环境进行分析，包括目标所处的行业。本书研究涉农企业的海外并购，所以以分析农业产业为主。再次确定可行的目标企业组合，然后找到符合企业战略的目标公司，最后选择最优并购目标。在以下介绍中，以中国化工收购先正达为例。

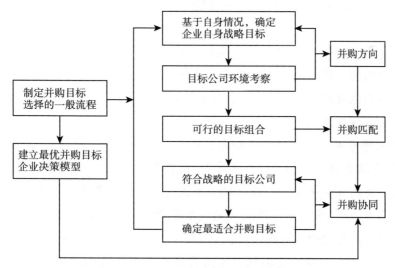

图4-3　企业并购目标选择的一般流程

 案例介绍：

中国化工集团是在中国蓝星（集团）总公司（简称蓝星公司）、中国昊华化工（集团）总公司（简称昊华公司）等原化工部直属企业重组基础上新设的国有大型中央企业，于2004年5月9日正式挂牌运营，隶属国务院国资委管理。中国化工是世界500强企业，中国最大的基础化学制造企业。中国化工在全球140个国家和地区拥有生产、研发基地，并有完善的营销网络体系，控股9家A股上市公司，有112家生产经营企业，4家直管单位，6家海外企业，以及24个科研、设计院所，是国家创新型企业。中国化工现有六大板块：化工新材料及特种化学品、基础化学、石油加工及炼制、农用化学品、轮胎橡胶、化工装备。

先正达是全球最具实力的专注于农业科技的企业。在全球农业科技领域，先正达拥有最具实力的运作和管理模式。跨作物、跨地区的市场营销能力使其在全球市场游刃有余。雄厚的研发实力使其在瞬息万变的业界保持创新优势。公司业务遍及全球90个国家和地区，拥有约21 000名员工，其中约5 000人从事研究和开发工作。每年，先正达投资于研发的经费超过8亿美元。先正达的领先技术涉及多个领域，包括基因组、生物信息、作物转化、合成化学、分子毒理学，以及环境科学、高通量筛选、标记辅助育种和先进的制剂加工技术。

2016年2月2日，中国化工集团与瑞士农业化学巨头先正达成交易协定。中国化工将以每股480瑞郎（约合465美元）的现金收购先正达，并同意向先正达股东派发每股16瑞士法郎的股息。中国化工集团收购提议对先正达的估值超过430亿美元。

2016年6月，中信银行股份有限公司（下称"中信银行"）与中信银行（国际）有限公司（下称"信银国际"）代表牵头行及簿记行集团宣布，关于中国化工集团及其子公司，收购瑞士先正达127亿美元项目，中信银行及信银国际已于2016年6月3日成功完成组建牵头行及簿记行集团，总承诺额达到银团贷款总额的120%。

2017年4月4日，美国联邦贸易委员会发布声明批准中国化工收购先正达的交易。

2017年6月27日，新当选的先正达董事会主席、中国化工集团董事长任建新与先正达董事会副主席米歇尔·德马尔在先正达总部所在地瑞士巴塞尔宣布，中国化工集团完成了对先正达的收购。

（一）并购方向选择

1. 公司战略目标分析

并购行为理应服务于企业的发展战略，并购应当是企业为实现企业的发展战略所选择的一种方式。因此根据企业的发展战略确定企业的并购战略，是企业在进行积极式并购目标企业选择前的根本依据和要求。企业的战略大致分为以下几类：防御型发展战略、稳定型发展战略、扩张型发展战略。只有企业实施扩张型发展战略时，企业才会选择并购，并购会使企业扩张成本更小、扩张速度更快。

此外企业的发展战略决定了选择什么样的并购类型，不同的扩张战略要求需要采用不同的并购来实现。企业扩张战略大致包括：单一扩张战略、一体化扩张战略以及多元化扩张战略。若企业的战略是单一化的发展战略，那么就需要企业进行横向并购，这样有利于企业实现规模经济或增强企业的核心竞争力；若企业的战略是一体化并购战略，那么就需要企业进行纵向并购，这样有利于企业减少中间交易环节的成本费用，使产供销一体化、流程化；若企业的发展战略是多元化的发展战略，那么就需要企业进行混合并购，选择有发展前景的新行业中的企业，这样的并购能够使企业迅速进入新的领域，降低企业开发新行业的风险，缩短新建的成本。因此，如果企业进行横向并购，那么应当在同行业进行目标企业搜寻；如果企业进行纵向并购，那么应当在相关行业中搜寻；如果企业进行混合并购，那么应当在具有发展前景的行业中进行搜寻。因此，基于战略的企业并购目标企业选择中目标企业的行业范围是基本确定的。

以种业企业为例，种业产业链包括品种选育、种子生产、种子加工、销售服务，相对应存在科研机构、种业生产企业、加工企业、销售企业。如果一个种子加工企业想要实现规模经济，那么可以选择进行横向并购，即并购其他种子加工企业；若其想要减少交易成本，提高其竞争力，则可以选择纵向并购，即按产业链的上下游并购其他科研机构、生产企业和销售企业；若企业想要实现多元化发展，则可以考虑并购种业相关行业企业，如农药生产企业等。

另外，由于农业产业的特殊性，涉农企业在进行海外并购时，在目标公

司选择的方向上还需要注意以下几点：①目标公司业务符合整体战略定位；②目标公司的技术是中国尚未掌握的，有助于国家产业发展的；③目标公司的主要产品在中国市场有发展前景。

从中国化工并购先正达的案例来分析，目前化工行业处于市场低迷阶段，中国化工要想发展必须调整战略，积极寻找优质资源和技术。经过一百多年发展，化学工业进入成熟期，对应科尔尼产业演进第三阶段：产业聚集阶段，表现为企业积极的整合，公司的重点从速度转向质量，企业试图发掘出其最具有竞争力的领域，并关闭非核心的或次要的业务部门以进一步扩大市场占有率。现阶段石化行业大宗石油产品的利润变薄，迫使大型化工企业纷纷采取低成本战略，发达国家向高新技术和生命科学领域发展，大宗石化产品向发展中国家地区转移。如果只是被动地接受国外转移过剩和落伍的技术，则会形成恶性循环，一直处于低端技术笼罩下。只有主动"走出去"寻求优质资源与技术，才能使企业处于行业的前端，立于不败之地。国际产业分工的调整和中国经济的迅速发展，为实施国际化经营提供了机遇和挑战，在财力允许范围内，收购先进的企业和品牌是建立产业优势的最优路径。

2006 年开始，中国化工逐步进入国际市场，在这一年密集进行了三例跨国并购，均顺利完成并购，并成功整合运营，这在中国企业实践中是屈指可数的。这三起并购分别为对法国安迪苏公司、澳大利亚凯诺斯公司和法国罗地亚公司有机硅和硫化物业务的收购。2011 年收购挪威艾肯公司 100％股权和以色列安道麦公司（原名马克西姆阿甘）60％股权。2015 年收购意大利倍耐力集团 95％股权。中国化工进行的这些并购符合其战略发展的目标，而其对于先正达的意向收购，符合其战略重点的转移，有助于中国化工进一步发展。

2. 目标公司环境

根据企业战略目标，我们可以确定目标企业所处的行业，由此我们需要对目标公司所处的行业环境进行调查，以确定企业并购目标群。涉农企业是指从事农产品生产、加工、销售、研发、服务等活动，以及从事农业生产资料生产、销售、研发、服务活动的企业，泛指农、林、牧、副、渔、果、菜、桑、茶、烟等行业企业。涉农企业通常包括四种类型：一是为农产品生产提供生产资料和服务的农资企业；二是农产品生产企业；三是农产品加工企业；四是农产品流通企业。

（1）行业信息。考察目标企业环境时，需要了解目标企业所处的行业环境以及其自身的市场占有率，包括目标企业所处的行业发展阶段、行业在社会经济中的地位和作用等行业基本情况，同时了解目标企业在所处行业中是否有较强的市场竞争力即目标企业的行业地位。被并购企业的行业地位，通常决定了该企业的盈利标准、企业规模、商誉价值等商业情况，也决定了将该企业并购所能带给并购方的直接价值大小。无论是强强联合，还是强者兼并弱者，企业所处的行业地位，所占的市场份额，都是并购交易中需要考量的重要因素。

（2）国家政策。由于农业的特殊性关系到国家粮食安全问题，所以对于农业龙头企业的并购，各个国家都相当重视。在中国化工收购先正达的案例中，需要得到两个方面的监管审批：一是反垄断方面，先正达和中国化工两者的业务重合的部分有限，只是农业化学品业务，而这部分业务中国化工在国外市场占比较低，反垄断风险较低。除了反垄断审批外，另一审批是要通过美国外商投资委员会的法规流程，虽然先正达不是美国企业，但业务在美国市场占有较高比例，先正达农化产品占据美国市场第一，且大豆种子市场份额的 10% 和玉米种子的 6% 来自于先正达，产生年营收额在 36 亿美元左右，此外先正达的生物技术研发总部设在美国，因此美国对中国收购先正达也非常关注。有美国政治人物针对中国化工收购先正达表示了"担忧"，称由于并购带来的公司管理层的变更、运营策略、财务状况变化都可能影响到食品安全、生物安全和竞争激烈的美国农业领域，这种"担忧"是不想看到中国企业掌握最新的技术或重要的技术信息。先正达公司明确表示该并购案不会以任何方式危及美国食品安全或国家安全，并表态欢迎美国政府对此案进行全面审查。基于以往审批案例，美国外商投资委员会审查的范围一般仅限于涉及国家安全方面的因素，如被收购企业是否与美国政府或军方存在供应关系，如在美国的资产是否处在军事敏感的地理位置，是否有战略性的军用技术可能通过此项交易转到中国名下。该委员会此前从未以食品安全为理由阻止过并购交易。与以往不同的是，此次交易美国农业部接受邀请参与此并购案的审查，以评估该交易对美国国内食品安全可能产生的影响。

中国化工瞄准先正达，主要看中其在农业科技领域的领先地位，中国农业的发展离不开农业科技的进步。总体来看，农业科技中的农业化学品生命周期在全世界范围内已经进入成熟期，市场增速放缓。种子及相关技术也会在未来几年进入成熟期，市场增速放缓。面对这种趋势，农业科技行业内出现了大规模并购整合的现象。2015年12月11日，农业六大公司中的陶氏化学和杜邦宣布合并，合并后的公司被命名为陶氏杜邦公司。双方各持50%的股份。2016年5月23日，同是六大巨头的德国拜耳向孟山都发出了收购要约。其转型的决心来自于对农业科技行业的发展展望，拜耳认为作物科学将会是未来几十年人类生存的刚需，同中国化工和先正达一样，拜耳也认为粮食问题在未来是全球社会的巨大挑战，拜耳希望加强种子业务迎接未来有巨大潜力的粮食供给市场。

先正达作为农业科技行业的龙头企业，既与中国化工在业务上具有关联性，又给中国化工注入新鲜的业务，且通过科学的整合业务能提升自身盈利水平，推动我国农业可持续发展。因此中国化工在并购方向上的决策完全满足其要求。

(二) 并购匹配程度

并购匹配分析的实质是求解一个供求关系问题，即目标企业现有的资源等供给是否满足收购方的需求。当主并方存在较大的需求缺口时，目标方满足收购方的需求程度越高，两者的并购匹配度就越高，反之则越低。并购匹配程度越高，那么并购成功的可能性就越高，并购后产生的协同效应就越大。

从对于促进我国农业现代化的发展方面看，收购先正达是推进农业现代化的重要举措。目前，我国农业发展还存在很大的问题。中国大部分的农药原药产品仍为仿制品，主要依靠生产国外专利保护过期产品，自创品种数量严重不足，原药生产企业尽管规模相对较大，但原创性方面缺乏竞争力，且由于近年受到进口粮食增多，国内产能过剩压力，利润空间小。从盈利情况来看，目前农药行业利润正呈现从原药向制剂和销售渠道转移的态势，整体上中国农药企业的盈利水平较低。

中国的种子企业数量大，但总体规模小，种子市场容量很大，但商品化率低，种子行业经济效益不高，种子产业整体实力十分薄弱。尤其在新品种知识产权等核心竞争力方面很弱，在国际竞争中处于弱势地位。国内种子企业间竞争激烈，相互杀价，造成价格和市场秩序混乱。种子行业的发展需借鉴国际企业经验，未来必然需要通过并购重组，提升种子公司的综合实力。目前政府已明确支持、鼓励业公司兼并重组，并且我国种子市场规模从2009年的418亿元增加到2014年的725亿元，市场空间增长迅速。

在农业产出方面，经过几十年的增产，如今农作物产量已经增长放缓，面对饮食结构的多元化，肉、蛋、奶类食品需求增加，粮食作物这类食品的生产资料，需求也在增加。预计中国未来要占全球粮食需求量的1/4，可耕土地却是递减趋势，基于这一现实，农作物产出效率成为我国农业发展急需破解的难题。目前，我国为了提高农作物产量，过度使用化肥和农药，使得水体和土壤严重污染，也增加了农业生产的治理成本。

综上，我国农业企业的规模小、竞争处于无序状态的现状与我国广阔的农业市场空间之间存在很大差距，有限的农业资源制约了粮食产量与不断增加的粮食需求之间存在巨大缺口，农业生产方式与环境保护要求存在差距。这些困境需要依靠技术进步才能跨越，由于时间制约，技术的取得通过并购拥有此类技术的公司是比较可行的路径。

因此，中国化工海外收购一家拥有世界最先进农业技术的企业，对于中国积极面对粮食问题创造新的机会，因此对双方都具有现实意义，这些条件是并购的基础。而先正达在我国待发展的领域内具备了全球范围内的技术和市场双领先，从行业相关性和资源匹配度看，都达到了中国化工对目标公司的期待。

从先正达角度来看，在国际金融危机后续影响下的投资放缓、全球经济增速放缓的背景下，海外公司的发展受到多重不利因素影响，尤其像先正达，其业务在全球四大区域内都占有较高比重，各国货币对美元不同程度的贬值，对其营收产生了较大负面影响。美元强势和发展中国家经济增长放慢对大宗商品需求下降，使得农产品在内的大宗商品价格下降，种植业受到影响量价齐跌。加上近年来各国法律环境对本国的产业保护日益加强，作为基础产业的农业部门，开放性有所减弱。国际上一些大型公司难以通过内生性增长提升业绩，而并购出售成为股东和管理层的另一种选择。2013年以来，受农产品市场疲软影响，农业领域的竞争愈发激烈，农业科技行业开始了新一轮整合，行业领先的六大公司，分别是美国孟山都、杜邦、陶氏益农、瑞士先正达、德国巴斯夫和拜耳，都在为应对当前的不景气着手并购或剥离低

附加值业务。在行业环境发生改变，竞争对手纷纷调整的情况下，先正达并不能做到独善其身，继续其原有战略和目标已经不现实，需求适合的合作伙伴，追求互补协同是先正达与中国化工合作的主要原因。

（三）并购协同效应

并购双方往往基于自身所处经济环境、行业发展变化和企业战略规划方面的动机选择通过并购实现发展目标，不同的并购动机对并购的价值定义会有不同。通过中国化工和先正达在并购潜在协同分析，发现中国化工有意通过并购目标公司来填补目前资源和能力与期望的差距。中国化工收购先正达有助于实现重要的业务转型，降低石化及石油产品占比，未来的业务发展将转向更有前景的业务板块，即材料科学、生命科学和环境科学，而基础化工板块由于中国化工本身固有优势依然会保留，即"3+1"业务模式。不仅能保持健康的业务利润水平，同时能够与国家产业发现目标协同发展，提升我国农业领域的科技水平，打破高附加值种子领域被国外企业垄断的现状。

双方并购可能产生并购协同。首先，双方拥有各自的资源优势，由此创造了差异化竞争，达成了并购资源匹配，可以避免竞价导致的超额支付，从而为并购创造协同效应打下基础；其次，并购可以给双方带来新的价值增长机会，如对中国化工收购先正达后，可以提升整体利润水平，而且将海外资产与国内业务进行整合，可以提升产品和资源配置效率。对先正达公司，利用中国化工的国内市场资源与渠道，以及自身品牌和口碑，可以进一步开发中国的农化和种子市场；最后，双方通过深入了解对方，认同彼此的价值观，在战略发展层面达成共识，为合并后整合打下良好的沟通基础。

由以上中国化工基于自身发展战略对并购目标公司先正达发起收购的案例，不难得出主并购方选择目标公司的三个约束条件。

其一，目标公司的选择与主并购方战略目标和战略资源相匹配；

其二，主并购方与目标公司在行业或者业务上既要有相关性也有互补性；

其三，并购交易中的监管风险。进行监管审批的直接和间接成本在评估合并交易时应予以考虑，因为一个时间长且结果不能确定的监管调查存在着较高风险。当交易被禁止进行，双方公司变得被动，而调查的介入还会使双方公司的战略、优势和缺点被公开。

第三节 并购标的估值

并购标的的估值是企业并购前期准备中至关重要的一个环节，直接关系着企业并购成功的与否，也会影响并购成功后企业的整合。所以对于企业来说，在并购之前要合理评估目标企业的价值。在完成了并购团队的组建和并购标的的选择之后，接下来要选择正确的估值方法预测目标公司的价值，从而确定合理的收购价格。

一、估值方法

总体来说，估值方法分为两大类，一是直接估值法，亦为绝对估值法；二是相对估值法，亦为比较估值法。如表 4-1 所示，以下为几种常用的估值方法。直接估值法即直接估计一个公司的基本价值。理论家和实践家都认为公司的基本价值取决于未来的现金流。相对估值法不直接预测公司的基本价值，而是通过相关标准指标或在同一行业中进行比较，判断目标公司是否被合理定价。在运用相对估值法进行公司估值时，还需要同其他同类型的公司进行比较。目前自由现金流模型和市盈率法是运用最为广泛的两种方法，以下主要以 2011 年对伊利集团的估值案例介绍这两种方法。

表 4-1　几种常用的估值方法

	直接（绝对）估值法	相对（比较）估值法
依据现金流估值	折现金流模型： 自由现金流模型 股权现金流模型 调整现金流模型 期权定价模型： 真实期权分析	价格乘数： 股价与现金流比率
依据现金流之外的其他财务变量进行估值	经济收入模型： 经济价值分析	价格乘数： 市盈率 市销率 市账率 企业价值乘数： 企业价值乘数 企业销售率乘数

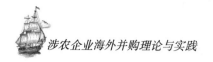

二、伊利集团估值案例

目前自由现金流模型和市盈率法是运用最为广泛的两种方法，以下主要以 2011 年对伊利集团的估值案例介绍这两种方法[①]。

（一）伊利集团未来报表预测

1. 伊利集团增长模式预测

预测公司增长模式时，一般假设公司将持续经营，即公司寿命和现金流量的个数是无限的，因而必须假设现金流量的增长率在某一时点后将保持稳定，这样只需折现该时点前的现金流量和该时点的期末价值即可，而不需考虑之后的无限个现金流量，问题将变为判定该时点前这一确定时间段内的现金流量模式以及该时点后已保持稳定的现金流量增长率。具体而言，可以把公司的增长模式分成三类：即稳定增长模式、高速增长一段时间后迅速降至稳定增长的两阶段增长模式和高速增长一段时间后在将来的某个时期逐渐过渡。在对伊利集团的预测上，我们选用了两阶段增长模式，即先预测前五年的销售收入，并假设五年之后公司增长趋于稳定，选择第五年的金额做永续年金进行折现。

2. 伊利集团增长率预测

（1）营业收入的预测。基于上述分析，我们首先对伊利集团的营业收入进行预测。综合分析伊利集团的现状，我们可以得到以下结论。

从行业来看，我国国内乳品行业未来仍有一定成长空间。我国国内乳品人均消费量处于全球低位，类比韩国人均消费量，国内乳制品行业仍有一倍增长空间，在收入倍增计划的推动下，城镇居民对乳品的消费结构提升以及农村居民人均消费量的提升将持续推动乳品行业销量和收入的持续提升；另一方面乳品行业产品的多元化及结构的提升以及行业集中度的持续提升将推进行业及龙头利润率的持续提升。

伊利股份持续保持龙头地位，受益行业成长，新产能助推公司收入持续稳定增长。公司已成为国内乳品行业全品类龙头，奶粉和冷饮国内市场占有

---

① 本例引用自伊利集团估值及投资分析。

率第一，液体乳市场占有率排名第二，2011 年公司总收入超越蒙牛成为行业第一。未来公司凭借其基地型乳品企业特征以及全品类优势有望继续保持龙头地位，受益行业实现销量和收入的稳定增长。

可以看出，伊利集团未来将会保持较为稳定的发展。我们选择了 2002—2011 年 10 年的营业收入为样本，进行回归分析，结果如图 4-4 所示。

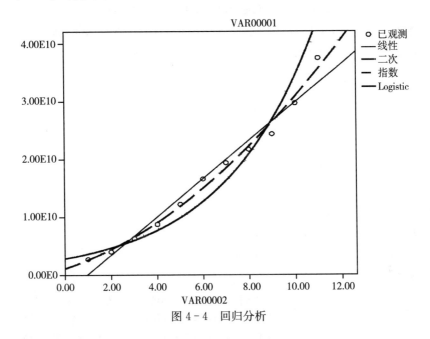

图 4-4 回归分析

根据行业特点及销售收入的变化情况，我们选择了逻辑增长曲线模型来对未来销售收入进行预测。由于我国公司存续时间不长，证券市场建立的时间尚短，因此在利用该模型进行预测时，仅取预测未来 5 年的销售收入，见表 4-2。

表 4-2 销售收入预测

年度	2012 年期末余额	2013 年期末余额	2014 年期末余额	2015 年期末余额	2016 年期末余额
销售收入（万元）	44 264 143 573	56 821 750 414	72 941 913 240	93 635 318 665	120 199 382 112

（2）计算资产负债表销售百分比。选择 2007—2011 年 5 年的财务报表作为基准，计算资产、负债和所有者权益等项目的金额及基期收入额计算销

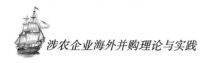

售百分比。具体见表4-3。

表4-3　资产负债表销售百分比分析

会计科目	销售百分比率	
流动资产：		
货币资金	0.201 214	确定为敏感项，利用5年加权平均
应收票据	0.015 231	敏感项，但2009年比率过小，舍去，采用4年平均
应收账款	0.015 75	与其他应收款合并后得到该比率
非流动资产：		
固定资产	0.199 996	
累计折旧	0.083 529	
无形资产	0.012 832	
累计摊销	0.002 169	
负债：		
短期借款	0.090 371	敏感项
应付账款	0.125 099	敏感项
其他应付款	0.041 315	敏感项
非流动负债：		
长期借款	0.000 142	将伊利股份前5年长期借款画出散点图，可以看出，从2009年以来，伊利的长期借款有了较大幅度的减少，故调低比率
长期应付款	0.001 288	将长期应付款与专项应付款合并，作为预计报表的项目。由此分析，长期应付款比例在下降，所以适当调低比率
所有者权益：		
实收资本（或股本）	0.034 761	非敏感项，有小幅上涨，选择以其自身做回归分析
资本公积	0.049 429	
盈余公积	0.016 892	
未分配利润	0.054 546	

　　（3）预测利润表销售百分比。对利润表预测过程中，未来每年各种付现的成本费用（主营业务成本、其他业务成本、营业外支出、营业税金及附加、营业费用、管理费用等）是分别将该项目与相匹配的收入的比率（历史平均值）乘以该收入得出的；未来每年折旧的预测包括正在使用的各种设备

以及已确定投资的未来设备折旧的预测，而新设备的投资是按照公司资本支出计划确定的，估计遵循的原则是保证未来的生产能力与未来的销售增长相适应。表4-4为销售百分比预测结果。

表4-4　利润表销售百分比分析

营业成本	0.684 402 377	确定为敏感项。2009年、2010年、2011年三年平均
利息支出	0.001 763 013	该比率呈周期性变化
营业税金及附加	0.004 783 971	确定为敏感项。由图一可以看出，该值前3年变化情况比较稳定，后两年出现异常波动。由此推测，该值后两年可能是由于某种调整，所以出现较大波动。采用前三项平均
销售费用	0.199 736 095	确定为敏感项
管理费用	0.049 632 91	2010年出现异常值，采用4项平均
财务费用	−0.006 9	该企业财务费用一直在减少，说明利息收入较之利息支出逐年增长要快，且最终大于利息支出。作出趋势线，确定2012年的值。但是由于2012年企业利润有所下滑，故进行了一定调整
资产减值损失	−0.000 343 694	5年平均
加：公允价值变动收益		
投资收益	0.003 034 251	5年平均，并进行适当调整
营业利润		
加：营业外收入	0.009 282 963	5年平均
减：营业外支出	0.003 226 512	5年平均
其中：非流动资产处置损失	0.000 666 538	5年平均
利润总额		
减：所得税费用	0.08	2007年出现异常点，故选用后4年平均
净利润	0.08	
归属于母公司所有者的净利润	0.977 291	2007年出现异常点，故选用后6年平均
少数股东损益	0.022 709	2007年出现异常点，故选用后7年平均

（4）伊利集团财务报表预测。根据以上预测数据，用营业收入乘以相应的销售百分比，得到预测的资产负债表和利润表。由：$items = Sales \times Ratio$ 可以得到未来5年预测的资产负债表和利润表，并以此作为估值的基础。

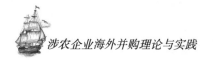

（二）自由现金流量估值法

1. 假设条件

采用现金流量（FCFF、FCFE）对伊利集团股票价值进行预测。为了保持模型的合理可靠，假设满足以下条件。第一，超过折旧的固定资本投资和盈余资本投资预期都与企业规模的增长保持稳定的联系，企业规模的增长通过销售增长来衡量。第二，公司所面临的经营环境是确定的，不管资本市场还是公司所面临的环境都是完善且稳定的，只要人们的预期是合理的，公司所面临的宏观和行业环境便会以预定的模式发展，不会有太大的变化。第三，企业是稳定的，投资没有可逆性，投资决策一旦做出，便不得更改。企业满足持续经营假说，没有破产的威胁，既可以快速稳定增长，又可以按照一定的增长率维持相当长的时间。第四，人们具有充分的理性，可以应用一切可以利用的信息进行无偏预计，不同的人预估相差无几。第五，为了预测FCFE，假设债务比率——债务占债务与股东权益之和的百分比——表示的资本结构保持不变。

考虑到伊利公司资产负债率在 60% 左右，如债务继续增加，风险也会随之上升，股权成本上升幅度不易确定。但是加权平均资本成本（WACC）受资本结构影响较小，易于测算。因此，本书选取公司自由现金流量模型（FCFF）对伊利公司进行价值评估。首先用加权平均资本成本对公司自由现金流量进行折现，从而得出公司经营价值。然后明确并计算得出所有对企业资产的非权益性财务索求权。最后从公司经营价值中减去非权益性索求权，从而求得普通股的价值。用权益资本价值除以公司已发行的普通股股数即得到股价。

2. 模型的确定

在计算公司价值时，本书将采用两阶段模型，把预测期分为快速发展和永续增长两个阶段，并假设伊利公司经过快速发展阶段后，自由现金流量可以达到永续增长阶段，销售收入和自由现金流量达到稳定状态，可以直接估算其永续价值，其基本模型可以写成：

$$v = \sum_{i=1}^{n} \frac{FCFF_i}{(1+WACC)^i} + \frac{FCFF_{n+1}/(WACC-g_n)}{(1+WACC)^n}$$

式中，$FCFF_i$ 为公司第 i 年的公司自由现金流量；g_n 为永续增长率；$FCFF=EBIT-$ 所得税费用＋折旧及摊销－资本支出－营运资本变动。$WACC$（加权平均资金成本）根据所有者权益及负债占资本结构的百分比，再根据所有者权益及负债的成本进行加权计算，得出的综合数字。$WACC=$ 权益资本成本×（权益价值÷企业价值）＋负债成本×（负债÷企业价值）×（1－税率）。

3. 自由现金流量测算公式

和会计经营现金流量不同，自由现金流量更侧重在不影响未来增长情况时可以给投资者的最大现金流量。由于有实际的现金流量收支，不受会计方法影响，亦不易受经营层操纵，所以，在进行企业价值评估时，自由现金流量一直被理论界作为衡量企业未来盈利情况的重要指标。

根据公式并结合我国现行财务制度，将自由现金流量公式调整为：自由现金流量＝利润总额＋利息支出＋折旧及摊销－企业所得税－资本性支出－营运资本。

4. 资本成本的确定

自由现金流量折现模型主要就是用加权平均资本成本（$WACC$）对流向公司各种利益主体的现金流量进行折现，从而确定公司价值。在我国资本市场，公司经营活动资金主要由债务资金和普通股募集资金组成。计算伊利公司加权平均资本成本时可以采用以下公式：

$WACC=$ 负债成本×（1－平均税率）×债务在公司长期资本中的占比
＋权益资本成本×权益资本在长期资本成本中的占比

（1）债务资本成本。债务资本是指企业债权人提供的短期、长期贷款，不包括应付账款、应付票据、其他应付账款等商业信用负债。债务资本成本即债务资金的到期收益率（YTM），K_d 为 YTM，即债务的税前资本成本；P_t 为 t 期归还的本金。

债务的税后资本成本为：

$$K_d=P_t\times(1-T)$$

式中，T 为企业所得税税率。

伊利公司作为一家实力雄厚、信用记录优良的乳业龙头企业，其在进行债项融资时可以取得一个较为有利的融资成本。虽然存在借款期限长短从而

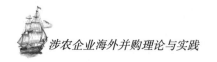

导致利率有一定差异，但是伊利公司在实际运作中，可以充分利用其优良的授信记录，从银行取得较低成本资金。

本书根据中国人民银行从 2004—2012 年期间公布的短期贷款年利率和中长期贷款年利率作为伊利公司税前单位债务资本成本，并依据央行每年调息情况加权平均。由此得到的短期贷款利率为 6.13%，中长期贷款利率为 6.47%。

债务平均成本率：$K_d = K_{dl}W_{dl} + K_{ds}W_{ds}$

式中，K_d 为债务资本成本；K_{dl}，K_{ds} 为长、短期平均贷款利率；W_{dl}，W_{ds} 为长、短期债务占的权重。

有息短期负债＝短期借款＋一年内到期的长期负债；有息长期负债＝长期借款＋应付债券。

根据伊利公司 2011 年度报告中的数据，短期借款为 2 985 290 639.32 元，长期借款为 7 179 000 万元，应付债券为 0，一年内到期的长期负债为 7 689 014.04。因此：$K_d = K_{dl}W_{dl} + K_{ds}W_{ds} = 6.13\%$。伊利公司所得税税率为 25%，计算得出债务资本成本如下：

$$K_i = K_d \times (1 - T) = 4.598\%$$

（2）权益资本成本。威廉·夏普提出资产定价均衡模型，该模型是企业的战略管理者和决策者描述资产的供求关系及价格水平的均衡模型。该模型反映了资本市场风险与收益之间的关系，即某一证券的预期收益率与该证券 β 系数的线性相关，可以通过证券市场线来描述这种线性关系。证券市场线表达了风险与回报率之间关系，是衡量有效组合投资风险的方法。其公式为：

$$K_e = R_f + \beta (R_m - R_f)$$

式中，K_e 为某一股票预期收益率，R_f 为无风险报酬率，β 为某一股票的 β 系数，评价该股票系统性风险系数，R_m 为社会平均收益率。

1）无风险报酬率 R_f。通常认为无风险报酬率等于短期政府债券利率，因为政府债券违约风险低，信用程度很高，能够按期兑付，且利率受市场影响较小，比较稳定，适合于作为无风险报酬率。

本例无风险报酬率参照国内短期政府债券收益率，以 2012 年 11 月 20 日公布的国债 7 年期的利率平均值为参照，无风险报酬率 R_f 取值 2.94%。

表 4-5 国债利率

序号	国债名称	代码	年利率（%）	期限
1	07 国债 07	10707	3.74	7
2	07 国债 01	10701	2.93	7
3	06 国债（20）	10620	2.91	7
4	06 国债（13）	10613	2.89	7
5	06 国债（6）	10606	2.62	7
6	06 国债（1）	10601	2.51	7
7	05 国债（13）	10513	3.01	7
	7 年期国债平均率		2.94	

数据来源：中金在线。

2）社会平均收益率 R_m。伊利公司在上海证券交易所挂牌上市，中国证券市场整体波动必然会影响其股价波动，因此本文社会平均收益率 R_m 将选择参照中国证券市场 1997 年以来的沪深综指年度收益率。

表 4-6 沪深综指（年度指数）一览表

序号	年份	综合指数
1	1997	1 147.4
2	1998	1 177.35
3	1999	1 447.83
4	2000	2 102.98
5	2001	1 582.6
6	2002	1 219.68
7	2003	1 233.15
8	2004	1 036.16
9	2005	1 000.25
10	2006	2 900.84
11	2007	4 424.79
12	2008	1 594.25

数据来源：招商证券网站。

通过计算 1997—2008 年期间沪深综指年度收益率几何平均数，社会平

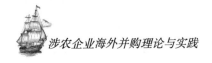

均收益率取值为 14.07%。

3）伊利公司的 β 系数。β 系数是一种评估资产系统性风险的工具，是资本资产定价模型的主要参数，反映了一种股票随市场同向变动的幅度，代表了这种股票使市场组合进一步多样化的能力。具有高 β 值的股票一定具有超过市场风险溢价的超额回报率。为使本文 β 值更具参考性，采用瑞思数据库计算结果，伊利公司 β 值明细如表 4-7。

表 4-7　伊利公司 β 值明细表

公司代码	股票代码	最新股票名称	日期	样本容量	β
C600887	600887	伊利股份	2011-12-30	236	0.656 4
C600887	600887	伊利股份	2010-12-31	240	0.679
C600887	600887	伊利股份	2009-12-31	242	0.638 2
C600887	600887	伊利股份	2008-12-31	242	0.948 4
C600887	600887	伊利股份	2007-12-28	240	0.875 9
C600887	600887	伊利股份	2006-12-29	197	0.87 6
C600887	600887	伊利股份	2005-12-30	240	0.624 2
C600887	600887	伊利股份	2012-12-31	242	0.923 5
C600887	600887	伊利股份	2004-12-31	239	0.889 8
C600887	600887	伊利股份	2003-12-31	240	0.671 4
C600887	600887	伊利股份	2002-12-31	232	0.688 7
C600887	600887	伊利股份	2001-12-31	239	0.992 9
C600887	600887	伊利股份	2000-12-29	238	0.896 6
C600887	600887	伊利股份	1999-12-30	238	0.751 4
C600887	600887	伊利股份	1998-12-31	245	0.857 2
C600887	600887	伊利股份	1997-12-31	242	0.784 8
C600887	600887	伊利股份	1996-12-31	205	0.635 6

数据来源：resset 数据库。

根据以上计算结果，按照线性回归原理，通过伊利公司 2010 年 12 月 31 日至 2011 年 12 月 31 日期间历史数据，得出伊利公司 β 系数为 0.6564。表明上证综指收益率每增加或减少 1%，伊利公司收益率亦随之增加或减少 0.6564%。

表 4 - 8　自由现金流量预测

单位：元

	2012	2013	2014	2015	2016
EBIT	1 173 627 207.05	3 009 454 734.20	5 612 981 419.36	9 553 606 665.36	14 997 926 141.91
折旧	4 413 200 093.66	1 076 158 695.33	1 381 461 739.83	1 773 378 356.66	2 276 480 560.53
本期税收	87 287 450.61	228 434 989.13	438 721 754.22	745 036 361.97	1 183 714 154.90
营业现金流量	1 527 659 849.31	3 857 178 440.40	6 555 721 404.97	10 581 948 660.04	116 090 692 547.54
资本支出	25 557 420 227.20	3 727 881 558.28	4 785 470 549.78	6 143 094 415.63	7 885 872 163.84
流动资产	14 361 787 119.94	18 436 183 722.64	23 666 474 611.87	30 380 583 583.91	38 999 465 447.89
流动负债	15 046 623 683.06	19 315 306 396.74	24 795 001 792.99	31 829 270 594.34	408 591 406 855.93
净营运资本	−684 836 563.12	−879 122 674.10	−1 128 527 181.12	−1 448 687 010.43	−1 859 675 238.03
净营运资本增加	3 453 511 518.47	−194 286 110.98	−249 404 507.03	−320 159 829.30	−410 988 227.61
企业总现金流量	4 483 271 896.36	323 582 993.10	2 019 655 362.22	4 759 014 073.71	8 615 808 611.30

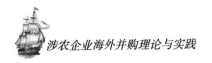

综合以上结论，得出伊利公司权益资本成本

$$K_e = R_f + \beta (R_m - R_f) = 10.25\%$$

（3）加权平均资本成本。价值评估是评估企业未来获利能力和前景的重要指标。因此为了使评估价值更接近企业实际价值，将采用市场价值来确定加权平均资本成本。有息负债权数与股东权益权数分别为 0.46 和 0.54。则加权平均资本成本公式为：

$$WACC = K_i W_i + K_e W_e$$

式中，K_i 为债务资本成本；K_e 为股东权益资本成本；W_i 为有息负债权数；W_e 为所有者权益权数。

根据上式，计算得出伊利公司的 $WACC$ 为：

$$WACC = K_i W_i + K_e W_e = 7.65\%$$

5. 自由现金流估值

（1）未来自由现金流估计。根据以上分析，我们得到预计的自由现金流如表 4-8。

（2）公司价值估计。根据如上分析，我们最终得到公司的价值估计如表 4-9。

表 4-9　公司价值估计

单位：元

	将现金流量贴现
前 5 年现金流量贴现	7 236 961 342.43
之后按永续年金计算	77 904 839 500.54
企业价值	85 141 800 842.98
－2011 年负债价值	13 624 027 764
归属股东的价值	71 517 773 079.09
股份数	1 598 645 500
股价	44.74

我们采用两阶段增长模型，前 5 年预估出自由现金流量，之后再按照永续年金贴现，得到企业预测的总价值；再减去 2011 年归属于债权人的价值，得到归属于股东的总价值；再除以股份数，最终得到股价为 44.74 元。

（三）市盈率法

市盈率是价格比上收入（P/E），它等于公司的每股市价除以每股收益（EPS）。它表明投资者为了得到公司收入所愿意支付的金额。比如一个公司的市盈率指标为 15，即表明净利润的市场价格为其本身价格的 15 倍，也就是说投资者愿意支付 15 美元来获得公司 1 美元的现在或未来净利润。运用市盈率来确定目标公司价值的步骤如下：

（1）首先确定一组可类比的公司或交易活动作为基准；

（2）计算每个类比公司或交易的市盈率；

（3）计算该组公司或交易的市盈率；

（4）将上述所得的平均数乘以目标收入得到估测价格，该价格为运用模型所得到的潜在价格。

以下根据 Resset 数据库 2012 年 12 月 31 日数据，经整理得到食品行业平均市盈率（表 4 - 10），以此平均市盈率对伊利公司股价进行估值。

表 4 - 10　行业市盈率

代码	简称	最新日期	行业	年市盈率
600059	古越龙山	2012 - 12 - 31	食品、饮料	41.02
600073	上海梅林	2012 - 12 - 31	食品、饮料	20.65
600084	中葡股份	2012 - 12 - 31	食品、饮料	−17.57
600090	啤酒花	2012 - 12 - 31	食品、饮料	66.70
600132	重庆啤酒	2012 - 12 - 31	食品、饮料	43.79
600186	莲花味精	2012 - 12 - 31	食品、饮料	−22.61
600197	伊力特	2012 - 12 - 31	食品、饮料	24.57
600199	金种子酒	2012 - 12 - 31	食品、饮料	20.94
600238	海南椰岛	2012 - 12 - 31	食品、饮料	−89.86
600300	维维股份	2012 - 12 - 31	食品、饮料	84.75
600305	恒顺醋业	2012 - 12 - 31	食品、饮料	114.20
600365	通葡股份	2012 - 12 - 31	食品、饮料	61.00
600429	三元股份	2012 - 12 - 31	食品、饮料	129.35
600519	贵州茅台	2012 - 12 - 31	食品、饮料	17.20
600543	莫高股份	2012 - 12 - 31	食品、饮料	63.93

（续）

代码	简称	最新日期	行业	年市盈率
600559	老白干酒	2012 - 12 - 31	食品、饮料	38.99
600573	惠泉啤酒	2012 - 12 - 31	食品、饮料	-34.15
600597	光明乳业	2012 - 12 - 31	食品、饮料	40.19
600616	金枫酒业	2012 - 12 - 31	食品、饮料	31.56
600702	沱牌舍得	2012 - 12 - 31	食品、饮料	27.33
600779	水井坊	2012 - 12 - 31	食品、饮料	22.27
600809	山西汾酒	2012 - 12 - 31	食品、饮料	27.40
600866	星湖科技	2012 - 12 - 31	食品、饮料	-20.17
600873	梅花集团	2012 - 12 - 31	食品、饮料	23.93
600887	伊利股份	2012 - 12 - 31	食品、饮料	20.00
	平均值			29.42

根据上述测算，食品行业平均市盈率 2012 年为 29.42。据本文采用销售百分比法得出的预测报表来看，我们预计 2016 年伊利的每股收益为 1.54 元。由 $V=PE \times EPS$ 得出伊利的估值为 45.31 元。

根据自由现金流量模型和市盈率指标法这两种方法测算的伊利集团的估值分别为 44.74 元和 45.31 元，总体来说相差不大。

第四节　相关文件的准备

在非公开招标的国际并购交易中，备忘录、意向书、框架协议、条款书均有可能在项目前期进行签署，对交易架构、交易的时间表、交易流程、交易的主要条款等进行约定。因此必须在并购前期准备这些文件。由于备忘录、意向书、框架协议或者条款书的撰写的技巧和要点类似，所以在下面的叙述中将备忘录、意向书、框架协议或者条款书等具有类似内容、框架和特点的文件统称为"交易前期文件"。

一、涉农企业海外并购前期文件介绍

在国际并购交易中，尤其是买卖双方主要以三种方式交易：①以一对一谈判方式进行的公司股权交易或者资产并购交易；②以长期合作为目的进行的交易，交易后双方仍然作为合作伙伴或者公司层面作为合作股东进行合作的情况下，往往会签署交易前期文件，对已经确认了的潜在交易的工作内容、方式或者后续安排等进行记录；③上市公司友好收购。上市公司友好收购过程中签署前期交易文件的情况偶有所见，但并不是常见的方式，因为上市公司往往有披露义务，签署前期交易文件如果不进行披露则需要面临很大的合规风险，而一旦进行披露，竞争对手的风险也随之而来。

一般来说，交易前期文件中，备忘录和意向书在潜在交易开始的初期或者一段时间常被签署，主要表明双方交易的意图、交易初步安排、初步时间节点等；当交易进行到一定阶段后，已经确定了一些重要条款、重大节点或者较为细致的安排时，往往采用框架协议或者条款书的方式。备忘录和意向书也可以用来记录交易进行到一定阶段后重要条款、节点及细节安排。对于交易前期文件来说，最关键的问题是明确好交易前期文件的性质和内容，梳理好权利义务，明确权利义务是否有约束力及防治将来可能引发的争议。

二、涉农企业海外并购撰写交易前期文件的准备工作

（一）了解并确认商务需求及目的

了解并确认商务需求及目的是撰写交易前期文件的基础。交易前期问价是仅仅表达合作意向，确立双方工作机制，还是对交易方式、交易价金、交易时间进行约定，抑或是需要对关键条款、合作具体内容、谈判框架、是否独家谈判等进行较为详细的约定，需要明确得到商务团队的表态。对于交易双方来说，在前期交易文件中所确定的内容，即使性质上是无约束力性质，如果在后续谈判中要再行改动，往往会比正常谈判过程中要困难。所以，厘清商务需求及明确相关商务内容，对起草交易前期工作非常重要。

（二）明确交易前期文件的性质

交易前期文件需要明确自身性质是对交易双方有约束力还是没有约束

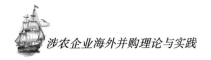

力，抑或是部分条款有约束力或者是没有约束力。如果交易前期文件有约束力，在最终交易文件未能达成的情况下，如何处理前期交易文件，是将前期交易文件作为管辖双方权利义务的文件，还是在一定期限内未达成一致则前期交易文件终止。前期交易文件的性质是否构成一个有约束力和/或执行力的文件，往往是争议的源头。比如，需要注意的是，如果双方在交易前期文件中对重要条款等进行了约定，但签署交易前期文件的目的仅仅是在交易前期文件中表达合作的意向，则尽管对潜在交易的重要条款达成了一致，该等重要条款要么具有非约束性，要么需要加入在双方生效的先决条件如以最终确定性协议达成条件或者以董事会或者政府审批为条件之类的限制。在实务上，谈判前期交易文件时，一定要注意如果买卖双方或者一方在往来交流不注意，即使合同仍然在协商之中，很可能已经达成一致的条款会被视为一个有约束性的协议。有鉴于此，所有谈判交易文件的人员，无论是公司内部律师、商务人员或者技术人员，需要注意在谈判期间的言行和往来邮件，以免将在谈判协商中的协议被视为已经达成。

（三）确定商务内容及其他条款

交易前期文件相比最终达成交易的定稿文件，涉及纯粹技术化的法律条文较少，因此交易前期文件中，内容比例更大的是商务条款和商务安排，在起草文件时，需要准备好相关的商务内容，比如交易的安排、交易的主要内容、交易的方式、交易价金的计算、交易的主要审批等。在起草交易前期文件时，需要确定以下内容：

（1）签字主体。需要明确是最终母公司签订大的框架协议，具体项目执行公司签最终协议，还是一开始就设立特殊目的公司进行交易前期文件的签署。

（2）叙述性条款部分。对潜在交易的描述内容，对潜在交易的背景进行说明：是转让资产还是股权，还是要成立合资公司或是资产互换，确定交易架构。

（3）交易的标的、对价。在前期交易文件中，事先对交易的资产进行划定，能给未来的工作省下很多时间。一般来说，合作类的潜在交易在签署备忘录或者意向书的时候，有可能对作价等内容还未确定，或者仅仅对作价、计价方式、计价假设条件或者支付方式作概括性描述，此时需要对描述进行仔细考虑。比如："交易签署日前连续二十个股票交易日均价"的均价如何计算，需要明确；资金来源、有无托管安排、价格调整、税务考虑也往往需要确认。

（4）潜在交易的时间点或者里程碑。双方签署交易前期文件的目的之一是将已经达成一致的内容与条款记录下来，但根本目的还在于继续推进交易，对潜在交易的时间点或交易里程碑事先明确与确认，何时进行尽职调查，何时谈妥最终确定性文件，何时交易各方获得内部审批，预计何时交割等。事先明确好交易的路线图，有利于交易的进行。

（5）潜在交易继续的工作机制。是否设立谈判团队、谈判团队的构成、谈判团队的工作机制等，比如约定清楚谈判团队的具体人员、谈判的地点、谈判的频率等。

（6）交易前期文件中双方的权利义务履行是否有先决条件。比如完成尽职调查、政府的批准、董事会的审批，或者在交易前期文件对最终文件的先决条件进行约定：完成融资，没有重大不利事件等。

（7）潜在交易是否有独家谈判权或者其他安排。潜在交易的独家谈判权或者要求卖方不兜售义务，独家谈判权是否有对价或者限制等，需要列明。独家谈判权的约定是放在前期交易文件中，还是单独签署独家谈判权协议。有的时候，独家谈判权可能是一个需要向市场披露的事项，而一方或者双方不愿意向市场披露更多信息，而有可能采取单独签署独家谈判权的方式。

（8）时间限制及解除权，潜在交易的谈判是否有时间限制。如果在一定期限内双方未达成最终协议，前期交易文件自动终止还是双方均获得解约权；是否需要在文件中约定无理由解约权，无理由解约权的行使是否需要事先提前书面通知等。

（9）管辖法和争议解决。有些人认为既然是前期交易文件，整个交易还在磋商中，所以管辖法和争议条款不需要，这种想法是错误的。前期交易文件中发生争议的情况，一直是纠纷诉讼的一大来源，预先设定好管辖法及争议解决机制，有助于出现问题后争议的及时解决。

（10）是否需要加入陈述与保证条款。一般来说，前期交易文件中，较少有详细的陈述与保证条款，陈述与保证条款部分主要还是放在最终交易文件中，需要交易双方拿出专门时间进行谈判的。需要注意的是，在前期交易文件中的陈述与保证，如果出现了与信赖相关的陈述与保证，则给出该等陈述与保证的一方要非常小心，这可能在双方未能继续交易导致潜在交易未达成时给出该等陈述与保证方遭受损害；在前期交易文件中有可能对陈述与保证条款的程度进行约定，此时双方需要注意该等约定是否有约束力。

（11）费用。费用如何承担，是各自承担还是一方承担，需要明确。

（12）保密及披露。保密及披露的要点一般是对潜在交易本身商谈事实、潜在交易已经达成的任何内容和双方所披露的信息保密，只有在极为有限的情况下披露。

（13）前期交易文件中哪些部分对双方有约束力或没有约束力。比如至少保密义务、前期交易文件有效期、管辖法和争议解决、双方的解除权或者对一方来说非常关键及重要的权利（如尽职调查、独家谈判权、不竞争、不引诱、关键雇员问题等）是应该有约束力的；而对于价格、交易框架、最终交易文件签署、保障条款、承诺条款、过于详细的陈述与保证条款等等，则在签署前期交易文件时，宜作为非约束性的好，以留下后续谈判空间。

当然，对于有的交易前期文件，特别是以框架协议或条款书形式出现的文件来说，其中包含的内容基本上就是最终交易文件的大框架，会比上面所列的基本内容要更加充实完整。最终交易文件为最终签署的文件，会在后续有更详细的说明。

参 考 文 献

[1] 余伟，侯军岐. 论我国种业企业并购团队建设及管理 [J]. 价值工程，2016，35（16）：257-259.

[2] 马慧芬. 我国农企海外并购问题与对策研究 [J]. 财务与金融，2015（4）：69-72.

[3] 张胜利. 双汇并购史密斯菲尔德案例融资策略分析 [D]. 成都：西南财经大学，2016.

[4] 张伟华. 海外并购交易全程实务指南与案例评析 [M]. 北京：中国法制出版社，2016.

[5] Hooke J C. 兼并与收购实用指南——当代金融实务译丛 [M]. 北京：经济科学出版社，2000.

[6] 戚汝庆. 企业并购目标的选择策略 [J]. 山东师范大学学报（人文社会科学版），2001，46（6）：24-26.

［7］孙涛．上市公司并购中目标公司选择方法研究［J］.现代管理科学，2006（11）：31-32.

［8］祝金荣．基于模糊综合评价的并购目标决策［J］.工业技术经济，2006，25（1）：23-24.

［9］萨德·苏达斯纳．并购创造价值［M］.北京：中国人民大学出版社，2013.

［10］裴珊珊．并购对涉农上市企业成长影响的实证研究［D］.大连：东北财经大学，2014.

［11］彭源波．农业上市公司并购绩效研究［D］.杨凌：西北农林科技大学，2012.

［12］任翘．基于战略的并购目标企业选择［D］.北京：北京交通大学，2011.

［13］周晓英．并购目标公司选择研究［D］.北京：北京交通大学，2016.

［14］陶瑞，张秋月．基于并购匹配的目标企业选择研究［J］.北京工商大学学报（社会科学版），2011，26（6）：52-57.

［15］周小琼．我国种子产业现状与发展趋势［J］.种子科技，2011，29（1）：23-26.

［16］张秋生，周琳．企业并购协同效应的研究与发展［J］.会计研究，2003（6）：44-47.

［17］成晖．伊利公司价值评估案例分析［D］.武汉：华中科技大学，2009.

第五章 涉农企业海外并购尽职调查

企业"走出去"进行海外并购比在国内并购所处的环境更为复杂，影响因素更多。在大大小小的各种涉农企业海外并购中，有相差甚远的法律、政策、环保要求，也充斥着许多以次充好甚至是虚假的信息，企业并购决策稍有不慎，就会给涉农企业并购造成重大损失，而且还难以弥补。因此，涉农企业海外并购尽职调查就显得格外重要。本章系统地论述了尽职调查的内容与流程、尽职调查的要点与风险控制，从实用的角度梳理了尽职调查报告的撰写和尽职调查相关文件参考文本。

第一节 尽职调查的内容与流程

一、尽职调查内容

（一）尽职调查界定及作用

1. 尽职调查的界定

尽职调查，按其原意为"适当的或应有的勤勉"，一般是指并购方在与被并购方达成初步合作意向后，经协商一致，交易当事方（或聘请的中介机构）对交易对方主题、交易标的等调查事项运用一定的方法进行现场调查、资料分析的一系列活动，为投资决策提供参考依据。尽职调查的任务是发现价值、发现问题、规避风险，目标是要确保并购标的真实可靠、没有水分、没有漏洞、没有陷阱，通过并购，能够给并购带来规模经济、市场份额的提高以及多元化经营创造的经济效益。

2. 尽职调查的作用

尽职调查的需求来源于交易各方拥有的信息不对称。所谓信息不对称，是指交易各方对于并购标的了解存在差异，这种差异容易导致交易各方的不公平交易。所以，在一项并购业务中，交易标的是否值得并购、以何种方式并购、以何种对价并购，都需要尽职调查结论作为决策依据。通常来说，尽职调查的重点在于：①了解企业当前的经营状态；②了解企业的经营策略和经营方式；③了解企业当前和未来可能发生的责任；④了解第三人利益的情况。

买受人应当在购买标的物时进行必要的检查，对因其疏于检查而没有发现的缺陷，应当自负其责。在这个背景下，对并购交易而言，尽职调查这项工作对于买方尽量减少不确定并购风险来说是不可或缺的。通过尽职调查最大限度地了解企业的现状，减少买卖合同执行后买受人的不确定风险。企业买卖中的风险不仅包括企业可能具有瑕疵，其他方面，如企业是否在被购买后符合买受人的市场战略，买卖是否还有别的风险（如环境责任风险）等，都是一个谨慎的投资者事先应明确的。尽职调查就是要还原真相，通过各种手段把被并购企业的真实情况展示出来，这个时候所展现的企业优势和劣势才是可信的。在此基础上，并购方可以更科学地根据自身所具备的条件，分析并购对自己的实际价值。合格的尽职调查还可以有效发现被并购企业出售的原因，也就是这个企业未来发展所面临的核心问题，这有可能是并购交易最终是否成功的核心要素，并购方一定要冷静思考，这些核心问题和真相会让并购方认真评价被并购企业的实际价值。

（二）尽职调查分类

1. 根据执行调查的主体分类

根据执行的主体，可以将尽职调查分为由买受人执行的尽职调查和出卖人执行的尽职调查。二者的区别主要体现在尽职调查的目的上：买受人执行尽职调查的目的在于了解和避免风险以及确定价格；出卖人执行尽职调查的目的则往往在于了解企业的现状以及控制将向买受人提交的信息的内容及形式，其中也可能不乏粉饰的目的。

2. 根据调查的时间分类

根据执行的时间，可以分为缔约前的尽职调查和缔约后的尽职调查。前者的目的主要在于风险调查和确定合同价格；后者的主要目的在于对买卖价格的调整和变更。尽管在进行尽职调查之前会约定保密义务，但不管怎样，还是很难阻止买受人直接或间接地利用所取得的信息，而产生对其有利而对出卖人不利的结果。实践中解决这种困境的办法是，买受人和出卖人达成约定：先在出卖人所提交的企业情况说明以及在出卖人就此所做的担保的基础上订立并购合同，然后在合同签订后到履行完毕前这段时间，买受人进行尽职调查以核实企业的实际情况是否符合出卖人的担保。如果经过调查发现企业的实际情况同出卖人说明与担保的情况不符，则可以按照双方事先约定好的标准调整价格。这种调查便是在合同订立之后的调查，不过实践中的应用不如缔约前的调查普遍。

3. 根据调查的内容分类

根据调查的内容，尽职调查包括法律关系调查、税务调查、财务调查、商务调查、环境调查、企业文化调查、人力资源调查。另外如保险、技术、客户关系等，都可以根据企业买卖的实际需要来进行。不同的并购交易，除了基础性的尽职调查外，还各有不同的侧重点，调查的具体内容，也会随交易的形式、企业的经营领域等而有差异。

（三）尽职调查的范围

在公司完成前期并购准备工作后，收购方如果有了初步的并购对象范围，需要对并购标的公司或标的资产状况进行尽职调查。调查了解并购对象为什么要卖，在财务、管理、法律方面有没有问题，并购对象的公允价值是多少，与自己的发展战略是否相容等方面，尽职调查就显得极其重要了。

尽职调查团队可能包括法务专家、财务专家、经营专家、工程专家、销售和推广专家、人力资源专家、税务专家和信息技术专家。尽职调查主要包括法律尽职调查和财务尽职调查，特殊情况下，还有可能包括税务尽职调查、商业（行业）尽职调查。

法律尽职调查着重于了解调查事项的法律现状，发现调查事项存在的法律问题。所谓的法律尽职调查，是指法律接受客户委托后，运用专业的法律知识，利用一定的方法和手段，对调查事项有关的法律事项进行审慎和适当的调查和核查，并在此基础上进行法律分析，最终向客户提交书面文件的过程。本书为方便起见，法律尽职调查会简称为尽职调查。

财务尽职调查主要是指由财务专业人员针对目标企业中与投资有关财务

状况的审阅、分析等调查内容。由于财务尽职调查与一般审计的目的不同，因此财务尽职调查一般不采用函证、实物盘点、数据复算等财务审计方法，而更多使用趋势分析、结构分析等分析工具。在企业的投资并购等资本运作流程中，财务尽职调查是投资及整合方案设计、交易谈判、投资决策不可或缺的前提，是判断投资是否符合战略目标及投资原则的基础。对了解目标企业资产负债、内部控制、经营管理的真实情况，充分揭示其财务风险或危机，分析盈利能力、现金流，预测目标企业未来前景起到了重大作用。

税务尽职调查是指接受客户委托，为客户的投资、并购等商业事务提供税务尽职调查服务，降低企业并购的税务风险。税务尽职调查主要是为了弥补法律尽职调查的不足。目前中国的税法纷繁复杂，需要专业性极强的税务律师进行税务尽职调查，就税务问题为企业出具专业的法律意见。

商业尽职调查是指从外部和内部对公司业务发展的内外部环境和情况进行调查，对企业达到其发展计划的关键因素进行评估和分析。商业尽职调查遵循审慎原则，有着一套严谨的流程，最终是为了支持投资决策，选择正确的投资对象。商业尽职调查的目的是明确目标公司的商业前景。通过对其宏观环境、市场规模和竞争环境的分析，了解目标公司所处的行业地位和未来发展趋势，通过对其内部运营管理的分析，可以为交易完成后价值提升和并购后整合方案的制定做好准备。

尽职调查主要是"书面审"，主要是对有关的文件、单据进行调查。这本身便是一个保存和整理证据的过程。另外，在具体操作上，通常如果尽职调查的人员对有关的调查事项有疑问，应当一律以书面形式提出，同时也应当要求有关的回答以书面的形式作出。

二、尽职调查的流程

尽职调查是由一系列持续的活动组成的，包括对目标方资料的收集、检查、分析和核实 等。对于一个重大投资项目，收购方尽职调查通常须经历以下程序：成立调查小组—与卖方签署保密协议—提供材料清单—实地调查和分析相关资料—撰写调查报告—内部复核—递交汇报—归档管理—参与并购方案设计，如图 5 - 1 所示。

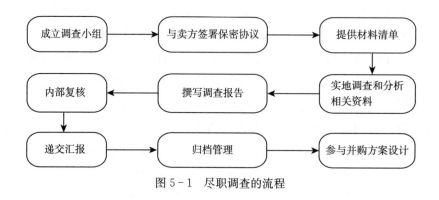

图 5-1　尽职调查的流程

（一）尽职调查程序流程

（1）收购方组织会计师和律师等外部顾问和内部经理人共同组成项目组，来对目标方进行全方位的尽职调查，必须要有内部经理人参与调查。

（2）目标方参照材料清单提供相关资料。在尽职调查前，收购方首先要制定尽职调查的目标，并根据并购目的、交易内容等设计制作尽职调查清单，然后由目标方提供有关书面资料。收购方在收到资料后，将复印件与原件核对，由交接双方签字确认。同时要求目标方及其管理层出具说明书，确认其提供的文件和资料内容属实且无重大遗漏。

（3）根据综合获取的目标方信息，结合并购的总体设想，进行全方位调查。调查渠道包括对目标方及其开发项目进行现场调查，审阅书面材料，约谈其管理层和员工；同时从目标方所在地的工商、税务、国土、规划、房产、劳动、司法等政府部门，目标方的开户或贷款银行、债权人、债务人、供应商、客户等，及各类数据库获取信息，调查目标方及其开发项目的基本情况、合法性等，调查目标方信用状况和重大债权债务状况等。其中实地考察与现场感受是全方位尽职调查中至关重要的一环，有经验的并购经理在数以百计的现场调研中形成一种直觉，发掘出目标方真正的成长点，或者辨别出商业计划书中不真实之处。

（4）评估风险基础上做出尽职调查报告。在广泛调查基础上进行风险分析，找出关键的风险因素，并评价项目的预期财务效益。调查报告应将调查所发现的问题逐一列出，说明问题的性质、存在的风险及应对措施，特别是对目标方存在的可能构成收购重大影响的问题提出初步建议和风险提示。

（二）法律尽职调查程序流程

在跨境交易中，彻底的尽职调查不仅会极为乏味，而且十分艰难和昂贵。尽职调查团队必须花大量的时间做事前计划，确保下述事宜的有序推进：明确相关的重大问题并把它们整理出来、如何有针对性地进行沟通，以及如何协调整个尽职调查流程。在这些问题中，许多应该在商业可行性规划阶段就梳理出来。在这个节点上，最重要的是针对海外企业的法律尽职调查，仔细分析客户、供应商和产品。一般来说，任何并购交易的法律尽职调查都是一个寻找真相过程，目的是为了澄清和理解或辨识不那么容易显现或者不大合规的问题。

（1）明确法律尽职调查的目标。尽职调查是要发现调查对象是否存在法律问题，但并非所有的法律问题都在尽职调查的目标范围内。如何明确尽职调查目标，使得律师在后续调查过程中做到勤勉与尽责，需要考虑多个因素。首先，律师需要充分理解客户的需求、想要达成的目标、委托的时间要求、收费情况。在此基础上，与客户协商确定尽职调查的目标、范围。其次，律师需要考虑并购方式及交易特征。并购方式（资产并购或股权并购）不同、并购标的价值不同、股权并购比例不同，决定了法律尽职调查的范围与程度不同。再次，律师需要考虑调查标的情况。调查标的规模、业务模式、规范运作程度不同，尽职调查需要的时间和工作量也会不同。

（2）初步法律调查明确关键点。明确了尽职调查目标后，律师应该根据本次调查涉及的相关事项进行法律法规调研、明确尽职调查关键点。在这个过程中，律师应该就调查领域汇编法律法规库，并归纳主要法律或重要法律条款，这一方面便于律师在项目进展中随时查阅调取法律法规；另一方面可以归纳总结调查中所需要关注的具体法律要点。需要注意的是，进行法律法规调研、明确关键点可能会是一个不断重复的过程。随着尽职调查的开展，律师需要不断进行法律研究、完善或修改关键点。

（3）制定尽职调查计划。明确关键事项后，律师可以拟定尽职调查计划，以期合理安排尽职调查时间、落实尽职调查重点事项、达到尽职调查目标。一份完善的尽职调查计划应包括尽职调查清单、尽职调查手段和方法、

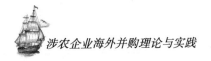

尽职调查注意事项等多方面的内容。尽职调查的方法和手段越丰富，律师了解的内容越全面，越能够做到审慎调查。尽职调查不仅限于收集事实资料，并应包括访谈、核查等多种手段。在制订出尽职调查清单后，律师应及时将尽职调查清单发送给被调查方，提前与相关人员沟通，并给予被调查方合理的时间准备相关资料。

（4）落实尽职调查，进行法律分析。按照尽职调查计划予以落实，在尽职调查过程中，律师应根据尽职调查清单收集资料，并视情况随时调整尽职调查计划；最终，律师结合尽职调查了解事实情况进行法律分析，得出尽职调查结论。得出尽职调查结论后，律师应及时、完整地制订工作底稿并存档，避免丢失或对外泄露。

三、尽职调查的方法

中国企业海外并购开展尽职调查，需要从三个不同的维度去开展调查。第一个维度就是投资所在国家（根据实际情况可以是某个区域）的宏观投资环境；第二个维度就是行业的发展情况和竞争格局；第三个维度是企业的维度，也就是分析企业的业务内容、竞争力、收益能力、风险控制能力、企业的公司治理体制。

（1）投资所在国的宏观投资环境的分析。各国社会文化和经济发展存在较大差异，投资环境不尽相同。分析一个国家或者地区的宏观投资环境，需要考虑的因素一般包括：政治（或者政权）的稳定性；近五年的经济发展情况和今后五年的经济发展展望；中国企业要投资的行业的政府产业政策；对外资企业，特别是中国企业的态度；法制环境是否健全；外汇管理和资本管理的情况；与中国政府是否签订了投资保护条约或者租税条约；是否有需要的人才和劳动力，工会影响力的大小。

（2）行业的发展情况和竞争格局分析。中国企业海外并购时，开展尽职调查的时候，需要了解行业的一些基本情况：行业的规模；和世界其他国家相比，行业的发展水平；该国家的行业政策；行业的垄断集中度；行业中的主要的企业；该国家中行业上下游企业的基本情况。

（3）企业层面的分析工作，可以根据实际情况去做不同的分析。一般来说，需要把握以下基本情况：企业的基本情况（包括历史、资本金、人员、总公司和各个分支机构所在地等）；企业的业务内容和主要的产品；企业最近三年的财务情况；企业的核心竞争力；企业的管理体制；企业的风险管理体制；企业目前存在的主要问题和需改善之处；如果中国企业并购了该企业，产生协同效益的情况。

尽职调查应该根据具体情况运用多种方法。一般可以采取查阅文件资料、参考外部消息、相关人员访谈、企业实地调查。另外，会计师、律师常用的函证、分析性复核等方法也可作为尽职调查的方法，如图5-2所示。

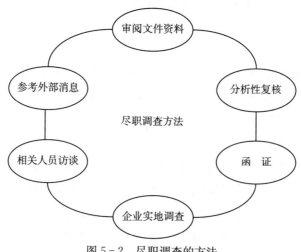

图5-2　尽职调查的方法

1. 审阅文件资料

通过审阅公司工商注册、财务报告、业务文件、法律合同等各项资料，发现潜在的异常情况及重大问题。审查调查对象提供的文件资料是律师最通常运用的调查方法。在调查过程中，调查对象的法律状况主要反映在与之相关的文件和资料上，通过审查上述资料，律师可以得出基本的尽职调查结论。

2. 参考外部消息

通过网络、行业杂志、业内人士等信息渠道，了解公司及其所处行业的情况。可以通过拨打电话、登录网站方式查询相关信息，核查公告、网页或者其他载体相关信息，并就查询的信息内容、时间、地点、载体等相关事项

制作查询记录。

3. 相关人员访谈

与企业内部各层级人员、相关中介机构、供应商和客户进行充分沟通交流，了解事实全貌，获取第一手资料。通过访谈，可以挖掘出尽职调查清单未涉及的重要内容或资料提供方认为没有必要提供而实际存在的事项，进一步完善尽职调查。

4. 企业实地调查

在书面资料无法直观反映调查对象相关事宜状况时，或者需要印证调查对象提供相关信息的真实性时，可以查看企业厂房、土地、设备、产品和存货等实物资产。

5. 函证

就相关事项发函查证，发函中需明确函证事项以及要求对方回函内容。采用函证方式时，应当以挂号信函或者特快专递的形式寄出，邮件回执、查询信函底稿和对方回函应当由经办律师签字。

6. 分析性复核

复核贯穿于整个尽职调查过程当中。尽职调查中，复核书面材料与访谈了解的情况、查询获取的资料是否一致，风险及问题是否得到全面反映；撰写尽职调查报告过程中，复核文字、格式是否准确、严谨，如是否出现序号格式错误，是否出现错字、别字，报告所反映的内容与原始资料是否一致等。

第二节　尽职调查的要点与内容

据统计，超过半数以上的中国企业的海外并购交易未取得成功，无法达到增值的底线。该数据充分表明海外并购交易非常复杂，而且具有难度。冷静分析和思考其失败原因，无外乎买卖双方信息不对称、对目标公司价值评估不到位、对目标国的法律、法规等方面研究得不够透彻等，这种情况下贸然出手并购，必然造成十分被动的局面。在国际游戏规则面前，我们能做的是吸取前人经验教训，认真研究好规则，用法律规则保护我们的利益，从而更好地参与海外农业并购。经济学人信息部的一项调查显示，完成跨境交易的公司认为并购交易成功最为关键的三个因素是：①统筹规划、开展企业整合；②进行详尽彻底的尽职调查；③提前制定并购战略。由此可见，尽职调查在项目前期具体工作中占有极其重要的地位。如果一个海外农业并购项目，尽职调查没有发现其存在的风险点和问题，并购后自然会把风险和问题带入项目中，并成为日后建设生产中的重大隐患。因此，并购前的全面尽职调查非常必要，只能强化不能省略，否则将因小失大，造成不可挽回的重大损失。

一、尽职调查的要点

能否在尽职调查中发现问题，与调查团队自身的经验有关，关键在于如何尽到勤勉、尽责、恪守职业道德和执业纪律。尽职调查的要点包括业务经营、知识产权、税务、劳动人事、环境保护、历史沿革和现状等方面，如图5-3所示。

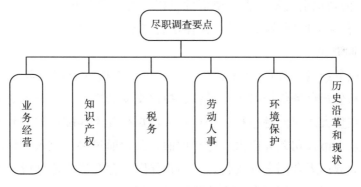

图5-3 尽职调查的要点

（一）业务经营的尽职调查

1. 调查要点

（1）公司实际经营的业务是否与营业执照所载一致，是否超越范围经营；

（2）经营范围中是否存在须前置/后置审批程序；

（3）公司实际使用的经营场所是否与工商登记一致，是否异地经营；

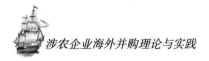

（4）公司业务的合法合规性，是否存在潜在法律风险；

（5）公司是否具备业务经营所需的资质、许可、审批等事项，该等资质许可文件是否存在过期、被撤销、吊销或无法续展、不被延长的风险；

（6）公司取得的经营资质证书所载权利人与公司名称是否一致；

（7）公司业务经营是否满足特殊行业的监管要求；

（8）公司的实际生产是否超过核定产能；

（9）公司重大业务合同的合法合规性（合同内容是否合法、须经招投标的是否履行相应程序）、是否存在无法履行的法律风险；

（10）公司业务经营是否具有独立性，是否须经第三方许可、与第三方签有协议从而导致对其他方具有依赖性；

（11）公司业务经营关键技术来源、是否存在侵权或被其他先进技术替代的风险；

（12）公司所处行业现状、未来经营模式是否发生重大变化，是否存在法律风险；

（13）公司拟定交易是否需要审批或相应的资质许可；

（14）各项文件所载内容是否存在矛盾或不一致之处。

2. 风险防范

关于业务经营方面的调查要点主要在于：①核查公司财务数据的真实性；②判断公司财务数据对公司经营、拟议交易的影响。实务中财务状况方面可能存在重大法律问题包括：公司财务数据相互不匹配，如毛利率及其变动与同行业上市公司差异巨大，存在虚假；公司通过多记收入少计成本伪造利润，相应数据无合同文件支持；公司担保财产存在法律瑕疵或未办理抵押登记手续；公司重大债权存在无法收回的情形。

（二）知识产权的尽职调查

1. 调查要点

（1）公司拥有的知识产权清单；

（2）公司拥有或使用的专利权、商标权、著作权、域名、植物新品种权、集成电路设计布局专有权的权属证书、申请文件、权属登记簿；

（3）拥有或使用的知识产权的转让或许可协议，许可方、转让方所有的权属证明文件；转让/许可的登记备案文件；

（4）公司知识产权的年费缴纳凭证（如需缴纳年费的）；

（5）公司知识产权保护期限是否已近届满；

（6）公司受让或被许可使用的知识产权付款凭证；

（7）公司知识产权的取得是否合法（是否系职务发明、是否侵犯他人权利）；

（8）公司知识产权是否存在纠纷或潜在纠纷；

（9）公司知识产权是否存在共有情形、是否存在权利限制的情形；

（10）公司知识产权对业务经营的贡献情况，如知识产权系股东出资取得，是否实际用于公司生产经营；

（11）公司知识产权价值与评估价值、拟交易价值是否相符；

（12）公司如存在技术进口情况，是否办理了有关审批登记手续；

（13）公司知识产权是否存在质押等权利限制；

（14）各项文件所载内容是否存在矛盾或不一致之处。

2. 风险防范

关于知识产权方面的调查要点主要在于：①核查知识产权的真实权属状况；②核查知识产权的实际价值；③是否存在知识产权权属纠纷或争议。在特定交易中，往往知识产权的价值巨大对交易对价产生重大影响，此时律师调查时不能只关注财产账面价值，还有调查知识产权对经营活动的实际作用。

（三）税务的尽职调查

1. 调查要点

（1）尽职调查清单所列文件是否已提供齐全；

（2）公司适用的税种税率是否符合法律法规及规范性文件的规定；

（3）是否存在公司应缴纳而实际未缴纳的税种；

（4）公司应适用的税率与陈述或实际税率是否存在差异；

（5）公司取得的税收优惠、财政补贴是否有合法依据；

（6）公司取得的税收优惠、财政补贴是否已取得批准或确认；

（7）公司纳税申报地址与实际经营场所是否一致；

（8）公司税收优惠待遇和政府补贴是否面临重大不利变化；

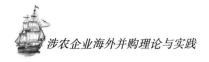

（9）公司向股东分红、以未分配利润/盈余公积转增注册资本是否已履行代扣代缴义务；

（10）公司的关联交易是否存在转移税负安排；

（11）公司是否存在税务行政处罚；

（12）公司是否存在需补缴或被追缴税款的情形；

（13）公司拟议交易是否会对公司税收产生影响；

（14）各项文件所载内容是否存在矛盾或不一致之处。

2. 风险防范

关于税务方面的调查要点主要在于：①核查对象缴纳税款的合法合规性；②核查是否存在欠缴税款或税款纠纷情形；③判断公司税务事项对本次并购的影响。针对上述要点，律师应从事实方面核查调查对象纳税申报、实际缴纳支付凭证，从法律方面分析调查对象适用的税收优惠是否合法。

（四）劳动人事的尽职调查

1. 调查要点

（1）尽职调查清单所列文件是否已提供齐全；

（2）公司员工专业结构、教育程度、年龄构成是否与公司享受的福利企业待遇、高新技术企业要求相匹配；

（3）公司劳动用工及福利制度是否有利于高级管理人员团队稳定性；

（4）公司是否与所有员工均签订了书面劳动合同；

（5）公司与员工签订劳动合同的期限及内容是否符合法律要求（是否应签署无固定期限劳动合同、试用期是否符合法律规定）；

（6）除统一劳动合同外，公司是否与个别员工签署了竞业禁止协议、保密协议等类似合同；

（7）公司是否采用劳务派遣方式用工，是否符合规定；

（8）公司为员工缴纳社会保险的险保、基数及缴费比例是否符合国家及地方规定；

（9）公司是否为员工缴纳住房公积金，缴费基数及比例是否符合地方规定；

（10）公司是否存在欠缴社会保险费用及住房公积金情形；

（11）公司具体劳动用工制度（劳动时间、劳动报酬、代扣代缴个人所得税情况）是否符合法律规定；

（12）公司是否存在劳动争议及纠纷；

（13）公司是否存在重大劳动违法行为，是否受到主管机关行政处罚；

（14）各项文件所载内容是否存在矛盾或不一致之处。

2. 风险防范

关于劳动人事方面的调查要点主要在于：①核查劳动用工的合法合规性；②判断劳动人事现状是否影响调查对象持续经营；③判断劳动用工瑕疵对公司影响。实务中若通过劳务派遣规避缴纳社保义务或公司薪酬水平、待遇福利远远低于同行业水平，则公司持续经营发展易受影响。律师在实务中不能只关注劳动用工现状，也要评价因欠缴或缴费基数不符合法律规定而对公司未来产生的影响。

（五）环境保护的尽职调查

1. 调查要点

（1）公司建设项目清单（包括已建、在建和拟建项目）；

（2）公司是否履行建设项目环境影响评价程序（是否按法律要求编制环境影响评估报告书/报告表/登记表、是否取得环保部门的批复）；

（3）公司建设项目是否履行建设项目环保竣工验收程序；

（4）公司排放的主要污染物是否达到国家或地方规定的排放标准；

（5）公司生产过程中是否使用或产出禁用物品；

（6）公司实际经营中的环评检测情况；

（7）公司实际经营中的环保设施及运行情况；

（8）公司固定废物及危险废物的处置是否符合法律法规规定；

（9）公司是否存在环境污染事故；

（10）公司项目是否处于区域限批范围；

（11）公司是否因环保事项发生诉讼、仲裁、行政复议事项；

（12）各项文件所载内容是否存在矛盾或不一致之处。

2. 风险防范

关于环境保护方面的调查要点主要在于：①核查公司是否履行环保审批

程序以及相关程序的合法合规性；②核查公司是否严格按照环保要求进行生产经营；③核查公司须取得某种环保批准文件的，公司是否符合核准的实质条件；若未能取得批准文件的，对公司预期取得该等环保批准文件是否存在法律障碍。实务中环境保护方面可能存在重大法律问题，包括：公司建设项目的环境状况发生重大变更，未能重新办理环评审批手续；公司建设项目未取得环保批复；公司就建设项目配套的环保设施未投入使用；公司环保情况不符合上市要求等。

（六）历史沿革和现状的尽职调查

1. 调查要点

（1）公司的营业执照是否显示公司为特殊类型（国有企业、集体企业、外资企业）；

（2）公司的设立是否经有关机关批准、设立程序是否规范；

（3）公司注册资本是否达到法定最低要求；

（4）公司注册资本是否已足额认缴，是否存在抽逃、挪用出资行为；

（5）股东出资是否真实、是否履行必要评估程序、是否符合法律规定；

（6）是否存在委托持股情形，股东资格是否合法、是否满足特殊行业要求；

（7）公司名称是否符合法律规范、是否经有关机关批准；公司商号是否侵犯他人知识产权；

（8）公司历次变更是否履行必要的审批程序、是否办理工商变更/备案登记；

（9）公司章程是否载有特殊条款，如限制表决权、不按出资比例分红、一票否决权等；

（10）股东间是否存在特殊约定，如固定回报条款、业绩回购条款等；

（11）公司历史上是否存在合并、分立减少注资行为，是否履行了必要程序，如公告、通知债权人；

（12）公司历史上股权转让是否均已支付对价、是否完税、是否存在纠纷；公司境外股权是否存在被直接或间接转让的情况，是否依法申报纳税；

（13）公司历史上是否经年检或年报公示；

（14）公司历史沿革演变过程是否合法；

（15）各项文件所载内容是否存在矛盾或不一致之处。

2. 风险防范

关于历史沿革方面的调查要点主要在于：①核查历史沿革演变的合法合规性；②判断历史沿革相关瑕疵对调查对象现状的法律影响及影响程度。针对上述要点，律师应着重关注与注册资本、股权状况、公司治理相关的重大事项。实务中存在因股权结构不合理导致无法 IPO、因创始人离婚贻误公司上市最佳时机、因存在业绩对赌导致控股权旁落等案例，提示律师在尽职调查中要学会换位思考，不仅从律师角度，也要从投资人角度核查公司重大事项。

二、尽职调查的内容

根据上述尽职调查的要点及风险控制的分析与整理，并通过查阅国内外大量的文献资料，总结整理出海外涉农企业并购尽职调查的内容，希望对准备从事海外农业并购的企业和个人有所帮助、启发。

（一）专业调查

1. 验证资源量、储量、农业生产情况、播种面积等指标

对专业农业公司来说，搞清楚这些问题不难，但非农业公司就要特别注意，有的国外公司有意识地增大储量，优化生产情况等指标，因为这些指标和项目估值有直接的关系。专业农业公司要派出有经验的农业生产等专家到现场实地查看目标公司过去完成的生产工作、研发创新等，通过一定数量的验证取样化验等手段，验证上述指标。

2. 考察和项目有关的基础设施、建设条件等硬件设施

农业生产是一个庞大的系统工程，涉及多学科、多专业，需要考虑到生产建设所需的一切基础设施和外部条件，缺一不可。我国涉农企业海外并购屡屡受挫，很重要的原因就是忽视了基础设施、建设条件等外部因素。研发基地、生产基地、生产研发设备等设施，如果遇到各种天灾怎样应对，土地是否合适，这些问题都要事先考虑到，并且在做可行性研究时一定要把这部

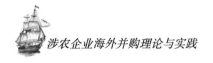

分风险投资加进去。

（二）投资环境

海外尽职调查中的投资环境主要指投资者所面对的客观条件。对于农业海外投资来说，主要指的是目标国的软环境，包括政治法律环境，如政治体制、政局的稳定性；政策是否具有连续性；法律法规是否齐备和公允的司法实践等，以及社会文化环境，如公民的文化教育水平、宗教、风俗习惯等。这些指标无法量化，很难把握，对并购的成功却至关重要。例如，有的国家资源民族主义盛行、国民对外国公司在本国涉农非常反感，给本国政府施加很大压力，经常搞破坏，在这些国家并购农业企业就要非常慎重。在法治环境方面，一个地区的政府和居民能否依法办事，是否具有强烈的法律意识，在很大程度上决定企业的投资是否能够有保障，遇到纠纷时能否通过法律途径得到公平的解决。在投资环境方面，泛泛了解并不能解决实际问题，只有进行深入的调查分析，才能够为决策提出中肯的意见。

（三）农业法律法规

各国都有适合本国发展的农业法律法规。农业企业在海外并购之前必须把涉及农业的每一条法律法规都弄清楚，否则会留下很大隐患，存在海外并购项目无法获批的可能性。在农业法律发达的国家，相关法律规定多如牛毛，每一条都可以成为陷阱。例如，美国国会通过了《2007 外国投资和国家安全法案》，严密监控和核查国外对美国公司的投资，特别是对农业这个敏感领域的收购项目。在欧洲，为了确保并购行为不会导致市场垄断或不公平的竞争行为，欧盟要求辖区内的并购项目必须经过审批——无论是对区域内的公司，还是考虑在欧洲做业务的公司。因此，农业企业的海外并购必须对目标国农业法律的相关问题进行准确把握，在尽职调查中将每一个风险都提示到位。

（四）环保方面法律法规

在很多国家，环境影响评价有一套很严格的程序。在加拿大、澳大利亚等国，一个环评过程会持续 2~3 年；在巴西，建设项目的每个环节都要通过环保审批。在澳大利亚开展农业建设，必须同时遵守联邦政府和州政府关于环境保护的规定。即使在南美和非洲许多发展中国家，环保标准的严格程度也超乎我们的想象。在非洲的许多国家，由于历史上曾是西方国家的殖民地，前宗主国为他们留下了一套健全的法律体系，企业在环保问题上需要面对一系列复杂的程序。

（五）劳工方面法律法规

多数国家为了保护本国劳工利益，对外籍劳工的输入实行限制政策。在加拿大、澳大利亚，法律对外国劳动力的流入设置了重重关卡。另外即使中国工人通过层层考验到了加拿大、澳大利亚，公司也要按当地法律规定的标准支付薪水，无助于企业人力成本的节省。有法律规定，并购企业必须保证雇用一定数量的当地人，并且将其作为进入当地市场的前提。因此，投资方应根据尽职调查情况和实际用工需求，提前与当地合作伙伴到所在国政府沟通，争取为项目申请到优惠的劳工配额。还有些国家工会组织非常强大，经常罢工要求增加工资、提高福利待遇，但在企业有效益、收回投资前大幅涨工资不现实，企业难以承受，对这些问题都要提前考虑到，尽量满足合理的要求。

（六）税收和外汇管制与开发

税务涉及的范围很广，包括报税的会计方法、外国辖区下的税收、资金的汇返、外国税收的优惠政策、州和地区的税收以及收购方和目标公司交易之后的相关问题，如转移定价问题、法定的政府预扣税以及就业和社会保障税问题。

海外农业项目有关的税费主要有：增值税、所得税、资源税等。加拿大、澳大利亚、南美洲部分国家税费很高，有的中亚国家收取市场开拓金，但没有明确的计算标准，有的国家对农产品销售有一定的限制，有的国家对外汇汇出有限制，有的国家对红利返回母国征收较高的红利税，目标国的税费对农业项目的收益有直接影响，尽职调查时应作为重要项目重点研究，审核税收的合规性，同时需要审核的还有目标公司对待报税和纳税的总体态度，确定用于收购的最有效的纳税方式，以及收购后的税收规划和相关的报税要求。

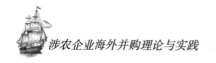

（七）知识产权

成功的海外并购，需要考虑交易架构、收购涉及的控股结构、税务架构、收购融资、法律尽职调查、监管审查、工会劳工、环境、知识产权以及不良资产等问题。其中，知识产权的尽职调查对于并购技术类和品牌类企业来说至关重要，稍有不慎就可能留下隐患，甚至竹篮打水一场空，或者给并购方带来无休止、代价高昂的法律诉讼纠纷。农业企业海外并购中知识产权尽职调查工作马虎不得，收购方要全面地了解目标公司的业务及承担的相关法律义务，深入地分析已有或潜在的问题，以便作出正确决策。

以上就是海外农业并购尽职调查需要注意的重点问题，当然，不同国家、不同项目有其特殊性，但上述问题普遍存在，需要特别注意。只有尽职调查做得彻底、全面、客观、准确，才能为正确决策打下坚实的基础。

第三节　尽职调查报告的撰写

尽职调查报告内容一般包括公司简介、公司组织结构调查、研究与开发、供应、企业业务和产品、销售、公司基本设施、公司财务、公司主要债权和债务、投资项目、其他、行业背景资料等内容，以下进行详细阐述。

一、公司简介

（1）公司成立背景及情况介绍；

（2）公司历史沿革；

（3）公司成立以来股权结构的变化及增资和资产重组情况；

（4）公司成立以来主要发展阶段，以及每一阶段变化发展的原因；

（5）公司成立以来业务发展、生产能力、盈利能力、销售数量、产品结构的主要变化情况；

（6）公司对外投资情况，包括投资金额、投资比例、投资性质、投资收益等情况和被投资主要单位情况介绍；

（7）公司员工状况，包括年龄结构、受教育程度结构、岗位分布结构和技术职称分布结构；

(8) 董事、监事及高级管理人员的简历；

(9) 公司历年股利发放情况和公司现在的股利分配政策；

(10) 公司实施高级管理人员和职工持股计划情况。

二、公司组织结构调查

(1) 公司现在建立的组织管理结构；

(2) 公司章程；

(3) 公司董事会的构成，董事、高级管理人员和监事会成员在外兼职情况；

(4) 公司股东结构，主要股东情况介绍，包括背景情况、股权比例、主要业务、注册资本、资产状况、盈利状况、经营范围和法定代表人等；

(5) 公司和上述主要股东业务往来情况、资金往来情况，有无关联交易合同规范上述业务和资金往来及交易；

(6) 公司主要股东对公司业务发展有哪些支持，包括资金、市场开拓、研究开发、技术投入等；

(7) 公司附属公司的有关资料，包括名称、业务、资产状况、财务状况及收入和福利状况、对外业务往来情况；

(8) 控股子公司的有关资料，包括名称、业务、资产状况、财务状况及收入和盈利状况、对外业务往来情况、资金客户业务往来情况；

(9) 公司与上述全资附属公司、控股子公司在行政上、销售上、材料供应上、人事上如何统一进行管理；

(10) 主要参股公司情况介绍。

三、研究与开发

(1) 详细介绍公司研究所情况，包括成立的时间，研究开发实力、已经取得的研究开发成果，主要研究设备、研究开发手段、研究开发程序、研究开发组织管理机构等情况；

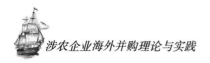

（2）公司技术开发人员的结构，工程师和主要技术开发人员的简历；

（3）与公司合作的主要研究开发机构名单及合作开发情况，合作单位主要情况介绍；

（4）公司目前自主拥有的主要专利技术、自主知识产权、专利情况，包括名称、用途、应用情况、获奖情况；

（5）公司每年投入的研究开发费用及占公司营业收入的比例；

（6）公司目前正在研究开发的新技术及新产品有哪些；

（7）公司新产品的开发周期；

（8）未来计划研究开发的新技术和新产品。

四、供应

（1）公司在业务上所需的原材料种类及其他辅料，包括用途及在原材料需求中的比重；

（2）上述原材料主要供应商的情况，公司有无与有关供应商签订长期供货合同，若有，请说明合同的主要条款；

（3）请列出各供应商所提供的原材料在公司总采购中所占的比例；

（4）公司主要外协厂商名单及基本情况，外协部件明细，外协模具明细及分布情况，各外协件价格及供货周期，外协厂商资质认证情况；

（5）公司有无进口原材料，若有，该进口原材料的比重，国家对进口该原材料有无政策上的限制；

（6）公司与原材料供应商交易的结算方式，有无信用交易；

（7）公司对主要能源的消耗情况。

五、企业业务和产品

（1）公司目前所从事的主要业务及业务描述，各业务在整个业务收入中的重要性；

（2）主要业务所处行业的背景资料；

（3）该业务的发展前景；

（4）主要业务近年来的增长情况，包括销量、收入、市场份额、销售价格走势，各类产品在公司销售收入及利润中各自的比重；

（5）公司产品系列，产品零部件构成细分及明细；

（6）公司产品结构，分类介绍公司目前所生产主要产品情况和近年来销售情况；产品需求状况；

（7）上述产品的产品质量、技术含量、功能和用途、应用的主要技术、技术性能指标、产品的竞争力等情况，针对的特定消费群体；

（8）公司是否有专利产品，若有，公司有哪些保护措施；

（9）公司产品使用何种商标进行销售，上述商标是否为公司注册独家使用；

（10）上述产品所获得的主要奖励和荣誉称号；

（11）公司对提高产品质量、提升产品档次、增强产品竞争力等方面将采取哪些措施；

（12）公司新产品开发情况。

六、销售

（1）简述公司产品国内外销售市场开拓及销售网络的建立历程；

（2）公司主要客户有哪些，并介绍主要客户的有关情况，主要客户在公司销售总额中的比重；

（3）公司产品国内主要销售地域，销售管理及销售网络分布情况；

（4）公司产品国内外销售比例，外销主要国家和地区分布结构及比例；

（5）公司是否有长期同定价格销售合同；

（6）公司扩大销售的主要措施和营销手段；

（7）销售人员的结构情况，包括人数、学历、工作经验、分工等；

（8）公司对销售人员的主要激励措施；

（9）公司的广告策略如何，广告的主要媒体及在每一媒体上广告费用支出比例，公司每年广告费用总支出数额及增长情况，广告费用总支出占公司费用总支出的比例；

（10）请列出公司在国内外市场上主要竞争对手名单及主要竞争对手的

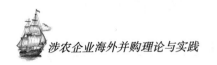

主要资料，公司和主要竞争对手在国内外市场上各自所占的市场比例；

（11）公司为消费者提供哪些售后服务，具体怎样安排；

（12）公司的赊销期限一般多长，赊销部分占销售总额的比例多大；历史上是否发生过坏账，每年实际坏账金额占应收账款的比例如何；主要赊销客户的情况及信誉；

（13）公司是否拥有进出口权，若无，公司主要委托哪家外贸公司代理，该外贸公司的主要情况介绍；

（14）后"经济危机时代"，对公司产品有哪些影响。

七、公司基本设施

（1）公司主要固定资产的构成情况，包括主要设备名称、原值、净值、数量、使用及折旧情况、技术先进程度；

（2）按生产经营用途、辅助生产经营用途、非生产经营用途、办公用途、运输用途和其他用途分类，固定资产分布情况；

（3）公司所拥有的房屋建筑物等物业设施情况，包括建筑面积、占地面积、原值、净值、折旧情况以及取得方式；

（4）公司目前主要在建工程情况，包括名称、投资计划、建设周期、开工日期、竣工日期、进展情况和是否得到政府部门的许可；

（5）公司目前所拥有的土地的性质、面积、市场价格、取得方式和当时购买价格。

八、公司财务

（1）公司收入、利润来源及构成；

（2）公司主营业务成本构成情况，公司管理费用构成情况；

（3）公司销售费用构成情况；

（4）主营业务收入占总收入的比例；

（5）公司主要支出构成情况；

（6）公司前三年应收账款周转率、存货周转率、流动比率、速动比率、净资产收益率、毛利率、资产负债比率等财务指标；

（7）公司前三年资产负债表、利润及利润分配表；

（8）对公司未来主要收入和支出有重大影响的因素有哪些；

（9）公司目前执行的各种税率情况。

九、公司主要债权和债务

（1）公司目前主要有哪些债权，该债权形成的原因；

（2）公司目前主要的银行贷款，该贷款的金额、利率、期限、到期日及是否有逾期贷款；

（3）公司对关联人（股东、员工、控股子公司）的借款情况；

（4）公司对主要股东和其他公司及企业的借款进行担保及抵押情况。

十、投资项目

（1）本次募集资金投资项目的主要情况介绍，包括项目可行性、立项情况、用途、投资总额、计划开工日期、项目背景资料、投资回收期、财务收益率，达产后每年销售收入和盈利情况；

（2）投资项目的技术含量，技术先进程度，未来市场发展前景和对整个公司发展的影响；

（3）公司目前已经完成主要投资项目有哪些，完成的主要投向项目情况介绍。

十一、其他

（1）公司现在所使用技术和生产工艺的先进程度、成熟程度、特点、性能和优势；

（2）与同行业竞争对手相比，公司目前主要的经营优势、管理优势、竞争优势、市场优势 和技术优势；

（3）公司、公司主要股东和公司董事、高级管理人员目前是否涉及有法

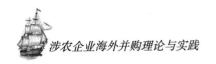

律诉讼，如有，对公司影响如何。

十二、行业背景资料

（1）近年来行业发展情况介绍；

（2）国家对该行业的有关产业政策、管理措施，及未来可能发生的政策变化；

（3）该行业的市场竞争程度，并介绍同行业主要竞争对手的情况，包括年生产能力、年实际产量、年销售数量、销售收入、市场份额、在国内市场地位；

（4）国外该行业的发展情况；

（5）国家现行相关政策对该行业的影响；

（6）目前全国市场情况介绍，包括年需求量、年供给量、地域需求分布、地域供给分布、生产企业数量，是否受同类进口产品的竞争。

第四节　尽职调查相关文件参考文本

根据笔者的经验，常见的尽职调查文件包括尽职调查计划、尽职调查文件清单、尽职调查报告等。最终要向客户提交的成果文件是尽职调查报告。本节是以法律尽职调查为例提供文件清单。此处以并购某种业公司为例。

××××律师事务所

初步法律尽职调查文件清单

致：××有限责任公司（以下简称"公司"）

自：××××律师事务所

关于：初步法律尽职调查文件清单

××××律师事务所（以下简称"我们"或"本所"）受××有限责任公司的委托，就并购××公司尽职调查事宜（以下简称"本项目"）提供法律服务。为顺利推进本项目，我们编制了本初步法律尽职调查文件清单（以下简称"本清单"），希望公司按本清单的要求搜集整理相关资料，以便我们掌握公司的经营和资产等各方面的情况。随着本项目法律工作的不断深入和具体情况的变化，我们也将对本清单进行相应调整和补充。公司在收集相关文件资料前，请事先阅读本清单第一部分"法律尽职调查相关说明"。

第一部分　法律尽职调查相关说明

一、材料收集范围

本次材料收集的范围为公司及其控股（或全资）子公司、分公司包括但不限于历史沿革、营业资质许可、资产、业务、劳动人事、税务等方面文件资料。

请公司及公司的控股（或全资）子公司、分公司均根据本清单提供相关文件资料。

如无特别说明，本清单要求提供的资产、合同、员工社保、诉讼仲裁和行政处罚等情况均应为截止到目前（清单答复日）的最新情况。

二、文件整理、归档和装订要求

为确保在相关协议约定期限内完成尽职调查工作，请公司务必按下述要求整理、归档和装订相关文件资料。

公司相关人员在提供书面材料（包括对于本清单的回答、填写表格及提交复印件资料）的同时，请提供本清单回答和相关表格的电子版及有关复印件资料的电子版（如有），且需保证提供的电子版文件内容与书面材料内容完全一致。

另外，公司相关人员提供的书面材料均需加盖公司公章，并由提供文件资料的人员对所提供的资料签字确认，注明工作部门和提供日期。

公司提供的书面材料的整理、装订、归档要求如下：

1. 文件的装订、归类

公司在装订、归档相关文件资料时，应注意：

（1）文件资料请统一用 A4 纸复印，复印件务必字迹清晰，纵向装订左侧打孔（A4 纸标准两孔），每类文件按清单分类标题分开，根据时间先后顺序排列，并应有明显的分隔标识。文件资料装订后，请在文件夹封面和侧面标明公司名称和文件夹序号（请不要采用订书钉等不便于拆除的方式装订）；

（2）在各文件夹首页附上记载相关文件名称之文件目录，并请同时将该

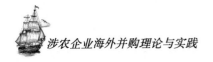

文件目录电子版发送至下述本所联系人的电子邮箱。

2. 对本清单进行标注

在提供文件后，请公司打印本清单，并对已经提供的文件，在清单上相应标注"已提供"；对于查明没有本清单列出的某项文件，根据情况请标注"无"或"缺失"；对于暂时无法提供但稍后才能提供的文件，请标注"待提供"并简单说明原因；鉴于目前我们对公司的股权结构、资产状况等情况尚无具体了解，因此，本清单中的某些问题或文件可能不适用。如果不适用，请在相应的条款下标注"不适用"。

3. 其他文件

如本清单有未列或明确列出、但可能对公司及公司控股（全资）子公司、分公司造成重大影响的事件或文件，请自行进行说明并提供相关文件。

三、时间安排和文件的提供

1. 对本清单所列的文件，请公司尽快准备好并提供。

2. 如公司对于本清单所要求提供的文件有任何疑问，可与本所项目组律师联系。

律师联系方式如下：

××律师手机：　　　　　　　　邮箱：

<h2 style="text-align:center">第二部分　法律尽职调查清单</h2>

一、历史沿革及股东情况

1.1 全套的工商登记材料，包括从设立至今所有年份的年检报告（工商局打印加盖工商局查询章，网上年检的提供年检材料）（注：如下方所列某项资料被本项涵盖的，可不必重复提供）。

1.2 公司设立时取得的、及历次名称变更时取得的《企业法人营业执照》。

1.3 公司设立时、及历次修改的《公司章程》和/或《章程修正案》。

1.4 公司历年的公司治理文件记录，包括：股东会会议决议及记录，董事会会议决议及记录，及其他管理单位（如职工代表大会或职工大会，如有）的会议决议及记录。

1.5 公司内部组织结构图及其说明（请说明公司设立的职能部门及各职

能部门的职责）。

1.6 公司董事、监事、高级管理人员和核心技术人员名单、简历。

1.7 公司目前的股权结构图（描述公司的股东及股权比例，并尽量追溯至最终控制人）。

1.8 所有由任何过去或现在的股东之间所签订的与公司有关的协议和文件，包括但不限于：与公司成立或认购公司股权有关的协议及其任何修订和补充，以及与公司的控制权、管理、融资相关的协议。

1.9 公司股东历次转让公司股权的股权转让协议、主管部门批准文件（如适用）、同意公司股权变动的董事会决议/股东会决议/总经理办公会决议（如适用）、其他股东放弃优先购买权的承诺/确认函以及工商变更登记文件。

1.10 请确认股东所持有的公司股权是否设置质押；如设置，请提供有关主合同、质押合同和质押登记文件。

1.11 请确认股东所持有的公司股权是否存在被司法冻结、权属争议等其他限制其转让的情形，如存在，请提供该等情形的详细书面说明和相关材料（如法院的相关裁定书、冻结通知等）。

1.12 请确认公司股东所持公司股权是否存在委托持股、信托持股或代持股等相关情况；如存在，请提供相关协议。

二、对外投资

2.1 公司企业结构图，包括公司所有境内外子公司/企业以及分公司（包括办事处、研究所、事业部、销售部、销售处、联络处）等（请注明该等控股子公司及参股子公司的其他投资者及股权结构）。

2.2 公司控股子公司/分公司的《企业法人营业执照》/《营业执照》/《公司章程》或其他下属单位的注册登记证明以及控股子公司（包括全资子公司，下同）的工商档案信息文件。

2.3 公司参股子公司的《企业法人营业执照》以及最新的公司章程。

2.4 关于设立各控股子公司/企业的协议书及其修改协议。

2.5 关于设立各控股子公司/企业、分公司（办事处、研究所、事业部、销售处、联络处）等的董事会、股东会决议（如有）等内部批准文件。

三、业务

3.1 公司对于其业务范围、类型及经营方式的简要说明，并提供现有业

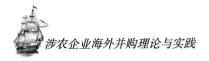

务的流程图，包括研发、采购、生产、销售流程。

3.2 公司目前生产销售种子品种的清单，及上述品种的《主要农作物品种审定合格证》或非主要农作物的备案登记证明文件。

3.3 公司目前持有的有效《主要农作物生产许可证》《农作物经营许可证》。

3.4 请说明公司的核心种质资源及其来源。

3.5 公司独立或合作研发的种子品种清单，及公司目前持有的《植物新品种权证书》（包括已申请被受理，尚未获得品种权证的），及公司签署的《新植物品种权许可使用协议》或其他类似的植物新品种权授权生产经营的协议。

3.6 公司是否存在委托生产的情况，如有请提供被委托企业或其他组织的相关资质证书。

3.7 公司是否授权其他个人或组织销售公司生产的种子，如有请提供书面委托代销书，及被委托者的《企业法人营业执照》或《营业执照》。

3.8 公司签署的尚在有效期内的育种合同、制种合同。

3.9 近三年及一期（如有）公司国内外前十大产品销售客户清单以及供应商清单（如前十名客户供应商不足公司当年销售收入、采购额的60%的，请提供至销售收入、采购额的前60%）。

3.10 公司正常经营所需且已持有的其他各种批文、资质证书等有关法律文件，包括但不限于组织机构代码证、银行开户许可证、贷款卡、高新技术企业证书等。

3.11 最近三年有关政府机关对公司投资项目（含与外国公司合作项目）立项申请、可行性研究报告、开发项目建议书等的批复。如涉及境外投资，还应提供商务部、业务主管部门或相应政府部门及外汇管理局的相关批准、豁免及其他文件。

四、固定资产、房屋和土地使用权

4.1 主要固定资产。

4.1.1 公司拥有的金额在人民币50万元以上的固定资产清单。

4.1.2 公司特种设备相关准用证或登记、备案证明（如适用）。

4.1.3 租赁固定资产清单、相关租赁协议。

4.1.4 抵押、担保情况。

公司的固定资产之上是否设置了任何担保物权/或任何其他对资产转让、使用有限制的情况；如有，则请提供相应的文件，包括但不限于主债权合同、抵押合同、质押合同及有关登记证明，出租合同或其他形式之书面文件，公司与第三人签署的任何限制、禁止上述资产进行出售、转让或以其他方式转让的文件，公司承诺在一定期间或满足一定条件时将上述资产出租出售给第三人的文件和合同。

4.2 不动产。

4.2.1 拥有土地使用权的法律文件，包括：

(1) 土地使用证；

(2) 土地使用权出让合同；

(3) 有关政府机关关于土地处置方案的批复；

(4) 土地出让金缴纳情况说明及出让金缴纳凭证；

(5) 国土管理部门关于国有土地使用权划拨的批文；

(6) 用地规划许可证；

(7) 未取得土地使用证的，请提供办理土地使用证的进展说明；或者无法取得土地使用证的，请书面说明相关情况及原因。

4.2.2 租赁的土地使用权。

(1) 租赁使用土地使用权的租赁协议；

(2) 租赁方持有的土地使用权证；

(3) 出租方有权出租的证明（指如为非权利人出租，出租方自权利人获得的允许转租的授权文件）；

(4) 租赁备案登记相关文件。

4.2.3 拥有的房产。

(1) 房屋所有权证；

(2) 未取得房屋所有权证的，请提供登记备案的商品房买卖合同、税款缴纳证明、付款凭证等；或者，无法取得房屋所有权证的，请书面说明相关情况及原因。

4.2.4 租赁的房产。

(1) 房产租赁合同；

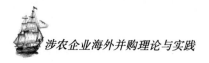

（2）出租方的房屋所有权证；

（3）房屋租赁备案文件；

（4）如果实际租用房产而无法提供（或不具备）上述文件，请书面说明相关情况及原因。

4.2.5 在建工程。

请提供公司有关在建工程的立项批复，并根据在建工程具体进程，提供其建设用地规划许可证、建设工程规划许可证、建设工程施工许可证、当地环境监督管理机关的批复、消防审核文件（如适用）等相关政府部门的批复文件；如已竣工，请一并提供消防验收意见书（如适用）、环保验收意见书及竣工验收备案登记表。

4.2.6 抵押、担保情况。

公司的土地、房产是否设定了任何抵押、担保；如设定，请提供抵押/担保协议、抵押登记文件、主债务合同。

4.2.7 公司自有的房屋、土地是否存在出租给他人使用的情形，如有，则请提供相关租赁合同。

4.2.8 除上述情况外，使用土地或房屋的所有权或使用权的其他有关文件。

五、正在履行的借款和担保

5.1 公司及控股子公司最新的贷款卡信息（公司基本信用信息报告）。

5.2 人民币及外汇借款合同及相应的担保合同。

5.3 外汇借款的外债登记文件。

5.4 融资租赁合同及相应的外债登记证。

5.5 公司为他人债务提供担保（包括公司以其资产为他人债务提供担保）的文件。

六、财务资料

6.1 公司最近三年的财务报表（包括资产负债表、现金流量表、损益表等）以及审计报告。

6.2 公司所有控股子公司最近一年一期的财务报表，经审计的请提供审计报告。

七、重大合同

公司正在履行的重大合同清单及合同文本，包括但不限于：

7.1 书面说明最近三年公司其他应收款、其他应付款的形成原因，并提供相关协议或凭证。

7.2 公司目前正在履行的合同金额排名前十的销售合同。

7.3 公司目前正在履行的合同金额排名前十的采购合同。

7.4 所有标的金额在 100 万元以上的其他重大业务合同。

7.5 有关担保、抵押或赔偿的合同。

7.6 技术转让、技术合作协议、技术开发合同及技术许可合同，以及相关的许可、批准、登记、备案文件。

7.7 研究开发委托及/或合作协议。

7.8 有关代理、专营权、特许或限制性交易（包括限制公司进行的业务或其股东的权利）的合同。

7.9 战略合作协议（投资协议、收购协议、合作协议或联营协议）。

7.10 任何确定或限制公司所有者权益的协议。

7.11 公司签订的所有重大的保密和禁止披露信息的合同。

7.12 请公司提供海外业务合同清单及文件，包括但不限于有关产品销售/设备采购、技术服务合同等，并请提供公司签订、履行该等合同所需的政府批准文件。

7.13 其他认为对公司生产经营有重大影响的合同。

八、诉讼、仲裁和行政处罚

8.1 公司及其股东、下属公司及公司的董事、监事、高级管理人员和核心技术人员是否存在正在进行的尚未了结的重大诉讼、仲裁和其他任何司法程序、行政程序；如有，请提供起诉状上诉状、判决书或裁决书或已生效法律文书执行情况的说明等文件。

8.2 请确认公司近三年是否存在罚款或罚没金额在人民币 10 万元以上或者涉及责令停业整顿、吊销执照或资格等行政处罚；如不存在，请书面确认"无"，如有，请提供相关处罚通知书/决定书、缴纳罚款的收费凭据或纠正违法违规行为的说明等相关文件。

8.3 公司所知的任何有可能在未来引起上述诉讼、仲裁或行政处罚并对公司有重大不利影响的事实或潜在的争议的详细情况的说明。

8.4 涉及公司员工且尚未处理完毕的工伤、意外、交通事故的情况说明

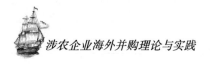

及证明文件。

九、知识产权

9.1 商标。

9.1.1 公司拥有的商标注册证书。

9.1.2 商标转让合同、商标使用许可合同。

9.1.3 商标使用许可备案文件、商标转让核准证明文件。

9.1.4 公司商标信息变更的相关登记备案文件。

9.2 专利。

9.2.1 公司拥有的专利证书。

9.2.2 专利转让合同、专利使用许可合同。

9.2.3 与专利权相关的登记备案文件。

9.2.4 与专利申请相关的协议、登记备案文件。

9.3 公司拥有的特许经营权和有关证明、批准文件。

9.4 公司拥有的专有技术及专有技术转让合同、专有技术许可使用协议。

9.5 著作权。

9.5.1 公司拥有著作权登记证书。

9.5.2 著作权专有许可合同和转让合同。

9.5.3 与著作权相关的登记备案文件。

9.6 公司拥有的互联网域名及域名注册证书等文件。

9.7 所有知识产权证明文件、年费缴付收据副本。

9.8 公司的全部正在申请登记及/或申请不获接纳的知识产权文件或其他专有技术。

9.9 公司许可他人使用或实施其拥有的知识产权所签订的许可合同及相应的登记备案文件。

9.10 现有或潜在的有关专利、商标、专有技术等争议或纠纷的详细情况说明。

9.11 公司的无形资产是否设定了任何担保权利，如设定了担保，请提供担保合同、登记备案文件、主债务合同。

十、税务及财政补贴

10.1 税务登记证。

10.2 公司适用的税种、税率的情况说明。

10.3 请公司说明公司自成立以来是否按时申报并缴纳税金，是否存在任何税务纠纷或任何与缴税有关的处罚记录。

10.4 请提供公司所享受的任何税收优惠的相关文件，如减、免税通知等。

10.5 国家或地方政府给予公司的任何补助和/或补贴的协议、批准或其他安排的文件。

10.6 设备进口关税豁免批文。

10.7 进口退税登记证。

十一、劳动人事

11.1 请说明公司各类别员工的人数、工种等。

11.2 请提供员工名册。

11.3 请提供公司社会保险登记证。

11.4 请说明"五险一金"缴纳情况。

11.5 请介绍并提供公司和下属控股子公司的员工持股计划/股票期权计划。

11.6 请说明公司是否为在职职工以外的其他员工承担某项特定福利费用或者统筹外支出。

11.7 请提供公司与员工签订的聘用合同、劳动合同约定的待遇之外的其他额外福利待遇，包括但不限于现有的员工福利、奖金、奖励基金计划、购房补助计划、承诺或其他类似计划的文件，员工住房津贴、房改和医疗保险的规定、计划等文件，并请说明房改是否已完成以及完成情况。

11.8 与员工签订的劳动合同，并说明公司签订劳动合同的人数。

11.9 公司集体劳动合同样本。

11.10 董事、监事、高级管理人员以及核心技术人员与公司订立的服务协议。

11.11 保密协议。

11.12 工会组织的介绍及相关文件。

11.13 曾发生过的罢工或怠工事件以及曾发生的及现在正在进行的劳动纠纷情况报告。

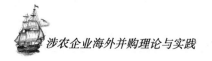

十二、环境保护、安全生产和产品质量、技术等标准

12.1 环保、安全生产。

12.1.1 现行有效的排污许可证及为经营公司业务而向环保部门申请取得的其他所有许可证、准许和授权，以及与此有关的任何已提交但尚未获批的申请。

12.1.2 排污费及时足额缴纳的证明文件。

12.1.3 公司建设项目的环境影响评价报告、环保部门的环评批复、验收监测报告、竣工环保验收文件。

12.1.4 安全生产许可证。

12.1.5 公司因违反环保或安全生产的法律法规而受处罚的有关文件。

12.1.6 公司曾发生过的与环境污染或安全生产有关的重大事故情况的详细说明。

12.2 产品质量。

12.2.1 请说明公司的产品、服务质量所遵循的标准。

12.2.2 公司获得的质量认证证书的相关证明，包括但不限于质量管理体系认证证书、环境管理体系认证证书等。

12.2.3 公司生产的产品符合质量和技术监督标准的证明。

12.2.4 请说明公司的产品、服务需遵守国家或行业的定价政策。

12.2.5 公司因违反产品质量和技术监督标准而受处罚的有关文件。

十三、关联方情况

13.1 请说明公司是否存在关联公司，如有，请具体介绍该等关联公司与公司之间的关联关系。

13.2 请提供董事、监事、高级管理人员对外投资、对外兼职企业名单。

13.3 请简要介绍关联公司的业务范围、业务种类及经营方式。

13.4 请说明公司与关联方是否有交易往来，如有，请提供公司与关联方之间交易的合同或交易凭证，并说明该等交易是否公允。

顺颂商祺！

××××律师事务所

参 考 文 献

[1] 隋平．海外并购尽职调查指引［M］．北京：法律出版社，2011（4）：239－248，315－325.

[2] 张金鑫．企业并购［M］．北京：机械工业出版社，2016（8）：70－72，76－79.

[3] 中伦文德律师事务所．公司并购实务操作与法律风险防控［M］．北京：中国法制出版社，2015.

[4] 许德风．并购交易中的尽职调查［J］．法学杂志，2006（4）：1－2.

[5] 秦米源．并购前的尽职调查与风险防范［J］．广西社会科学，2013（2）.

[6] 安晓红．国外农业政策法规分析［J］．农业与技术，2014（8）：34－39.

[7] 郭艳．赴澳大利亚投资尽职调查必不可少［J］．中国对外贸易，2016（7）.

[8] 童军虎．海外矿业并购尽职调查中的重点问题探讨［J］．中国矿业，2010（6）：1－2.

[9] 赵国习．企业并购中的尽职调查［J］．企业管理，2017（6）：1－2.

[10] 陈卓，李海燕，李红亮．中国企业"一带一路"投资并购活动中的商业尽职调查研究［J］．河南科学，2017（10）：3－4.

[11] 赵国习．企业并购中的尽职调查［J］．企业管理，2017（6）：1－2.

第六章　涉农企业海外并购
交易结构设计

交易结构设计是涉农企业并购重组过程中非常重要的一环。好的交易结构能够满足各方需求，体现交易双方的利益，解决双方面临的问题，规避相关风险，更好地实现并购重组，同时节约时间、资金，获得公允的价格和税收优惠。不恰当的交易结构往往会产生交易过于复杂，增加买方购买成本，引发法律纠纷以及带来后期企业整合等问题。本章主要阐述涉农企业并购交易结构设计类型、交易结构设计要素及要点和交易结构设计风险控制。

第一节　交易结构设计类型

一、交易结构设计内容及原则

（一）交易结构设计内容

交易结构设计内容包括三方面：金融工具设计、股权安排与交易定价、治理结构安排。

1. 金融工具设计

金融工具设计是风险投资交易结构设计的第一个重要环节，选择金融工具的关键在于以下几点。

（1）对投资人而言，要确保投资安全和对企业的适度控制；

（2）对被投资人而言，要保证对企业的领导权，并确保后续融资要求。

通常有关金融工具设计最常见的几种金融工具是优先股、可转换债、附购股权债。

2. 股权安排与交易定价

股权安排与交易定价是风险投资交易结构设计的第二个重要环节，是交易结构设计中关于财务结构安排的重要组成部分。

股权安排是要确定风险投资人在被投资企业全部股权中所占的份额。

交易定价通常用现金流贴现法，预测被投资企业在未来某个时点的价值。

再考虑投资规模的约束下，按双方认可回报率确定被投资企业原股东的权益份额和风险投资人应占比例。

3. 治理结构安排

治理结构安排的目的是，在信息不对称情况下，通过一定制度安排，协调投资人和被投资企业管理层之间的关系，以防止管理层以投资人的损失为代价，谋求自身利益最大化。

治理结构安排包括的内容有，确定企业控制权、未来融资要求、对管理层的约束和激励、管理介入方式、资金撤出安排等。

（二）交易结构设计原则

交易结构设计，以实现价值为最终目的，控制风险为首要任务，寻求两者最佳平衡点。它以机制设计为方法，激励约束为内容，金融交易工具和企业治理工具为具体手段，将投资过程和投后管理一体化。

1. 机制设计

机制设计解决交易结构设计的原理性问题。

对任意一个欲达目标，都要设计一个经济机制，使参与经济活动的个体利益和设计者既定总体目标一致，个体在追求个人利益同时，客观上达到机制设计者的既定目标。它需满足三个要求：有效资源配置、有效利用信息、激励相容。

2. 管理柔性和期权工具

管理柔性和期权工具解决交易结构设计的方法性问题。

在项目投资过程中，投资者可根据市场变化，决定投资时间、规模、方式、甚至终止项目等，此灵活性被称为管理柔性。管理柔性使投资者在投资过程中具有相机选择权，而无相应义务。这种相机选择权和期权特征相似，可把期权定价思想和分析方法用于投资项目风险管控中。

在早期投资阶段，由于信息不对称，投资人在交易结构中较多使用期权类工具。如：多阶段投资和投资中止权、受让优先权、再投资优先权、强制

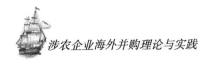

赎回权、清算优先权等，这些期权不仅使资方能有效规避风险，也对企业家形成更强的激励和约束。

3. 相关人利益

在交易结构设计过程中，投资人和企业家都寻求有利于自己的保护性条款，交易结构设计的最终确定是二者反复博弈的结果。

（1）投资人。对投资人而言，风险防范是首要的。①在可接受风险水平下取得合理回报；②对被投资企业要有一定影响力，如出任企业董事；③纳税最小化；④不管出现何种情况，要保证投资能撤出；⑤享有投票控制权，在企业业绩恶化时，能更换管理者。

（2）被投资人。对被投资人而言，保证对企业的所有权是主要的。①能够领导他所创建的企业；②从己方创新中获取合理回报；③保留尽可能多的资源供其企业运作；④纳税最小化。

二、常见并购交易结构的类型

常见并购交易类型包括资产交易与股权交易、增资交易与股权转让交易、境内交易与境外交易、混合交易等类型，如图6-1所示。

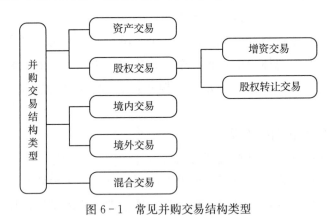

图6-1 常见并购交易结构类型

（一）资产交易与股权交易

根据交易的标的进行划分，分为资产交易与股权交易。资产交易指意向买方旨在购买目标公司拥有的资产而产生的交易。股权交易指意向买方旨在购买卖方持有的目标公司的股权而发生的交易。最为重要的风险评估之一就是考虑：是从目标公司股东手中购买股票，还是收购所选资产？

1. 资产交易

买方往往偏爱资产交易，因为并购资产享有递增折旧基数的税收好处，意向买方中意目标公司拥有的某项或数项特定资产，比如，土地使用权及其地上建筑物，机器设备等生产线，软件著作权、商标、专利等知识产权等。采用资产交易结构，意向买方无须承担目标公司的债务（包括或有负债），但须按照所适用的税法规定缴纳资产产权转移过户发生的税费（如购买不动产发生的契税等）。

2. 股权交易

卖方通常偏爱股票交易，因为它有单一税率的好处，中意并拟购买卖方持有的目标公司的全部或部分股权，该部分股权对应并涵盖目标公司名下的所有的有形资产和无形资产以及所有负债。从法律上讲，股权交易系对目标公司债权和债务的概括承受。当然，意向买方对目标公司拥有的某些资产、人员、业务，也可以在并购发生之前，要求卖方促使目标公司进行剥离，以剔除目标公司的特定资产、人员和业务。

（二）增资交易和股权转让交易

股权交易结构下，可进而细分为增资交易和股权转让交易。增资交易指意向买方将投资款注入目标公司，根据所投资款的金额换算成持有目标公司的一定股权比例，增加目标公司注册资本的交易。股权转让交易指意向买方受让目标公司某一股东或全部股东的股权，并向股权转让方支付转让价款，目标公司注册资本维持不变的交易。

1. 增资交易

在增资交易结构下，意向买方直接将投资款注入目标公司，增加目标公司的注册资本，通过增资扩股的方式并购目标公司，并占有目标公司的一定比例的股权，一般而言，增资交易往往在风险投资（VC）和私募股权投资（PE）领域中被意向买方广泛运用。届时，意向买方需要与目标公司、目标公司的原股东签署增资协议，以实现对目标公司的并购。

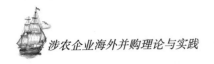

2. 股权转让交易

股权转让交易结构下，意向买方受让目标公司的全部或某一股东的全部或部分股权，以实现对目标公司的收购。一般而言，股权转让交易多出于意向买方战略布局的考虑，拟实现对目标公司的整体收购而广泛运用的交易结构，届时，意向买方与卖方签署有关目标公司股权转让的股权转让协议或股权买卖协议（SPA）。

（三）境内交易与境外交易

依据目标公司涉及的管辖法域区分，分为境内交易和境外交易。境内交易结构下，目标公司位于中国境内，且在中国境外无投资，整个交易在中国境内完成，仅适用中国法律。境外交易结构下，目标公司位于中国境外，但目标公司名下的资产或权益涉及中国境内，整个交易在目标公司所在国和中国境内共同完成，不仅适用目标公司所在国的法律，还适用涉及中国境内资产或权益的中国法律。

1. 境内交易

在境内交易结构下，目标公司注册于中国境内，且对外无投资，整个交易发生于中国境内，仅适用中国法律，无须考虑境外法域的适用法律，通常相对简单，无须与境外律师配合完成交易。既包括一般的涉及纯内资公司的并购，也包括涉及注册于中国境内的外商投资公司的并购。

2. 境外交易

在境外交易结构下，目标公司注册于中国境外，但涉及中国境内的资产或权益，整个交易不仅发生于中国境外，而且还发生于中国境内。为了完成境外交易，需要中国律师配合境外律师完成涉及中国境内资产或权益的尽职调查，并协助审核境外交易的并购协议（SPA），以确保不违反中国法律的强制性规定。有时，目标公司虽然注册于中国境内，但对外有投资，拥有境外的资产或权益，也属于境外交易结构，同样涉及中国法律和境外所适用的法律，需要中国律师与境外律师相互配合，完成相关交易。

（四）混合交易

除了上述的标准单一交易结构之外，有时采用某一标准单一交易结构难以满足意向买方的需要，因此，需要考虑设计混合交易结构。在此情况下，混合交易应运而生，比如资产交易与股权交易的混合、增资交易与股权转让交易的混合、境内交易与境外交易的混合等。限于篇幅，在此不再赘述。

第二节 交易结构设计要素及要点

一、交易结构要素及比较

上市公司并购重组过程通常包括六大环节：制定目标、市场搜寻、调查评价、交易结构设计、谈判签约、交割接管。交易结构设计是这一过程中非常重要的部分，按照构成要素看主要包括并购方式、支付手段、融资模式、合规与税收筹划等方面。

（一）并购方式

收购上市公司的股份有协议收购和要约收购两种形式。

协议收购是指收购方在证券交易所之外与目标公司的股东就股票价格、数量等方面进行私下协商购买，以期达到对目标公司的控股或兼并。

要约收购是指收购方通过证券交易所公开向上市公司的全体股东发出要约的收购方式，并就收购条件、价格、期限以及其他事项向目标公司股东公告，收购价格一般会高于目标公司的股票市价且不低于要约收购提示性公告日前6个月内收购人取得该种股票所支付的最高价格。要约期限届满后，收购人持有75%以上的股份，被收购公司应当终止交易；持有90%以上的股份，其余股东可以要求以同等条件向收购人出售股份。

此外，《中华人民共和国证券法》规定任何投资者通过协议或者要约收购的方式收购一个上市公司已发行的股份达到30%时，继续进行收购的，应当向该上市公司所有股东发出收购上市公司全部或者部分股份的要约，这便是强制要约收购制度。强制要约制度的出现，是为了保护目标公司中小股东的利益，因为如果收购方取得目标公司的控制权，那么目标公司的其他股东也应当有向该收购方出售自己股份的公平机会，这实际是给中小股东的一种公平选择权。不过，强制要约制度在某些特殊情况下如果符合《上市公司

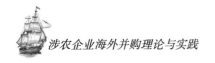

收购管理办法》相关条款要求，收购方可以向证券监管机构申请豁免，核准后可以免于发出要约。

从两种收购方式的特点来看，协议收购态度通常表现为善意，收购方与目标公司控股股东在订立合同时往往经过友好协商；要约收购可以不需要征得目标公司控股股东的同意而直接公开向公司所有股东发出收购要约，因此要约收购既可以是善意的也可以是敌意的。在股权结构上，协议收购大多选择股权集中、尤其是存在控股股东的目标公司；而要约收购倾向于选择股权较为分散的公司以降低收购难度，相比于股权集中的公司，收购股权分散公司所需的持股比例往往较低。英美国家的上市公司由于股权比较分散，时常可以看到兼并收购发生，要约收购已成为这些国家市场活动的一个重要的方式，相反日本和德国由于公司股权比较集中、股东比较稳定，收购兼并活动不太发生。此外，要约收购偏向于股权流动性强的上市公司，因为缺乏流动性的股权会对收购造成障碍，而针对股权流动性差的公司应该采取协议收购的方式。

要约收购在西方发达国家的证券市场是最主要的收购方式，它可以向所有股东提供均等的选择机会和平等的待遇，避免协议收购的众多缺点。具体来说，要约收购有如下优点。

1. 要约收购能更好地改善目标公司经营业绩

要约收购过程复杂、面临的不确定性多，有时往往伴随着反收购和竞争性收购，因此收购要想获得成功必须付出较高的收购价格，收购者往往会慎重地选择标的公司。只有当目标公司股价面临低估或者目标公司和本公司的协同性预期较强时，收购方才会向目标公司发起要约。一旦并购成功，收购方便会迅速介入公司的运营管理，实现企业之间的资源优化配置和实质性整合，从而较快地实现经营协同效应，使公司业绩得到持续增长。

2. 有利于中小股东利益的保护

协议收购虽然是一种简便快捷的方式，但是中小股东往往会失去参与选择的机会。倘若在收购方和目标公司控股股东确定转让价格的情况下，中小股东只能成为价格的接受者——股价太低只能被动接受，而股价较高时则无法将手中股份出让。但是在要约收购情况下，收购方必须向目标公司所有股东发出同样的收购要约，购入足够股份之后才能取得上市公司的控制权。原来被动接受的中小股东可以根据自身对公司股价的判断做出决定，这表明中小股东的价值在增大，逐渐成为决定上市公司命运的重要一方。

3. 有利于信息的充分披露

股权协议转让往往容易受到目标公司管理层、控股股东意愿的影响，很多时候表现得不够透明和市场化，有时不实的传言还会造成市场的波动。而我国证券法对要约收购人持股情况的信息披露等有明确的规定，必须做到公开公正，增加了收购行为的透明度，广大中小投资者可以及时地了解关于并购重组的重要信息，减少不必要的市场波动。

不过，要约收购在我国还是"新鲜事物"，很少有收购方会通过要约方式在二级市场进行收购，这和我国证券市场的特点密不可分。首先，我国证券市场的有效性存在不足。证券市场供需不平衡、过高的换手率、相关化管理制度的落后，导致我国证券市场的效率比较低下、投机意味强，股价不能很好地反映上市公司的真实价值。沪深两市为数众多的公司市盈率高达40～50倍，而国外成熟的股票市场市盈率不过 10～20 倍。上市公司过高的股价使得直接在公开市场进行要约收购成本巨大，制约了要约收购的开展；其次，上市公司股权结构相对集中。我国的上市公司无论是国有企业还是民营企业，普遍存在股权结构相对集中的情况。因为国有企业的企业性质决定了国有股东为了保持控股地位而持有上市公司的多数股份。民营企业大多由创业公司发展而来，创始人及其家族往往持有上市公司 50％以上的股份。股权结构的集中导致要约收购的前提丧失，即使收购方在证券市场上收购了所有流通股也不能获得公司的控制权；最后，证券市场投资者结构不合理。我国证券市场中机构投资者比例还不太高，散户投资者占了绝大多数，市场更多地体现出投资者行为的非理性。面对收购者的要约，机构投资者具备正确的投资理念和较强的信息分析能力，能够合理分析比较收购价格和公司价值，并且结合目标公司的具体情况来做出选择。但是个人投资者却截然不同，很多散户热衷于炒作并购题材，在面对要约的时候"待价而沽"，期盼股价的进一步上涨或者更高的要约价格出现。最终上市公司的股权还是留在这部分个人投资者手中，导致收购者最终不得不退出。

虽然目前我国上市公司的收购方式主要还是协议收购，但是随着证券市场有效性的提高、公司治理结构的完善、机构投资者比例的提高及相关法律

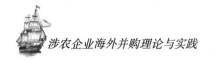

法规的完善，要约收购这种方式必定会以其公开、透明的优势获得市场的认可。

（二）支付手段

在企业并购的过程中，确定并购支付方式也是非常重要的一步，目前并购的支付手段主要包括现金支付、股票收购、其他证券支付、混合支付、资产置换、承债式收购和政府无偿划拨这几种方式。

1. 现金支付

指收购方以现金作为支付对价取得目标企业控制权的并购行为。它是最简便快捷的支付方式，也是并购中最早和最常见的方式，只要支付了等价的现金，就可以迅速买断目标公司的资产或者股权，目标公司股东不再拥有这部分对应权益。现金可以分一次或在指定的时间内分几次支付，现金来源一般是自有资金，也有一部分是通过银行贷款、发行债券等方式融资而来。对于被收购公司而言，现金收购具有资产迅速变现的优势，但是会因此面临较重的税负。

2. 股票支付

也称为换股并购，是指收购方向目标公司股东发行股票作为支付手段的并购行为。股票支付常用于并购范围大、金额高的活动中。采用股票支付的优点是可以为并购方节省大量现金，从而将更多资金用于并购后的企业整合，以避免营运困难和现金流中断，但也会带来并购方股权稀释的问题。对于目标企业股东来说，股票支付可以继续分享企业增长带来的收益，同时也可以节省税收支付。

3. 其他证券支付

指采用认股权证、可转换债券、企业债券、优先股等方式作为支付对价取得目标公司的资产或者股权的方式。这种支付方式能筹集到低成本的资金，避免收购方自身财务恶化，并且能够很好地利用利息的抵税效应产生税盾。

4. 混合支付

指采用多种支付手段来取得目标公司的控制权，支付手段既可以包括现金、股票，也可以包含认股权证、可转换债券等。混合支付可以弥补单独使用某种支付手段的缺点，形式多样灵活，是现在并购重组中经常采用的一种方式。

5. 资产置换收购

指收购方以自己拥有的实物资产或股权资产作为价款交给卖方，以此取得目标公司的优质资产或者与企业存在协同效应的资产。这种支付手段可以节省大量现金，而且可以通过资产置换的方式调整公司的资产结构，实现公司经营效率的提升。

6. 承债式收购

指收购方不支付额外的现金、有价证券等作为对价，而通过承担被收购企业所有债务为条件接收其资产或股权的方式。通常在地方政府挽救濒临破产的国有企业中被采用。

7. 政府无偿划拨

这是我国特有的支付方式，指政府通过行政划拨手段将目标企业的控制权在两个国有资产主体之间无偿划转的方式，收购方无需支付任何对价。该种支付方式交易成本低、并购过程迅速，但带有计划色彩，一般出现在国资系统内企业的改革中。

并购支付手段种类多样，在具体选择的时候，不仅要考虑并购方的股权结构、融资模式，还要考虑并购双方的成本、税收负担及并购后的整合等因素。以最常见的现金支付手段和股票支付手段比较来说，现金支付操作简单，能够迅速完成交易，而且对原股东的股份不会产生稀释，不会影响收购方的资本结构。但是它也有缺陷，一方面对收购方而言，短期内会有一笔巨额现金支出，从而造成相当大的财务负担，另一方面目标公司由于无法推迟资本利得，可能面临巨额的税收支出。如果企业现金充裕，可投资项目较少，现金支付不影响企业正常经营的则可以选择该种支付方式。

相比而言，股票支付具有众多优势。首先，股票支付可以避免短期内现金流出的压力，甚至突破并购规模的限制实现"蛇吞象"。随着企业并购交易金额的增大，单纯采用现金收购的压力会与日俱增，而采用换股并购可以降低这种压力，使得收购方将现金用于并购后企业的整合和管理，有利于企业的长远发展；其次，换股并购可以规避道德风险，实现双方共赢。由于信

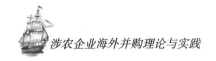

息不对称的存在，收购方很难事先发现目标公司内部存在的全部问题，如果单纯采用现金支付方式，相关道德风险可能全部由购买方承担。如果由股票支付则可以使得双方共同承担可能存在的风险，减少不合理定价。此外对于某些处于快速成长阶段的被并购企业，目标公司的股东通过换股可以将其权益转移至存续企业，继续享有企业发展带来的收益和并购双方产生的协同效应；最后，换股并购可实现税收筹划。由于换股交易，出让方得到的是股票，只有在资本利得真正实现时才需要缴纳所得税，从而享受税收缓征的优惠。但是股票支付也有缺点，主要是定向增发新股份的过程中往往伴随着控股股东股权的稀释和让渡，而且其并购程序时间周期较长。如果并购方自身处于快速增长期，缺少足够的现金流用于支付，但是市场和目标企业非常看好公司股价，此时可以使用股票进行支付。

（三）并购融资模式

企业成功实施并购需要有雄厚的资金支持，多样化的融资渠道、充足的资金支持和高效的资本运作是企业成功并购的重要因素。

根据融资渠道的不同，并购融资方式可以分为内部融资和外部融资。内部融资的资金来源是企业自身生产经营活动积累的资金，使用自有资金具有简便快捷的特点，而且不涉及发行中介费用，一般适用于规模较小的收购或者自有资金充裕的企业。外部融资是指企业通过某种方式从企业外部筹集所需资金，具体可以分为债务性融资和权益性融资。在债务性融资中，企业可以通过借贷的方式从商业银行、信托公司等金融机构获得贷款或者发行公司债券、票据或可转换公司债券等方式筹集资金；权益性融资指企业通过发行股票融资的方式获得资金。债务性融资不会稀释控股股东的股份，而且由于利息可抵税而带来税盾收益，但是如果公司财务缺乏稳健性有可能带来无力还本付息的风险。权益性融资的资金可以长期使用，因为没有还本付息的压力，但是会导致原有股东股份稀释，资金成本化相对于债务性融资也较高，一般适合于前景较好但资金欠缺的成长性公司、大金额收购或者公司市值高估的公司。此外，上市公司会采用混合性融资的方式，通过多种渠道筹措资金。

目前来看，有如下几种并购融资方式值得关注，如图 6-2 所示。

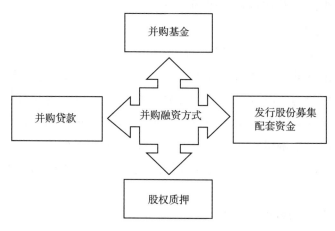

图 6-2　并购融资方式

1. 并购基金

上市公司在进行行业整合中往往面临资金不足的问题，有时目标企业还处于初创期，过早地并入收购方可能会影响母公司的经营业绩。上市公司此时便可以发起设立并购基金，引入第三方资金共同收购标的公司，然后对被收购公司进行必要的管理和整合，待企业业绩向好之后通过上市、转售或者上市公司回购的方式退出。并购基金在运作时普遍使用较高的财务杠杆，第三方资金和自有资金的比例一般在 4 倍左右。不同于风险投资基金和私募股权基金，并购基金寻求对目标公司的控制权，而且持有一个项目的存续时间较长，这样才能通过对目标公司进行长时间的管理来提升公司价值。通过设立并购基金，上市公司可以发挥基金的乘数效应，从而更加迅速高效地进行同行业国内公司或者产业链上下游公司的整合扩张。

2. 并购贷款

为了支持我国企业的战略性并购，国家鼓励商业银行向符合条件的有关公司发放并购贷款。商业银行选择开展并购业务的行业和企业，通常是要符合国家产业升级方向，经济结构调整政策导向，有利于产业整合升级、扩大内需和支持实体经济，不支持对以二级市场交易牟利为目的的财务性投资行为。商业银行并购贷款可以用于支付上市公司以受让现有股权，认购新增股权，或者收购资产、承接债务方式的交易对价。一般并购贷款不超过 5 年，

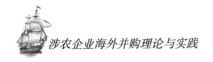

并购的资金来源中并购贷款的比例不应高于50％。

3. 股权质押

股权质押融资是指符合条件的资金融入方以所持有的股票或其他证券质押，向符合条件的资金融出方融入资金，并约定在未来返还资金、解除质押的交易。上市公司的股权具有流动性好的特点，可以作为很好的质押标的。很多上市公司的大股东为了筹集资金，以公司股权质押的方式向证券公司、资产管理公司等金融机构融资。为了减少股价波动的风险，股权质押往往都存在折算率，即所获融资金额与质押标的证券市值的比率，股权质押的折算率往往低于50％。

4. 发行股份募集配套资金

为了提高重组项目整合的绩效，《上市公司重大资产重组管理办法》规定，上市公司发行股份购买资产的，可以同时募集配套资金。所募集资金比例不超过交易金额100％的，一并由并购重组审核委员会进行审核；超过100％的，一并由发行委员会审核。募集配套资金可用于支付并购交易中的现金对价、相关交易税费和中介费用以及企业相关项目建设等。这一规定很好地缓解了企业并购过程中的资金压力，使得企业可以更好地将其余资金用于企业整合。也正因为有这些优点，目前企业在并购重组中普遍会募集配套资金。

在选择融资模式的时候，上市公司应该权衡融资成本的高低、投资风险的大小和对资本结构的影响。①根据优序融资理论，企业应该首先选择资金成本较低的内部资金，再选择资金成本较高的外部资金。在选择外部资金的时候，首选具有财务杠杆效应的债务资金，后选资金成本高的权益资金。②权益性融资和债务性融资会对企业资本结构产生影响，从而影响公司的治理结构。所以在选择融资模式的时候要预先考虑到这一部分因素，根据企业特点选择合适的方式。③融资具有一定的风险，过多的债务性资金会导致企业负债率的升高，财务风险加大，而权益性融资过大也有可能导致原股东控制权的丧失。此外在并购成功后还面临着项目投资收益能否弥补融资成本的问题，所以必须对融资风险进行多方面的衡量和测算。

（四）合规性与税务筹划

并购重组交易结构设计的时候必须考虑我国相关法律法规的规定，例如

《证券法》《上市公司收购管理办法》等都对并购重组的交易作出规定，对于特定条件下支付手段、融资规模都有明确的限制。如果不考虑合规性，再好的交易结构也是空谈，例如当交易规模很小的时候无法以股份作为支付手段。因为《上市公司重大资产重组管理办法》规定，在产业并购中，发行股份数量不低于发行后上市公司总股本的5%；发行股份数量低于发行后上市公司总股本5%的，主板、中小企业板上市公司拟购买资产的交易金额不低于1亿元人民币，创业板上市公司拟购买的资产的交易金额不低于5 000万元人民币。如果忽视了这一规定就有可能设计出不合规的交易结构。

企业并购的税务筹划是指在税法允许的范围内对并购方案进行合理科学的事先安排和计划，尽可能地减轻企业税负，从而达到降低成本和企业整体价值最大化的效果。在寻找并购目标的时候，如果有多个可选并购目标且对收购方来说这些标的价值相近，则可以考虑它们是否有税收资产；并购企业若有较高盈利水平，为改变整体税收负担，则可以考虑企业是否有未抵扣的税务亏损，通过合并后的盈利亏损互抵减少企业所得税；目标企业如果处于税收优惠地区或行业，则可以享受有关减税免税政策；我国对于需要重点扶持的高新技术企业减按15%的税率征收，对于农林牧渔项目、国家重点扶持的公共基础设施项目可以免征减征。如果发现这些税收资产加以利用，就可以为企业并购及后续整合降低成本。

根据税法相关规定，企业重组的税务处理区分不同条件分别适用一般性税务处理规定和特殊性税务处理规定。一般性税务处理即在重组交易时须按公允价值确认重组所得或损失并计算所得税。而在特殊性税务处理交易中，股权支付部分暂不用确认有关资产转让或损失，待相关股权再次被转让且不符合特殊性税务处理规定时才产生现时纳税义务，非股权支付部分则仍然应在交易当期确认相应的资产转让所得或损失。根据税法规定，满足条件时重组双方可以获得特殊性税务处理的优惠，相关重组产生的企业所得税可以递延，重组双方暂不用缴纳企业所得税。在很多情况下，企业应当学会充分利用特殊化重组的税收优惠来合理安排税收。

例如债务融资和股权融资。债务融资利息允许税前抵扣，计入财务费用可抵减应纳税所得额，从而减少税收负担。如果债务成本小于息税前收益率，则节税效应随着债务融资比例的提高而提高，此外债务还可以通过杠杆

作用提高净资产收益率。但企业在债务到期需要偿还时面临较大的资金压力，而股权融资没有这方面压力。不过股利无法进行税前抵扣，因为它以税后净利润分配且会稀释控股权，摊薄每股收益，日后股东想退出时需要就其资本利得缴纳所得税。

再比如资产收购和股权收购。资产收购对于卖方不利，需要缴纳流转税和所得税，还会面临双重征税，即在出售时及将来权益变现时两次缴纳所得税。但是买方可以通过资产收购降低承担或有负债的风险、获得计提折旧的收益。股权收购对卖方有利，可延迟资本利得税，但是买方可能会在收购企业后发现隐藏的问题、无法获得税收优惠等。很多情况下，如果企业之间是收购资产的交易行为，不妨将资产交易转化为产权交易的形式，因为产权转让与企业销售存货产品、固定资产或者商标专利等无形资产的行为完全不同，它不用缴纳相关税款。通过把资产交易转变为产权交易，就可以实现资产负债的打包出售，规避资产转让环节的流转税达到节税的目的。

二、交易结构设计要点

在设计交易结构的过程中，为了使并购行为规避风险，降低项目工程的潜在风险，通常需要考虑以下要点，如图 6-3 所示。

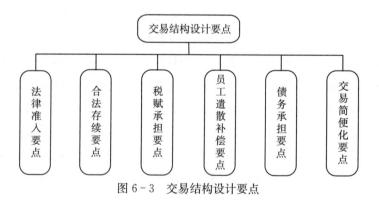

图 6-3　交易结构设计要点

（一）法律准入要点

采取某一种交易结构，为了合法地完成交易，必须考虑适用法律方面的限制。对于目标公司拥有的特定资产或业务，根据适用法律的规定，需要考虑法律对于拥有特定资产或业务的资质要求，比如房地产开发资质、设计资质等。而目标公司在并购交易进行之前，已经拥有了持有该等资产或业务的特定资质或许可。如果意向买方不具备拥有特定资产或业务资质的要求，从操作的可行性和风险防控的角度出发，资产交易不具备可行性，建议选择其他替代性交易结构，比如股权交易。如果适用的法律对于目标公司的股东要求有特殊的资质，如必须为从事某一行业达到某一期限的公司，则可以考虑并购目标公司原始股东所在的公司，间接实现对目标公司的并购。

（二）合法存续要点

在尽职调查完成后，如果发现目标公司的历史沿革或经营过程中存在重大的法律风险，或者在尽职调查的过程中，目标公司不配合或有意隐瞒或有负债等信息，导致意向买方无法对目标公司的真实状况进行了解和判断，进而无法评估并购目标公司将要承担的法律风险，如果以股权交易结构进行并购，则存在重大的法律风险和不确定性。从风险防控的角度出发，建议采用资产交易结构。

（三）税赋承担要点

一般而言，意向买方拟并购目标公司，会考虑税赋承担的差别。资产交易和股权交易涉及的税赋是有区别的。对于涉及不动产的交易，从规避或减少税赋承担的角度出发，建议采用股权交易结构。但在实际操作过程中，如果目标公司的主要资产为不动产，并购目标公司的最终目的是拥有目标公司拥有的物业等不动产，采用股权交易结构是较佳的选择。但如果涉及目标公司的名称变更，进而导致房地产交易中心办理目标公司名下不动产的变更登记备案手续时，当地税务主管部门有可能会认为股权交易结构为规避税赋，进而变相适用资产转让的税赋，存在一定的操作困难。笔者就曾经在上海操作过类似的案例。为防控该法律风险，建议意向买方在并购开始之前，直接通过目标公司与当地税务部门进行充分沟通，了解当地的税务部门对交易的态度，确认能否获得税务部门的理解和支持，以最终决定是否进行目标公司

名称的变更。

（四）员工遣散补偿要点

遣散目标公司的员工，根据劳动法的相关规定，涉及经济补偿的支付和承担。对于目标公司为国有企业的情况下，遣散目标公司的员工，承担的经济补偿金额较之非国有企业性质的目标公司相对更高。如果目标公司的员工人数较多，在并购过程中，如果拟遣散目标公司的全部或部分员工，则在实际操作过程中，还要考虑员工以及当地政府的抵制情绪，无疑会加剧并购的难度。从避免承担高额经济补偿款的角度出发，建议意向买方采用股权交易结构。如果目标公司的员工人数有限，但意向买方愿意接收目标公司的员工，则建议采用资产交易结构。

（五）债务承担要点

在尽职调查完成后，如果发现目标公司的债务和或有负债较高，意向买方中意的是目标公司拥有的某一特定资产或业务，则从避免承担目标公司高额负债和风险防控的角度出发，不建议采用股权交易结构，而建议采用资产交易结构（如果适用法律对于意向买方拥有该特定资产或业务没有特定资质要求或意向买方满足该资质要求）。

（六）交易简便化要点

在并购过程中，交易简便化也是设计交易结构的考虑因素之一。为了加快并购的流程，减少行政审批的程序，从交易简便化的角度出发，对于涉及行政审批的交易，特别是外资并购时，建议选择境外交易结构。即在目标公司的原股东为境外控股壳公司的情况下，从而避免中国外资并购的行政审批程序，建议由意向买方直接并购意向卖方的境外控股壳公司的股权，从而大大简化交易流程。

综上，在设计交易结构的过程中，需要综合考虑上述因素，结合尽职调查的结果，以及站在意向买方或卖方的不同角度，力争设计出合法可行、经济且简便化的交易结构。

第三节　交易结构设计风险控制

交易结构设计需要识别项目风险，提出应对策略和管理方案，拟定合同条款，预计对方可能反应、可接受的谈判底线及次优选择等。高收益与投资的高风险相伴而生，在企业的并购过程中也总是希望通过合理的投资交易设计把风险承担缩减到最低程度，得到最大化收益（表6-1）。

表6-1　交易结构设计风险控制

项目尽职调查	项目风险分析	交易结构设计
背景、历史、市场	事前风险	投资条件
财务、内控、管理	事中风险	风险防范
权力结构、决策流程	事后风险	退出途径

一、阶段性投资设计

阶段性投资是交易结构设计的一个总体思路。对风险投资者来说，在投资中面临的主要风险是信息不对称、道德风险、技术风险，阶段性投资思想可有效控制这些风险。风险企业要快速发展，必须靠源源不断的资金输入，而这些企业存在信息不对称和技术风险，企业又无足够资产保证投资者权益，这一短板成为风险投资者用阶段性投资控制风险的有力武器。

对企业家来说，当企业某阶段经营情况不能达到事先约定标准，风险投资者可拒绝进入下一阶段投资，创业者只有竭尽全力经营好企业，才能避免企业因为缺乏资金而走向破产。

对投资者来说，在企业初期投入少量资金以支持其成长，如果企业失败，投资也就结束，虽然有损失，但已将损失降到最低。这样就可把信息不对称和技术风险控制在一个比较低程度。

阶段性投资是把双刃剑。由于投资者会根据一些指标，判断是否追加投资，当企业实际情况未达标准时，经营者为得到跟进资金，会以虚假行为粉饰企业情况，从而增加投资者风险，损害投资者利益。此外，由于企业的价

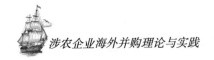

值在成长过程中是不断增加的，因此投资越早收益越大。若投资者以股权方式投资，假设第一期投资时，每股价格1元，到第二期投资时，价格可能已到1.5元，同样资金所得股权就降低了。可见，阶段性投资对于投资者来说可能会降低投资收益。

风险资本家通过分阶段投资，可以得到两个方面的利益。第一，风险资本家保留了放弃前景暗淡投资项目的权力，即具有了进一步投资的看涨期权，从而减少风险。这个权力对风险资本家来说是至关重要的。第二，因为风险资本家提供给风险企业的资源是稀缺和宝贵的，分阶段投资将使风险资本家取得一种在未来一定时期内控制企业的期权，这种期权主要体现在通过增加的投资要求，以更高的比率来降低创业家的权益份额，从而控制风险企业，其控制的程度可以达到彻底关闭企业的权力。

通过上面分析，可见阶段性投资是风险投资的一种必要风险控制方式。然而这种方式只能降低在投资过程中的客观性风险，对于经营者的道德风险、好项目的收益缩减风险，阶段性投资不能发挥作用。因此，在投资过程中要有其他交易设计，进一步控制风险、保证收益。

二、金融工具设计

金融工具选择取决于被投资企业类型、行业特点及发展阶段；投资人类型、资金来源、公司背景、投资策略等，交易工具的选择和设计是非常复杂的。

在风险企业的风险转移和企业家工作激励中，金融工具的应用可以构成投资交易合同的重要内容。在一般投资交易行为中，金融工具的应用主要是股权投资和债权投资，这两者构成金融工具序列的两个极端。但是在风险投资中，这两者各有利弊不能适应风险资本投资的特点。股权投资让风险资本家享有企业价值升值的好处，但是当企业破产时，对资产只具有最低级别的剩余索取权，而且股权一旦稀释，对企业的控制力就会削弱，所以说，风险资本家得不到保护和最后控制力。债权投资让风险资本家享有固定的利息收入，在企业破产清算时有优先清偿权处于控制地位，但是不能得到因企业未来增长潜力而得到的利益，与风险投资高收益的特点不符，而且，如果企业一开始就采用高度负债经营，也不利于企业未来的资本组织和发展。交易设计的风险防控中，需要综合使用隐含了选择权在内的综合了债权和股权的混合金融工具的投资形式，通常有以下金融工具可供利用，既保证风险资本家的权益，又充分调动创业家及其他管理人员的工作积极性。

（一）股权投资工具

1. 普通股

普通股是股权投资最普遍的方式，特点有：普通股投资者获得参与企业经营管理权后，投资者可深入了解企业各方面情况，从而有效防止管理层出现代理弊端、道德风险，能把风险投资者的市场和金融优势与企业家的技术优势相结合，为企业创造更多价值。

通常来说，普通股投资是最有利于风险投资退出的投资方式。但普通股并不是最优投资手段。对投资人而言，其优点是能够分享企业价值上升的好处。缺点是当被投企业破产清算时，只有最低级别的剩余求偿权，资本安全性较差。因此，普通股适合投资已有一定规模的企业，此时企业已有相当资产保证清偿股权投资。

拥有被投企业控股权不是风险投资人的目标，而少数股权又会削弱投资人对被投企业的控制力。所以，在缺乏保护条款和设计治理结构的情况下，风险投资人对纯普通股融资需求会提出附加要求，如要求企业家放弃更多的股权，这一要求最终又反映在交易定价和股权结构安排上。

2. 优先股

优先股虽然代表对被投企业的所有权，但却和债权工具相似，事先确定了固定股息，一般不具有投票权。优先股价格波动易受利率水平影响，市场供求变动对其影响较小。与普通股相比，优先股具有如下特点：优先股先于普通股向公司领取股息，风险小于普通股。但由于固定股息，当公司经营状况好时，优先股股东不能分享公司利润增长利益。优先股股东不享有公司经营参与权，无权过问公司经营管理，除非涉及优先股股票所保障的股东权益时。

优先股股票可由公司赎回。由于公司须向优先股股东支付固定股息，故优先股是一种公司举债融资模式。优先股发行的作用在于方便公司增发新股，也有利于公司在需要时，将优先股转换成普通股或无担保的公司债，以减少公司的股息负担。

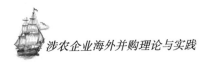

优先股股东一般无表决权，可避免公司分散经营决策权，对公司经营影响大。

（1）可转换优先股的持有人，可在规定条件下把优先股转换成普通股或债券。优先股是否转换，完全由优先股持有人决定。实际上，优先股股东会选择有利时机进行转换，如在公司经营状况好、盈利增加、普通股价格上涨时予以转换，以便通过转换获取更高股息或赚取差价；或为取得表决权，参与公司经营管理。

（2）累积优先股的持有人，可将任何营业年度内未支付的股息先累积起来，由以后营业年度盈利一起付清。持有人有权将公司当年在经营过程中，由于无盈利而未分派的股息累积到以后支付。在以后年度盈利增加时，公司只有将累积优先股股息全部付清后，才能支付普通股股息。实践中，如果公司已经积欠了优先股股息，而又想发放普通股股息时，也可不付清优先股股息而允许优先股转换成普通股，发放普通股股息。

（3）参加分配优先股的持有人不仅按规定分得定额股息，还有权参与普通股的利润分配。在公司盈利增大时，优先股股东既可按固定股息率分取股息，又可同普通股一样分得额外红利。再有，参与分配优先股又分为全部参加分配优先股和部分参加分配优先股。前者表现为优先股股东有权与普通股股东共同等额分享本期剩余利润；后者表现为优先股股东有权与普通股股东部分享有本期剩余利润。

（4）可收回优先股是指公司可以一定价格收回的优先股。其实大多数优先股都是可赎回的，并用专门条款规定赎回价格（一般略高于股票面值），可赎回优先股是否赎回，由公司决定。公司赎回优先股的目的，一般为减少股息负担。所以，往往是在能以股息较低的股票取代已发行的优先股股票时予以赎回。

（5）股息可调整优先股是指股息率可调整变化的优先股股票。其特点是股息率不固定，可调整。这种股息率变化与公司经营状况无关，仅随其他证券价格或存款利率的变化而调整。

此优先股股票是为适应近年来国际金融市场动荡不安，各种有价证券价格和银行存款利率经常波动的特点而产生的，目的在于保护股东的权益，扩大公司股票发行量。在风险投资交易结构设计过程中，通常采用优先股作为金融工具设计的主体工具。对投资人而言，优先股一方面可使投资得到较稳定回报，避免因初期投资失误而带来损失，另一方面可根据情况，将优先股进行多种变化。对被投资企业而言，可转换优先股在带来资本同时，由于不改变财务结构，不会因负债过多，影响其后续融资，同时能确保企业家对其企业的领导权。

实际上优先股更实际的用途是，优先股持有人（如管理层）在购买普通股时，实际支付的价格要比普通股的实际价值低。这种潜在的获利不会立即产生应税收入，而且还会鼓励他们为实现这一潜在的资本利得而努力工作，提升公司盈利，抬高股价。

对投资人来说，可转换、累积优先股的使用不仅可降低投资风险，而且还可获得被投资企业未来增长带来的好处，获得比单纯可转换优先股更多收益。对被投资企业来说，可转换、累积优先股的使用对其财务结构来说，不会影响其后续融资能力，且支付红利压力要小于对债务利息的支付。

更为重要的是，企业交易结构金融工具的设计可以和激励机制挂钩。在这种交易机制下，使创业家的收入少量来自风险企业的工资，绝大部分来自企业股票的增值，这主要是通过三条途径得到实现：首先，把优先股的转换价格与企业的业绩联系起来，如果企业经营业绩好，其优先股的转换价格相应得到提高，对创业家形成激励。其次，可转换优先股的使用使风险企业的所有权凭证被人为地分割成高级别证券和低级别证券两类，因为两者的企业内在价值相同，所以高级别证券使低级别证券的经济价值被低估，当企业家及其管理成员购买普通股时，实际支付的价格比普通股的内在价值要低，这种价值差是一种潜在的资本收益，将会鼓励创业家及管理人员为实现这一潜在收益而努力工作。再次，灵活的转换条件将改变风险和收益的分配，减少创业家在开始时对企业价值增长预期的高估，从而激励他们努力工作，真正实现价值的增长。

（二）债权投资方式

1. 普通债

指投资人以债权方式为金融工具进入被投资企业，享有债权相关权益。对投资人而言，其优点是可取得固定利息收入，在被投资企业发生破产

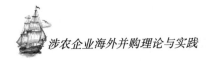

或清算时享有优先清偿权。不利之处在于投资人不能分享企业未来增长潜力。对被投资人而言，其虽然未减少自己对企业的控制权，但将使企业呈现高负债资本结构，阻碍企业后续融资能力。因此，纯债务的金融工具设计，虽然最安全，但既不符合投资人的收益要求，也不符合被投资人后续融资要求。

2. 附认股权债

附认股权债是指在风险资本以债权形式进入被投资企业时，被投资企业同时给予投资人一项长期选择权（认股权证），即允许风险投资人在未来按某一特定价格买进既定数量股票。认股权是期权的一种，具有期权各种特性。一般需事先约定认购股份数量、认股价格和认股期限。多数认股权证都附有赎回条款，即当大部分认股权证已实现购股时，发行人有权要求剩余小部分权证持有人在较短的时间内实现购股或放弃购股权。

对投资人而言，附认股权债允许其分享被投资企业未来增长的收益。在企业被看好时，债权人有权以低价购买普通股。认股权潜在价值和降低风险的特点，将使债权人同意接受被投资人提出的较低利率和宽松的贷款限制。对被投资人而言，附认股权债存在两个吸引力。一是利率水平低于正常长期债券利率水平；二是附认股权债与可转债或优先股最大的不同在于，未来执行购股权能给被投资企业带来额外资本。

3. 可转债

可转换债券是一种兼具债权和股权双重性质的金融工具。

可转换债和普通债券一样，以一定方式支付固定年息，这是其债权性表现。但可转换债票面利率通常低于同等条件下普通债券，这反映其可转换价值所在。当发行企业的经营业绩取得显著增长时，可转换债券可在约定期限内根据投资者选择以预定转换价格转换成公司股份，确保债券持有者分享股票持有者的任何未来增长收益，这是其股权性的表现。

可转债的买入期权是指，发行人有权在可转换债券发行完毕一段时期后，以轻微溢价选择赎回其可转换债券，发行公司也可在适当时候强制投资者将可转债换为股票。买入期权有利于公司在减轻偿债能力的同时降低股权筹资成本。可转债的卖出期权是指，投资者有权在债券到期的一定时期内将债券卖给发行公司。卖出期权有利于公司压低可转债的票面利率、转换价格，因为该项卖出权为持有人提供了流动性保障，尤其是当债券投资者对公司股价表现丧失信心时。

在交易结构的金融工具设计中，投资人和被投资人常在使用可转换债工具方面达成一致。因为对投资人而言，风险资本以可转换债形式进入被投资企业，使其在取得稳定收益的基础上通过债权转股权的方式，获得参与企业经营管理并分享成长潜力的机会。对企业家来说在获得风险资本的同时，控制权没有过早地被稀释，还能享受低筹资成本带来的好处。

世界所有国家中，债权的偿付顺序总是排在股权之前，只有所有债权都得到偿付之后，才能开始股权的偿付。不管是哪个层次的债权，债权投资在投资安全性上都要高于股权投资。对于有些投资者来说，有时候投资安全性高于一切。

债券是金融市场中最复杂的金融工具之一，这种固定收益证券不仅本身可以按清偿顺序分成很多层次，在债权之上还可附有丰富多彩的各种期权和限制条款等（如美国闯大祸的金融衍生品），这样就赋予了债权投资更大吸引力。

（三）混合金融工具

传统一般债务投资方式有固定利息收入，清算时有优先权，但不能分享企业未来增长潜力，同时影响企业后续融资能力。普通股权投资方式能享受企业未来增长潜力，但当企业破产时，只有最低级别求偿权。为寻求风险与收益的最佳平衡点，金融投资家创造出混合融资工具。它们综合了直接债权和直接股权的特点，并隐含了选择权。

最常见的几种，是上文介绍的优先股、可转换债和附认股权债，它们本质上具有相同的特点，即期权性质。

通过对债务、普通股、优先股、可转换债、附认股权债各自优缺点的分析，结合风险投资人的风险、利益以及创业企业的利益，笔者认为在法规允许下，将可转换优先股、累积优先股、股息可调优先股结合使用，效果更好，但交易结构设计也更加复杂。

该金融组合工具满足投资人与融资人双方的根本利益诉求。对投资人而言，即降低投资风险，又可分享被投资企业未来增长好处。对融资人而言，不影响融资人对企业控制权，也不影响企业后续融资的能力。对交易结构来

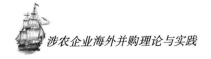

说，金融工具可呈现纷繁复杂方式，但万变不离其宗，最根本的关注点只有两个——融资人的所有权、投资人的收益权。但不管金融工具怎么组合，对被投资企业的监督和控制是有限的，因此，在交易结构设计时必须附加其他条款。

三、管理渗透设计

风险资本家为了使其风险最小化，在其投资交易机制设计时，必须确立对风险企业的管理与决策的地位。首先，他们可能通过在董事会中的席位影响企业决策，通过在产品市场、原料市场和资本市场的优势来影响企业的成长，通过在资本市场的优势，指导企业的收购兼并和股票发行上市，风险资本家参与企业管理的程度取决于风险企业高级主管的经验和技能及企业所处的发展阶段，企业所采用技术的创新程度，以及企业家与风险资本家在企业发展目标上的一致性。在美国，风险资本家大约有一半的时间用于管理风险企业，平均每人负责 9 个企业，每个企业每年平均耗费 110 个小时，管理渗透主要体现在风险企业的资本市场筹资和经理人才的寻找和吸收，所有这些活动的目的是保护风险投资家的利益，减少信息不对称性，从而增加投资成功的可能性和提高投资收益。其次，风险投资家在投资交易设计中规定风险企业必须定期提供经营信息，包括财务报表和预算，并且允许风险资本家随时查阅企业的会计账目，了解风险企业的具体经营状况。

在成长期、扩张期，企业所需资金越来越多，风险也不尽相同，不同阶段的风险投资的最低收益率也不同，如表 6-2 所示。

表 6-2 不同阶段风险投资最低收益率

阶段	最低收益率（%）
创建期	50～70
发展期	40～60
扩张期	35～50
获利期	35～50
接近清算期	30～40
上市	25～35

在前面分析基础上，本节分析如何在阶段性投资理念下，将各种投资工具结合起来，通过对企业的管理输出，降低并购过程中的潜在风险，得到对双方企业都是最优的交易结构。所谓最优交易结构，并不是一成不变的固定模式，而是一种组合投资思想原则。

在实际情况中，交易结构设计中的阶段性投资、金融工具、管理渗透这三方面内容，既受当时当地的政策法规、资本市场、技术市场、产权交易市场及人才市场等因素影响，又受企业家、投资者个人意图、谈判技巧、心理素质等个人因素影响。实践中，最终的交易结构的形成，无不是经过多番协商，反复修改，根据外围因素变化而随时调整的。但其中最关键一点，设计方案必须为投资人和被投资人双方共同接受，否则，再完美的设计方案也毫无意义。

第七章　涉农企业海外并购文件撰写

　　涉农企业海外并购协议是并购方和目标企业之间为实现并购目的，明确相互间权利义务关系的协议，是并购双方权利、义务的主要体现，也是防范各种已知和未知风险的重要保障及并购顺利完成的基础。因此，包括涉农企业海外并购协议在内的并购文件撰写就显得特别重要。本章主要论述并购文件及其重要性、并购协议通用条款内容与要点、并购协议特殊条款内容与要点和其他并购文件内容与要点，以此为基础给出并购协议参考范本。

第一节　并购文件及其重要性

一、并购文件

　　在公司并购实务操作中，意向买方或收购方在对目标公司完成了尽职调查后，如果初步认为尽职调查结果是可以接受的或令其满意的，并愿意继续与卖方或相对方进行交易，在与相对方确认完成了交易结构设计后，各方通常会聘用律师启动并购文件的撰写工作。并购文件涉及并购协议、卖方的披露函、章程修正案或新章程、变更申请书等诸多法律文件。其中，

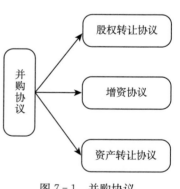

图 7 - 1　并购协议

最主要的并购文件为并购协议（如股权转让协议、增资协议、资产转让协议等，以下统称"并购协议"），如图 7 - 1 所示。

（一）股权转让协议

股权转让协议是以股权转让为内容的合同，股权转让是合同项下债的履行。股权转让协议生效与股权转让生效时间是不一致的，股权转让生效是在协议生效之后。股权转让协议的主要内容就是转让股权，实质是处分其所有的股权。

有限公司股权转让协议实际是一份标的为股权的特殊合同。协议首先应符合一般合同生效的要件，即具备协议双方在订立合同时必须具有相应的民事行为能力；双方意思表示真实，合同内容不违反法律或者社会公共利益；合同标的须确定和可能。

根据《合同法》第四十四条第一款的规定，依法成立的合同，自成立时生效。故股权转让合同也自成立时生效。但股权转让合同的生效并不等同于股权转让生效。股权转让合同的生效是指对合同各方当事人产生法律约束力的问题，而股权转让行为的生效是指股权何时发生转移，即受让方何时取得股东身份的问题，即需要在工商管理部门进行相应的股东变更之后，该股权转让协议的受让一方才能取得股东身份。

（二）增资协议

增资扩股是指企业向社会募集股份、发行股票、新股东投资入股或原股东增加投资扩大股权，从而增加企业的资本金。股权重组一般不须经清算程序，其债权、债务关系，在股权重组后继续有效。

对于有限责任公司来说，增资扩股一般指企业增加注册资本，增加的部分由新股东认购或新股东与老股东共同认购，企业的经济实力增强，并可以用增加的注册资本，投资于必要的项目。

（三）资产转让协议

资产转让协议是收购双方就收购条件和程序达成的协议。资产转让协议，购买方购买目标公司所拥有的资产，买方一般不承受目标公司的债务关系，因其着重点在于资产的转让。

二、并购文件撰写的重要性

并购协议是并购方和目标企业之间为实现并购目的，明确相互间权利义务关系的协议。并购协议是并购双方权利、义务的主要体现，是并购双方在并购过程中必须遵守的"根本大法"；并购协议也是防范各种已知和未知风险的重要保障及并购顺利完成的基础，依法订立的并购协议受法律强制力的保障，并购协议一旦依法成立就具有法律约束力，如果违约，违约方将受到处罚；同时，并购合同也是处理并购纠纷时的主要依据。

第二节　并购协议通用条款内容与要点

一般来讲，并购协议将涵盖下述通用条款，如表7-1所示。

表7-1　并购协议通用条款

1. 主体条款	在书写主体条款时候，建议将主体的全名（涉及境外主体应以英文名称为准）、注册地、联系方式、注册号、法定代表人、职务等填写完整
2. 背景条款	此条款主要介绍交易的整体背景，包括卖方在目标公司的股权或者资产，目标公司情况，卖方愿意出卖特定股权或者资产的意愿和买方愿意购买该股权或者资产的意愿
3. 定义条款	对合同中常见或者反复出现的特定词汇予以定义，以免出现歧义
4. 先决条件条款	一般并购协议都是附条件生效的合同，也就是说条件成就合同生效，条件不达成，合同不生效。此条款是为了保护意向买方的合法权益
5. 交易条款	交易条款和之前说过的背景条款类似，是对双方进行交易的意愿进行确认
6. 对价条款	此为并购协议中必备条款之一，也就是约定购买和受让标的的股权或资产的总对价、支付方式（分期付款或者其他方式）和支付时间。如果买房的谈判地位较高，从保护买方利益的角度出发，可以约定对价调整机制
7. 交割前义务条款（承诺条款）	在交割前，并购协议签署后，一般还有一定的时间差，目标公司很有可能发生不利于买方的变化。所以为了保护买方的利益，在并购协议中需要约定卖方或者目标公司在交割前需要遵守的义务
8. 交割条款	交割条款一般约定各方交割的时间、日期、地点和需要交付给对方的文件等。在交割时需要按照所在地法律进行交割，通常交割发生于买方或者卖方聘用的律师事务所，并在目标公司的公司注册处办理股东和股权变更手续
9. 陈述和保证条款	本条款是鉴于尽职调查的局限性和目标公司在协议签署后交割前所可能发生的不利变化而存在的

（续）

10. 违约赔偿条款	违约赔偿就是任何一方违反合同约定需要向对方支付的违约金。如卖方拒绝或者迟延交割，卖方迟延付款等
11. 通知条款	本条款主要包括联系各方的联系人、地址、电话、传真等内容，并约定通知送达的有效方式和生效时间
12. 费用和税赋条款	双方约定交易中产生的费用和税费如何承担的问题
13. 法律适用和管辖权条款	这是并购协议的必备条款。尤其是涉外交易中，此条款尤其重要。如在履行并购协议过程中发生争议，如何解决，是通过仲裁还是诉讼，如何选择仲裁机构和如何确定管辖法院等

一、主体条款

（一）基本内容

根据采用的交易结构，确定本交易涉及的买卖双方和目标公司，并将其主体信息在并购协议中予以描述。一般而言，对于股权转让（并购）交易，协议主体必定涉及买方、卖方。对于增资交易，协议主体除了涉及买方、卖方之外，还涉及被增资的目标公司（以下统称"目标公司"）。对于涉及担保方的并购协议，交易主体还须增加担保方（一般为卖方的实际控制人或关联方）。

（二）实务要点提示

在草拟主体条款时，建议将协议主体的正确名称（境外主体以英文名称为准）、注册地址、联系地址、注册号、国籍、身份证号、法定代表人、职务、联系方式等信息补充完整。

二、背景条款

（一）基本内容

背景条款即协议中常见的"鉴于"条款，尽管为非必备条款，却往往是在并购协议中起到承上启下作用的条款。本条款的基本内容包括卖方在目标公司中拥有股权或资产，目标公司的情况，卖方愿意出售和转让其在目标公

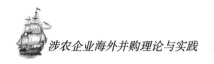

司中的股权或资产，买方愿意购买和受让卖方于目标公司中的相应股权或资产。

（二）实务要点提示

在草拟背景条款时，建议结合采用的交易结构和尽职调查的结果，将本交易的大致背景交待清楚。为了便于协议主体了解本交易的背景和交易结构，背景条款力求简洁明了，归纳和概括交易背景和采用的交易结构。

三、定义条款

（一）基本内容

定义条款并非并购协议的必备条款。对于简单的交易，如果并购协议本身简单，无需草拟定义条款。但对于相对复杂的交易，并购协议篇幅较长，协议中涉及的术语较多，为了便于检索和节省篇幅，可对出现次数较多的术语和比较重要的术语进行定义。定义条款约定的定义术语包括不利变化、账目、营业日、索赔、交割、交割日、先决条件、对价（价款）、披露、披露函、公司资料、权利负担、政府机构、最后账目日、法律、最后终止日、当事人、目标公司、税务、税务机关、保证等。

（二）实务要点提示

在草拟定义条款时，为了便于检索，建议按照英文字母顺序进行排列定义条款，而不一定是按照该等术语在并购协议中出现的先后顺序排列。

四、先决条件条款

（一）基本内容

一般而言，并购协议为附生效条件的合约。为了保护意向买方的利益，需要在并购协议中约定交割的生效条件，涉及当事人的内部授权方面、政府监管方面、目标公司的尽职调查方面、卖方的陈述和保证方面等。比如，有时并购协议在签署时，还有一些事项有待解决，比如各方的权力机构对交易和协议的表决通过，涉及反垄断审查申报时，还需要向相关的反垄断机构提交有关经营者集中的反垄断申报，买方需要获得其聘用的中国律师出具的独立法律意见书等。因此，在并购协议中约定先决条件条款是必要的。常见的先决条件包括：买方在协议签署后的合理期限内完成尽职调查，并对调查结果表示满意或目标公司截至某一基准日的净资产不低于某一数值等；买方对其聘用的中国律师出具的涉及目标公司的法律意见书的内容和形式表示满意；买方的股东会通过了有关并购的决议；卖方的陈述和保证在交割时仍然真实有效；通过审批机构的审批和批准等。

（二）实务要点提示

在草拟先决条件条款时，首先要根据交易结构和涉及的法律问题进行研究，结合尽职调查的结果，考虑哪些条件为生效条件，哪些条件为非生效条件。同时，为了增加交易的灵活性，先决条件条款中有时还需要列明，买方可以书面豁免卖方的某些先决条件。另外，先决条件条款对于双方均有约束力，只要全部条件尚未满足，则任何一方均不得撤销该交易。为了避免某一或某些条件无法在预定期限内完成，造成交易的不确定性，往往在先决条件条款中加入最后终止日期限限制。即如果双方在最后终止日（通常为协议签署之日起 90 天或 180 天内），任何一项先决条件未满足（除非该先决条件在交割时或之前被书面豁免），则任何一方无义务进行交割，并购协议除争议解决、保密和违约责任等条款外，其他条款对各方均无约束力。

五、交易条款

（一）基本内容

交易条款通常与背景条款前后呼应，旨在并购协议正文中对交易的约定和确认。在交易条款中，通常约定各方同意进行拟定的交易，根据交易结构的不同，体现为增资、买卖等情形。在股权转让交易结构中，体现为一方同意出售和转让，另一方同意购买和受让目标公司的股权。在增资交易结构中，体现一方同意对目标公司进行增资，并占有目标公司一定的股权，而目标公司及原始股东表示同意。在资产转让交易结构中，体现为一方和/或目

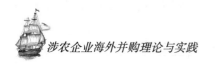

标公司同意出售和转让，另一方同意购买和受让目标公司的资产。

（二）实务要点提示

在草拟交易条款中，通常增加在受限于先决条件的前提下进行交易的表述。另外，建议对于交易的股权或资产中增加该股权或资产上未创设任何权利负担的表述。

六、对价条款

（一）基本内容

对价条款为并购协议的必备条款之一。在对价条款中，通常会约定购买和受让标的股权或资产的总对价或价款是某一确定的金额，并约定该对价在交割日或之前进行支付。如果买方的谈判地位相对较高，从保护买方利益的角度出发，可以约定对价调整机制。比如，如果在交割时，目标公司经审计后的合并财务报表项下的净资产低于约定的数值，或目标公司未在并购协议签署后交割前完成预定的目标，则双方同意将对价作相应的调减。另外，在付款进度方面，还可以约定分期支付的方式。比如，首期于并购协议签署后的某一段期限内支付，第二期在交割前或交割时支付；最后一期在交割后的某一段期限内支付。如此安排，一方面可以减少买方的财务成本和压力，另一方面，也可以确保在交割完成后，买方实际拥有和控制目标公司后才支付尾款。

（二）实务要点提示

在草拟对价条款时，除了考虑对价调整机制之外，建议对对价支付方式、期限、币种、收款账户等进行明确约定，并考虑外汇汇差（一般采用汇款当日的中间价）。

七、交割前义务条款（即承诺条款）

（一）基本内容

在并购协议签署后至交割前的期间，买方（收购方）往往并未实际拥有和控制目标公司。而尽职调查的基准日通常为并购协议签署之前的某一日期。因此，在交割前，目标公司很可能会发生不利于买方的变化（即不利变化）。为了保护买方的利益，在并购协议中需要约定卖方和/或目标公司在交割前须遵守的义务，包括：不得从事某些导致或很可能导致卖方违反承诺和保证义务的行为，以及导致或很可能导致目标公司产生不利变化的行为；卖方和/或担保方应确保目标公司正常经营，未经买方书面同意，不得从事某些行为，包括：签署非经常性或非正常业务范围内的合约；处分目标公司账面价值达到某一数额的资产；做出超过某一数额的出资或出资承诺；中止或停止目标公司的正常业务；借款或融资；增减资；创设或注销目标公司的权利负担；支付股息或分红；发行股票或其他证券；修改公司章程等。

（二）实务要点提示

在草拟交割前义务条款（承诺条款）时，除了上述卖方不得从事的行为之外，建议结合尽职调查的结果和目标公司需要特别整改的部分，以及审批机关和交易所的特别要求予以表述和细化。

八、交割条款

（一）基本内容

交割条款是并购协议的核心和不可或缺的条款之一。交割条款将约定各方交割的时间、日期、地点和需要向对方提交的文件。通常，本条款将约定在交割时，卖方需要提交出资证明书（股票凭证）、授权委托书、目标公司的文件资料、卖方批准签署并购协议并履行其义务的董事会决议和/或股东会决议，卖方出具的目标公司自协议签署后至交割前未发生不利变化的确认函等文件；买方需要提交相应的付款凭证，买方批准签署并购协议并履行其义务的董事会决议和/或股东会决议。如果卖方或买方本身为上市公司，还需要根据相关交易所的要求履行必要的信息披露程序。如果任何一方于交割时的义务未全部履行，则在不影响其他救济手段的前提下，非违约方有权将交割推迟至不超过某一期限的某一日期，或继续尽可能地进行交割，或解除协议以免除其在本协议项下的义务等。

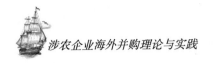

（二）实务要点提示

在草拟交割条款时，海外并购为采用境外交易结构，建议根据所适用的法律进行交割，通常交割发生于买方或卖方聘用的律师事务所，并在目标公司的公司注册处办理股东和股权变更手续。

九、陈述和保证条款

（一）基本内容

尽管买方在并购之前，自身也会并安排中介机构对目标公司作完整的尽职调查，但毕竟尽职调查本身具有局限性，难以达到对目标公司的情况知根知底，导致双方对目标公司的信息是不对称的。而且，尽职调查基准日至并购协议签署之日乃至先决条件满足之日，目标公司的状况是不断发生变化的。因此，陈述和保证条款应运而生，是为保护买方的利益而设定的极其重要的条款。并且，要求卖方作出的陈述和保证事项要远远多于要求买方作出的陈述和保证事项（买方作出的大多是合法存续、签署协议取得内部权力机构的表决通过等程序性事项）。通常，本条款将约定，卖方向买方作出所披露的陈述和保证（该陈述和保证在交割后依然有效），卖方承认，买方签署并购协议是依赖于卖方作出的该陈述和保证。双方同意，各方向对方作出的陈述和保证即使在交割后，仍然有效并有约束力，且每一项陈述和保证都是单独的和独立的。若卖方违反其作出的任何一项陈述和保证，则卖方承诺赔偿由此给买方造成的一切损失，使其不受损害。通常，卖方需要向买方作出的陈述和保证事项包括：卖方合法成立并存续，签署和履行并购协议将不会违反适用的法律和规定、政府机关的命令和决定；卖方已经取得了所有必要的审批、批准、登记和备案材料，目标公司直至交割时的信息、股权结构图等在各方面真实、准确和完整，卖方未破产或不能清偿债务；目标公司的出资额已经付清，卖方是目标公司股权的合法拥有者，标的股权上无任何权利负担，目标公司已经获得了经营业务所需要的全部批准、许可等；第三人未对标的股权提出任何异议或诉讼，标的股权不受制于信托、代持或类似安排的约束；目标公司以其名义签署合约，并合法经营；目标公司依法进行了所需要的一切审批、登记和备案程序；目标公司未有解散和清算的决议、法院裁定等；目标公司的所有账目符合所适用的法律和会计准则，在所有方面是完整和准确的，反映了目标公司的客观财务状况；自最后记账日起，目标公司未签署非正常的合约，未创设任何抵押、质押等担保负担，其会计准则未发生重大变化；目标公司未违反任何借款协议、担保协议的约定，未发生贷款行为，未发生收购或出资承诺的行为；目标公司的所有税赋已经全部反映于会计报表并已经缴清，未支付或将支付税务方面的罚款、滞纳金等，并遵守所适用的税法的规定；目标公司未在资产上创设任何权利负担；目标公司未发生违约责任的情形；目标公司未签署限制或禁止其经营行为的合约；签署并购协议不会导致目标公司违反其他的协议；目标公司未发生诉讼和清算情形；目标公司为资产依法设立了包括第三方责任险在内的保险；目标公司在环保方面遵守法律；卖方提供的所有信息是准确的，且无误导性等。

（二）实务要点提示

在草拟陈述和保证条款时，为了保护买方的利益，除了上述卖方作出的通常事项外，建议结合尽职调查的结果、采用的交易结构以及目标公司的行业特质予以表述和细化。需要注意的是，严格地说，陈述和保证条款不同于交割前义务条款即承诺条款，前者是协议签署之前或之时，对目标公司现状的陈述和保证（基本上与尽职调查的结果相一致），后者是协议签署之后直至交割之前卖方或目标公司承诺进行的作为或不作为的义务，是对将来的承诺。如此一来，意向买方通过陈述和保证条款和承诺条款，对目标公司的过去、现状和将来作了锁定性约束，以确保并购协议签署之前或之后，目标公司的状况符合其要求。

十、违约赔偿条款

（一）基本内容

违约赔偿条款为并购协议的必备条款之一。违约赔偿条款分为两个层面，一是各方对违反各自向对方作出的陈述和保证或承诺造成对方损失的，

应赔偿由此给对方造成的一切损失，使其不受损害；一是各方违反各自的义务（承诺和保证以外的义务），应向对方承担违约责任。比如，卖方拒绝或迟延交割，则应向买方支付一定数额的违约金；如买方迟延付款，则应向卖方支付一定数额的违约金或滞纳金等。

（二）实务要点提示

在草拟违约赔偿条款时，对于守约方造成的实际损失，可以获得违约方的赔偿；但对于约定的违约金，根据中国目前的法律规定、最高院的司法解释以及司法实践，违约金比例一般不超过合同总额的 30％，除非守约方能够证明其由于违约方的违约行为所导致的损失不少于合同总额的 30％。

十一、通知条款

（一）基本内容

通知条款并非必备条款，但为了日后联系及送达方面的考量，建议在并购协议中草拟通知条款。本条款将约定各方的联系地址、电话、联系人、传真等内容，并约定通知送达的有效方式和生效时间。

（二）实务要点提示

在草拟通知条款时，建议将每一方的联系地址、传真和收件人以及通知送达的有效方式和生效时间作出明确约定。

十二、费用和税赋条款

（一）基本内容

费用和税赋条款虽不是并购协议的必备条款，但也是很重要的条款。本条款通常会约定各方为本交易发生的费用（包括法律费用、财务费用和评估费用）由各方各自承担。但有时在增资交易结构下，也会约定由目标公司在交易完成后承担或承担相当一部分。关于税赋，印花税通常约定买卖双方各自承担 50％。对于资本利得税，通常约定由卖方自行承担。特别需要注意的是，对于涉及境外交易，特别是间接转让境内权益的交易，建议在并购协议中约定，卖方依据国家税务总局颁发的国税函〔2009〕698号文规定应承担的预提所得税应由卖方自行承担。

（二）实务要点提示

在草拟费用和税赋条款时，建议依据采用的交易结构，并结合所适用的法律进行表述和细化。

十三、法律适用和管辖权条款

（一）基本内容

法律适用和管辖权条款是并购协议的必备条款之一，尤其是涉及境外主体的交易，该条款尤为重要。通常本条款将约定并购协议适用的法律以及争议的解决。比如，各方在履行并购协议过程中发生的任何争议，在友好协商无法解决时，是通过法院诉讼解决，还是各方选择某一仲裁机构仲裁解决。通常法院诉讼解决和仲裁机构仲裁解决二者只能择其一，不可并存。否则，仲裁条款往往被认定为无效。

（二）实务要点提示

在草拟法律适用和管辖权条款时，建议结合采用的交易结构、各方的注册地、目标公司的注册地等因素综合考虑。在选择所适用的法律时，不得违反中国法律有关特定事项的强制性规定，否则，法律选择无效。比如，对于涉及中外合资的并购协议，只能选择适用中国法律。对于法院诉讼的管辖权条款，不得违反中国民事诉讼法有关级别管辖和专属管辖的强制性规定，且选择的法院必须具有连接点，如协议签署地、履行地、当事人的住所地等。如果各方希望通过仲裁方式解决争议，则在草拟仲裁条款时必须对选择的仲裁机构作出确定性的约定，比如，各方同意在发生争议时，将争议提交中国国际经济贸易仲裁委员会仲裁解决。因此，建议在选择合适的仲裁机构时应特别谨慎，并将选择的仲裁机构的推荐或参考仲裁条款并入到并购协议中。

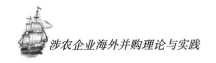

第三节　并购协议特殊条款内容与要点

所谓并购协议特殊条款，系指在涉及风险投资（VC）和私募股权投资（PE）的交易中，在草拟并购协议（如股份认购和增资协议）时需要特别增加设定的条款，如表 7-2 所示。

表 7-2　并购协议特殊条款

1. 股权回购条款	该条款的基本内容是，在一定条件下，收购方可以要求目标公司的原始股东在满足一定年限后，以约定的价格购买他们持有的公司股权
2. 股权调整条款	股权调整条款就是我们常说的对赌条款，在很大程度上将保护收购方的利益。该条款是涉及 VC 和 PE 交易的必备条款之一
3. 优先清算条款	该条款的基本内容是，约定发生目标公司清算的情况下，偿付债务后的清算剩余财产，优先由收购方分配，分配后的余额再由收购方和其他股东按照持股比例进行分配
4. 反稀释条款	反稀释条款就是我们经常所说的反股权摊薄条款，是指目标公司进行后续项目融资或者定向增发过程时，收购方为避免自己的股权贬值及份额被过分稀释而采取的措施
5. 领售权条款	领售权是指在一定条件下，收购方可以强制目标公司的创始人和管理人接受交易

一、股权回购条款

（一）基本内容

股权回购条款是涉及 VC 和 PE 交易的并购协议的必备条款之一。收购方投资于目标公司的最终目的是在约定的期限内实现自目标公司的退出，并非与目标公司的创始人和管理团队一起长期并存。通常而言，收购方的退出渠道包括：首次公开发行；并购；股份出售；股份回购；公司清算。股权回购条款的基本内容为：在特定的条件下，收购方可以要求目标公司的原始股东在满足一定的年限之后，以约定的价格购买他们持有的公司股权。通常而言，回购的期限为收购方完成目标公司投资后的 5 年或更长期限，回购价格为投资成本加上固定年化收益率计算的金额，回购付款方式可以一次性付款，也可以分期付款。具体回购的期限、回购价格以及回购付款方式等条款，取决于收购方的谈判地位。

（二）实务要点提示

在草拟股权回购条款时，建议结合尽职调查的结果和采用的交易结构，予以设计和细化。比如，可以约定，当出现以下情况时，收购方有权要求原始股东（卖方）回购其所持有的全部公司股权：不论任何主观或客观原因，目标公司不能在约定的日期前实现首次公开发行股票并上市，该等原因包括但不限于目标公司经营业绩方面不具备上市条件，或由于公司历史沿革方面的不规范未能实现上市目标，或由于参与公司经营的原始股东存在重大过错、经营失误等原因造成公司无法上市等；或在约定的日期前的任何时间，原始股东或目标公司明示放弃上市安排或工作；或当目标公司累计新增亏损达到收购方进入时以基准日确定的目标公司当期净资产的一定百分比时。考虑到目标公司对收购方的股权回购行为受到法律的限制，原始股东应作为收购方，应以其从目标公司取得的分红或从其他合法渠道筹措的资金收购收购方持有的公司股权。

二、股权调整条款

（一）基本内容

股权调整条款是涉及 VC 和 PE 交易的并购协议的必备条款之一。本条款的基本内容是：收购方（即 VC 和 PE 的投资者，下称"收购方"或"投资者"）在以某一对价认购目标公司的增资（包括增发的新股）时，约定增资的对价系依据目标公司和目标公司原始股东向收购方承诺达到的某一业绩目标做出的。如果目标公司届时未能实现该业绩目标，则收购方的股权比例应进行相应调整（通常增加一定的股权比例），并对调整方法或计算公式做出约定。股权调整条款是收购方与目标公司的原始股东就目标公司的业绩目标做出的对赌或博弈结果的调整，将在很大程度上保护收购方的利益。

（二）实务要点提示

在草拟股权调整条款时，建议结合尽职调查的结果和采用的交易结构，

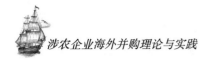

对于卖方或目标公司承诺达到的业绩目标做出明确约定，并对调整方法或计算公式做出约定。有关目标公司承诺的业绩目标，可以从销售额、税前净利润、税后净利润等方面进行确定。股权调整条款实为对赌条款性质。需要注意的是，根据最高人民法院公布的审判案例（2012）民提字第 11 号，最高人民法院对于对赌条款的审判态度是：对于涉及对赌的股权调整条款的效力，如果不涉及损害公司和第三人（债权人）的利益，则对赌股权调整条款有效；如果涉及损害公司和第三人的利益，对赌股权调整条款将可能无效。

三、优先清算条款

（一）基本内容

优先清算条款是涉及 VC 和 PE 交易的并购协议的必备条款之一。本条款的基本内容为：约定在发生目标公司清算的情况时，偿付债务后的清算剩余财产，优先由收购方分配（投资成本加上一定的固定回报），分配后的余额由收购方和其他股东根据持股比例再次分配。优先清算条款在目标公司处于资不抵债而破产的情况下，将很可能落空。只有在目标公司支付完清算费用和普通债权后，如有剩余的财产可供分配，才对收购方优先分配目标公司清算后的财产有意义。

（二）实务要点提示

在草拟优先清算条款时，建议结合尽职调查的结果以及收购方在谈判中的地位，予以设计和细化。为了使优先清算条款具备可执行力，建议对目标公司的章程作出相应修订，以体现收购方于目标公司清算时优先于其他股东获得分配的权利。

四、反稀释条款

（一）基本内容

在涉及 VC 和 PE 的交易中，持股比例在一定程度上就等于话语权和控制权。因此，反稀释条款对保障投资者的股权利益及后续战略退出至关重要。反稀释条款也称反股权摊薄条款，是指在目标公司进行后续项目融资或者定向增发过程中，收购方为避免自己的股权（股份）贬值及份额被过分稀释而采取的措施。反稀释条款大致分为防止股权比例降低和防止后续降价融资过程中股份份额贬值两大类，前者涉及转换权和优先购股权；后者则主要涉及降价融资时转换价格的调整。通过反稀释条款，一方面能够激励目标公司以更高的价格进行后续融资，另一方面可避免收购方因目标公司进行降价融资而被严重稀释，直至被挤兑出局。

（二）实务要点提示

在草拟反稀释条款时，建议结合尽职调查的结果和采用的交易结构，予以设计和细化。为了使反稀释条款具备可执行力，建议对目标公司的章程作出相应修订，以体现收购方于目标公司增发新股时的优先购买权以及降价融资时的转换价格的调整权利。

五、领售权条款

（一）基本内容

领售权条款并非涉及 VC 和 PE 交易的并购协议的必备条款，但对于收购方也很重要。尤其是目标公司难以在预定的期限内上市，而收购方拟通过并购方式实现退出的情况下，但目标公司的创始人和管理团队可能并不同意目标公司被并购，导致并购交易难以进行，此时，收购方可能会拿出杀手锏——领售权，强迫目标公司的创始人和管理团队接受交易。本条款的基本内容为：约定收购方强制目标公司原有股东参与收购方发起的目标公司出售行为的权利，收购方有权强制目标公司的原有股东（主要是指创始人和管理团队）和自己一起向第三方转让股权，原有股东必须依收购方与第三方达成的转让价格和条件，参与收购方与第三方的股权交易。通常，目标公司的原始股东会比较抵制领售权条款。因此，是否能够采用该条款，取决于收购方的谈判地位。

（二）实务要点提示

在草拟领售权条款时，建议结合尽职调查的结果以及采用的交易结构，

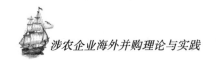

予以设计和细化。为了使领售权条款具备可执行力，建议对目标公司的章程做出相应修订，以体现收购方与第三方就目标公司的并购交易达成协议，并强迫原有股东依收购方与第三方达成的转让价格和条件，参与该交易的权利。

第四节　其他并购文件内容与要点

除了并购协议，其他的常见并购文件还包括卖方的披露函、目标公司的章程修订案、变更申请书等。限于篇幅，在此简单介绍一下卖方的披露函的基本内容和要点。

一、基本内容

卖方为了免责之目的，通常会向买方出具披露函，对于目标公司存在的违法、违约或违规情形向买方无保留地予以披露。披露函的内容包括一般披露和特别披露。就一般披露而言，包括披露的大致范围、意向买方通过公开记录可查到的信息、披露文件与本函的关系、披露文件中包含的意见排除保证以及影响业务的事项排除保证等。特别披露针对目标公司存在的特定违法或违规情形分别列出予以披露。

二、实务要点提示

卖方的披露函是为了免责之目的而拟定，故卖方律师在起草披露函时，应结合目标公司尽职调查过程中发现的问题，全面予以披露其存在的违法、违约或违规情况，以避免向买方承担违约责任。

第五节　并购协议参考范本

一般来说，常见的并购协议涉及股权转让交易的并购协议、增资交易的并购协议、资产交易的并购协议和卖方的披露函等。以下以股权转让交易为例给出并购协议参考文本。如图7-2为股权转让协议中包含的条款。

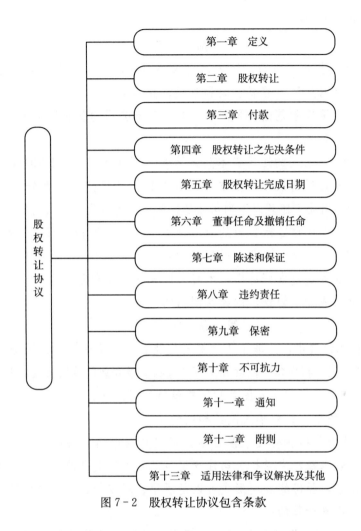

图 7 - 2 股权转让协议包含条款

股 权 转 让 协 议

本协议由以下各方授权代表于××××年××月××日签署。

股权受让方：受让股东××××有限公司，是一家依照中国法律注册成立并有效存续的公司（以下简称"受让股东"），其法定地址位于××市××区××路××号××楼。

股权出让方：出让股东××××有限公司，是一家依照中国法律注册成立并有效存续的公司（以下简称"出让股东"），其法定地址位于××市××

区××大街××号。

前　言

1. 鉴于股权出让方与××××有限公司（以下简称"某某公司"）于×××年××月××日签署合同和章程，共同设立××目标公司（简称"目标公司"），主要经营范围为××××等。目标公司的营业执照于××××年××月××日签发。

2. 鉴于目标公司的注册资本为××××万元人民币（RMB），股权出让方为目标公司之现有股东，于本协议签署日持有目标公司百分之××（%）的股份；股权出让方愿意以下列第2.2条规定之对价及本协议所规定的其他条款和条件将其持有的目标公司的百分之××（%）股份转让予股权受让方，股权受让方愿意在本协议条款所规定的条件下受让上述转让之股份及权益。

据此，双方通过友好协商，本着共同合作和互利互惠的原则，按照下列条款和条件达成如下协议，以兹共同信守。

第一章　定　义

1.1 在本协议中，除非上下文另有所指，下列词语具有以下含义：

（1）"中国"指中华人民共和国（不包括香港和澳门特别行政区及台湾省）；

（2）"香港"指中华人民共和国香港特别行政区；

（3）"人民币"指中华人民共和国的法定货币；

（4）"股份"指现有股东在目标公司按其根据相关法律文件认缴和实际投入的注册资本数额占目标公司注册资本总额的比例所享有的公司的股东权益。一般而言，股份的表现形式可以是股票、股权份额等。在本协议中，股份是以百分比来计算的；

（5）"转让股份"指股权出让方根据本协议的条件及约定出让的其持有的目标公司的百分之五十一（51%）的股权；

（6）"转让价"指第2.2及2.3条所述之转让价；

（7）"转让完成日期"的定义见第5.1条款；

（8）"现有股东"指在本协议签署生效之前，日期最近的有效合同与章程中载明的目标公司的股东，即出让股东和本协议股权出让方；

（9）本协议：指本协议主文、全部附件及甲乙双方一致同意列为本协议附件之其他文件。

1.2章、条、款、项及附件均分别指本协议的章、条、款、项及附件。

1.3本协议中的标题为方便而设，不应影响对本协议的理解与解释。

第二章　股权转让

2.1甲乙双方同意由股权受让方向股权出让方支付第2.2条中所规定之现金金额作为对价，按照本协议第4章中规定的条件收购转让股份。

2.2股权受让方收购股权出让方"转让股份"的转让价为：人民币××××万元。

2.3转让价指转让股份的购买价，包括转让股份所包含的各种股东权益。该等股东权益指依附于转让股份的所有现时和潜在的权益，包括目标公司所拥有的全部动产和不动产、有形和无形资产的百分之××（％）所代表之利益。转让价不包括下列数额：（a）本协议附件2中未予列明的任何目标公司债务及其他应付款项（以下简称"未披露债务"）和（b）目标公司现有资产与附件1所列清单相比，所存在的短少、毁损、降低或丧失使用价值（统称"财产价值贬损"）。

2.4对于未披露债务（如果存在的话），股权出让方应按照该等未披露债务数额的百分之××（％）承担偿还责任。

2.5本协议附件2所列明的债务由股权受让方承担。

2.6本协议签署后7个工作日内，股权出让方应促使目标公司向审批机关提交修改后的目标公司的合同与章程，并向工商行政管理机关提交目标公司股权变更所需的各项文件，完成股权变更手续，使股权受让方成为目标公司股东。

第三章　付　　款

3.1股权受让方应在本协议签署后十五（15）个工作日内，向股权出让方支付部分转让价，计人民币××××万元，并在本协议第4.1条所述全部先决条件于所限期限内得到满足后十五（15）个工作日内，将转让价余额支付给股权出让方（可按照第3.2条调整）。

3.2股权受让方按照本协议第3.1条支付给股权出让方的转让价款项应存入由股权出让方提供、并经股权受让方同意的股权出让方之独立银行账户中，由甲乙双方共同监管。具体监管措施为：股权受让方和股权出让方在本协议第3.1条所述转让价支付前各指定一位授权代表，共同作为联合授权签字人（上述两名联合授权签字人合称"联合授权签字人"），并将本方指定的授权代表姓名、职务等书面通知对方。在上述书面通知发出后和本协议第3.1条所述转让价支付前，联合授权签字人应共同到上述独立银行账户的开户银行办理预留印鉴等手续，以确保本条所述监管措施得以实施。该账户之任何款额均须由联合授权签字人共同签署方可动用。如果一方因故需撤换本方授权代表，应提前三个工作日向对方发出书面通知，并在撤换当日共同到开户银行办理预留印鉴变更等手续。未经股权受让方书面同意，股权出让方不得以任何理由撤换该股权受让方授权代表。

3.3 在股权受让方向股权出让方支付转让价余额前，如发现未披露债务和/或财产价值贬损，股权受让方有权将该等未披露债务和/或财产价值贬损数额的百分之××（％）从股权受让方应向股权出让方支付的转让价余额中扣除。在股权受让方向股权出让方支付转让价余额后，如发现未披露债务和/或财产价值贬损，股权出让方应按照该等未披露债务和/或财产价值贬损数额的百分之××（％）的比例将股权受让方已经支付的转让价返还给股权受让方。

3.4 本协议项下，股权转让之税费，由甲、乙双方按照法律、法规之规定各自承担。

第四章 股权转让之先决条件

4.1 只有在本协议生效日起十二（12）个月内下述先决条件全部完成之后，股权受让方才有义务按本协议第三章的相关约定履行全部转让价支付义务。

（1）目标公司已获得中国信息产业部批准的从事跨省国际互联网业务经营许可证；

（2）目标公司已获得中国信息产业部批准的全国（5位）特服号；

（3）目标公司已与出让股东签署一份联合经营出让股东的移动电子商务服务合作协议。要点包括：

（a）联合经营出让股东证券交易服务平台。合作关系为资源互补、策略联盟、合作经营、收入分成、各担费用、自负盈亏；

（b）由目标公司负责提供相应的软、硬件应用服务系统，以及投资建设，开发集成，系统的日常维护，营运管理，随用户发展状况的升级扩容，市场推广策划、组织和实施等工作；

（c）由出让股东提供相应的基础网络资源条件：专用接入服务号，出让股东和中国某公司门户网站首选财经金融连接设置，各地 SMS 专用端口，WAP 网关及其他数据接入信道，优惠通讯费，代收服务费，授权目标公司代理销售移动终端设备等；

(4) 股权出让方已全部完成了将转让股份出让给股权受让方之全部法律手续；

(5) 股权出让方已提供股权出让方董事会（或股东会，视股权出让方公司章程对相关权限的规定确定）同意此项股权转让的决议；

(6) 作为目标公司股东的某某已按照符合目标公司章程规定之程序发出书面声明，对本协议所述之转让股份放弃优先购买权；

(7) 股权出让方已经按照中国法律法规之相关规定履行了转让国有股份价值评估手续，以及向中国财政部或其授权部门（以下简称"国有资产管理部门"）提出股份转让申请，并且已经取得了国有资产管理部门的批准；

(8) 除上述先决条件以外，股权出让方已履行了转让国有股份所需的其他所有必要程序，并取得了所有必要的许可转让文件；

(9) 股权出让方已签署一份免除股权受让方对股权转让完成日之前债务以及转让可能产生的税务责任的免责承诺书；

(10) 股权出让方已完成国家有关主管部门对股权转让所要求的变更手续和各种登记；

(11) 股权受让方委聘之法律顾问所已出具法律意见，证明股权出让方所提供的上述所有的法律文件正本无误，确认本协议所述的各项交易协议为法律上有效、合法，及对签约各方均具有法律约束力。

4.2 股权受让方有权自行决定放弃第 4.1 条款中所提及的一切或任何先决条件。该等放弃的决定应以书面形式完成。

4.3 倘若第 4.1 条款中有任何先决条件未能于本协议第 4.1 条所述期限内实现而股权受让方又不愿意放弃该先决条件，本协议即告自动终止，各方于本协议项下之任何权利、义务及责任即时失效，对各方不再具有约束力，届时股权出让方不得依据本协议要求股权受让方支付转让价，并且股权出让方应于本协议终止后立即，或不应迟于协议终止后 14 个工作日内向股权受让方全额退还股权受让方按照本协议第 3.1 条已经向股权出让方支付的转让价，并返还该笔款项同期产生的银行利息。

4.4 根据第4.3条本协议自动终止的，各方同意届时将相互合作办理各项必要手续，转让股权应无悖中国当时相关法律规定。除本协议规定或双方另有约定，股权受让方不会就此项股权转让向股权出让方收取任何价款和费用。

4.5 各方同意，在股权出让方已进行了合理的努力后，第4.1条先决条件仍然不能实现进而导致本协议自动终止的，不得视为股权受让方违约。在此情况下，各方均不得相互追讨损失赔偿责任。

第五章　股权转让完成日期

5.1 本协议经签署即生效，在股权转让所要求的各种变更和登记等法律手续完成时，股权受让方即取得转让股份的所有权，成为目标公司的股东。但在第四章所规定的先决条件于本协议4.1条所规定的期限内全部得以满足，及股权受让方将转让价实际支付给股权出让方之日，本协议项下各方权利、义务始最终完成。

第六章　董事任命及撤销任命

6.1 股权受让方有权于转让股份按照本协议第4.1（9）款过户至股权受让方之后，按照目标公司章程第七章之相应规定委派董事进入目标公司董事会，并履行一切作为董事的职责与义务。

第七章　陈述和保证

7.1 本协议一方现向对方陈述和保证如下：

（1）每一方陈述和保证的事项均真实、完整和准确；

（2）每一方均为一家具有法人资格的公司，按中国法律设立并有效存续，拥有独立经营及分配和管理其所有资产的充分权利；

（3）具有签订本协议所需的所有权利、授权和批准，并且具有充分履行其在本协议项下每项义务所需的所有权利、授权和批准；

（4）其合法授权代表签署本协议后，本协议的有关规定构成其合法、有效及具有约束力的义务；

（5）无论是本协议的签署还是对本协议项下义务的履行，均不会抵触、违反或违背其营业执照/商业登记证、章程或任何法律法规或任何政府机构或机关的批准，或其为签约方的任何合同或协议的任何规定；

（6）至本协议生效日止，不存在可能会构成违反有关法律或可能会妨碍其履行在本协议项下义务的情况；

（7）据其所知，不存在与本协议规定事项有关或可能对其签署本协议或履行其在本协议项下义务产生不利影响的悬而未决或威胁要提起的诉讼、仲裁或其他法律、行政或其他程序或政府调查；

（8）其已向另一方披露其拥有的与本协议拟订的交易有关的任何政府部门的所有文件，并且其先前向他方提供的文件均不包含对重要事实的任何不真实陈述或忽略陈述而使该文件任何内容存在任何不准确的重要事实。

7.2 股权出让方向股权受让方作出如下进一步的保证和承诺：

（1）除于本协议签署日前以书面方式向股权受让方披露者外，并无与股权出让方所持目标公司股权有关的任何重大诉讼、仲裁或行政程序正在进行、尚未了结或有其他人威胁进行；

（2）除本协议签订日前书面向股权受让方披露者外，股权出让方所持目标公司股权并未向任何第三者提供任何担保、抵押、质押、保证，且股权出让方为该股权的合法的、完全的所有权人；

（3）目标公司于本协议签署日及股权转让完成日，均不欠付股权出让方任何债务、利润或其他任何名义之金额。

7.3 股权出让方就目标公司的行为作出的承诺与保证（详见附件3：股权出让方的声明与保证）真实、准确，并且不存在足以误导股权受让方的重大遗漏。

7.4 除非本协议另有规定，本协议第7.1及7.2条的各项保证和承诺及第8章在完成股份转让后仍然有法律效力。

7.5 倘若在第4章所述先决条件全部满足前有任何保证和承诺被确认为不真实、误导或不正确，或尚未完成，则股权受让方可在收到前述通知或知道有关事件后14日内给予股权出让方书面通知，撤销购买"转让股份"而无须承担任何法律责任。

7.6 股权出让方承诺在第4章所述先决条件全部满足前如出现任何严重违反保证或与保证严重相悖的事项，都应及时书面通知股权受让方。

第八章　违约责任

8.1 如发生以下任何一事件则构成该方在本协议项下之违约：

（1）任何一方违反本协议的任何条款；

（2）任何一方违反其在本协议中作出的任何陈述、保证或承诺，或任何一方在本协议中作出的任何陈述、保证或承诺被认定为不真实、不正确或有误导成分；

（3）股权出让方在未事先得到股权受让方同意的情况下，直接或间接出售其在目标公司所持有的任何资产给第三方；

（4）在本合同签署之后的两年内，出现股权出让方或股权出让方现有股东从事与目标公司同样业务的情况。

8.2 如任何一方违约，对方有权要求即时终止本协议及/或要求其赔偿因此而造成的损失。

第九章　保　密

9.1 除非本协议另有约定，各方应尽最大努力，对其因履行本协议而取得的所有有关对方的各种形式的任何商业信息、资料及/或文件内容等保密，包括本协议的任何内容及各方可能有的其他合作事项等。任何一方应限制其雇员、代理人、供应商等仅在为履行本协议义务所必需时方可获得上述信息。

9.2 上述限制不适用于：

（1）在披露时已成为公众一般可取得的资料和信息；

（2）并非因接收方的过错在披露后已成为公众一般可取得的资料；

（3）接收方可以证明在披露前其已经掌握，并且不是从其他方直接或间接取得的资料；

（4）任何一方依照法律要求，有义务向有关政府部门披露，或任何一方因其正常经营所需，向其直接法律顾问和财务顾问披露上述保密信息；

（5）任何一方向其银行和/或其他提供融资的机构在进行其正常业务的情况下所作出的披露。

9.3 双方应责成其各自董事、高级职员和其他雇员以及其关联公司的董事、高级职员和其他雇员遵守本条所规定的保密义务。

9.4 本协议无论何等原因终止，本章规定均继续保持其原有效力。

第十章　不可抗力

10.1 不可抗力指本协议双方或一方无法控制、无法预见或虽然可以预见但无法避免且在本协议签署之日后发生并使任何一方无法全部或部分履行本协议的任何事件。不可抗力包括但不限于罢工、员工骚乱、爆炸、火灾、洪水、地震、飓风及/或其他自然灾害及战争、民众骚乱、故意破坏、征收、没收、政府主权行为、法律变化或未能取得政府对有关事项的批准或因政府的有关强制性规定和要求致使各方无法继续合作，以及其他重大事件或突发事件的发生。

10.2 如果发生不可抗力事件，履行本协议受阻的一方应以最便捷的方式毫无延误地通知对方，并在不可抗力事件发生的十五（15）天内向对方提供该事件的详细书面报告。受到不可抗力影响的一方应当采取所有合理行为消除不可抗力的影响及减少不可抗力对各方造成的损失。各方应根据不可抗力事件对履行本协议的影响，决定是否终止或推迟本协议的履行，或部分或全部地免除受阻方在本协议中的义务。

第十一章　通　　知

11.1 本协议项下的通知应以专人递送、传真或挂号航空信方式按以下所示地址和号码发出，除非任何一方已书面通知其他各方其变更后的地址和号码。通知如是以挂号航空信方式发送，以邮寄后 5 日视为送达，如以专人递送或传真方式发送，则以发送之日起次日视为送达。以传真方式发送的，应在发送后，随即将原件以航空挂号邮寄或专人递送给他方。

股权受让方：××××有限公司　　　股权出让方：××××有限公司
地址：××市××区××路××号××楼 地址：××市××区××大街××号
收件人：（总经理或董事长）　　　收件人：（总经理或董事长）
电话：　　　　　　　　　　　　　电话：
传真：　　　　　　　　　　　　　传真：

第十二章　附　　则

12.1 本协议的任何变更均须经双方协商同意后由授权代表签署书面文件才正式生效，并应作为本协议的组成部分，协议内容以变更后的内容为准。

12.2 本协议一方对对方的任何违约及延误行为给予任何宽限或延缓，不能视为该方对其权利和权力的放弃，亦不能损害、影响或限制该方依据本协议和中国有关法律、法规应享有的一切权利和权力。

12.3 本协议的任何条款的无效、失效和不可执行不影响或不损害其他条款的有效性、生效和可执行性。但本协议各方同时亦应停止履行该无效、失效和不可执行之条款，并在最接近其原意的范围内仅将其修正至对该类特定的事实和情形有效、生效及可执行的程度。

12.4 股权受让方可视情势需要，将本协议项下全部或部分权利义务转让给其关联公司，但需向股权出让方发出书面通知。

12.5 本协议所述的股份转让发生的任何税务以外的费用和支出由股权出让方负责。

12.6 本协议构成甲、乙双方之间就协议股权转让之全部约定，取代以前有关本协议任何意向、表示或谅解，并只有双方授权代表签署书面文件方可予以修改或补充。

12.7 本协议的约定，只要在转让完成日期前尚未充分履行的，则在转让完成日期后仍然充分有效。

12.8 各方可就本协议之任何未尽事宜直接通过协商和谈判签订补充协议。

12.9 本协议正本一式四份，以中文书写，每方各执两份。

第十三章　适用法律和争议解决及其他

13.1 本协议的签署、有效性、解释、履行、执行及争议解决，均适用中国法律并受其管辖。

13.2 因本协议履行过程中引起的或与本协议相关的任何争议，双方应争取以友好协商的方式迅速解决，若经协商仍未能解决，任何一方均可向有管辖权的人民法院提起诉讼。

13.3 本协议全部附件为本协议不可分割之组成部分，与本协议主文具有同等法律效力。

13.4 本协议于甲乙双方授权代表签署之日，立即生效。

股权受让方：××××有限公司　　股权出让方：××××有限公司
　　　　　（盖章）　　　　　　　　　　　　（盖章）

授权代表：　　　　　　　　　　　授权代表：
（签字）　　　　　　　　　　　　（签字）

参 考 文 献

［1］戈宇 . 公司股权转让操作指南［M］. 北京：法律出版社，2004.

［2］韩复龄 . 公司并购重组：理论·实务·案例［M］. 北京：首都经济贸易大学出版社，2013.

［3］刘婷，隋平 . 上市公司并购重组操作实务与图解［M］. 北京：法律出版社，2015.

［4］田宝法 . 企业并购解决之道：70 个实务要点深度解释［M］. 北京：法律出版社，2015.

［5］王志力 . 企业并购整合操作实务［M］. 广州：广东旅游出版社，2014.

［6］中国并购公会 . 中国并购行业行为准则［M］. 北京：首都经济贸易大学出版社，2017.

［7］中伦文德律师事务所 . 公司并购实务操作与法律风险防控［M］. 北京：中国法制出版社，2015.

［8］张远堂 . 公司并购实务操作［M］. 北京：中国法制出版社，2012.

第八章 涉农企业海外并购信息披露与合规管理

信息披露与国家安全是涉农企业海外并购审查的一项重要内容。并购交易中的信息披露与合规管理是一个全流程、动态的过程，合规管理公司即内部流程管理合规和交易本身管理合规。交易本身合规是一个比信息合规更为广泛的概念，不仅包括公司的信息披露、股东的沟通，还包括交易本身的合规性满足，如需要满足我国政府对于海外投资相关审批或者备案的要求，还需要获取相关交易所涉及的其他国家政府的合规审批。本章阐述了并购信息披露、并购交易合规审批相关流程及参考文件、并购交易合规管理等。

第一节 并购信息披露

一、并购信息披露的重要性

并购交易中的信息泄露是全球性的现象，根据有关机构的研究，在全球并购交易中，信息泄露的交易比例超过了10％。在并购交易宣布之前，股票的异动比例在有的年度甚至高达30％。随着各国金融监管机构加强对上市公司并购的股票市场监管，信息泄露的比例和股票异动比例有了明显下降。但是，鉴于信息泄露的上市公司交易的成功率显著低于信息未曾泄露的并购交易，对于从事海外并购的中国公司来说，如何处理好在信息泄露及并购交易过程中的信息披露和合规是非常重要的。

控制并购交易信息泄露的方式，主要是通过保密协议的合约安排、交易代码的设置、控制知悉交易人员范围、采用保密技术手段、对参与交易人员进行一定程度的监控（需要注意合法性）等手段来进行控制。但并购交易信息的泄露有时候不是一个完全依靠技术手段或者控制方法就可以解决的问题，并购交易信息的保密还和交易参与人员的保密意识和职业道德、尽职调查的时间长度（尽职调查的时间越长，并购交易信息泄露的可能性越大）、买卖双方的博弈等因素息息相关。在从事并购交易的时候，除了对并购交易信息的泄露需要提前采取手段进行控制之外，还要对并购交易中的信息披露和合规做好预案，才能在泄露发生的时候从容应对，并符合相关证券法律法规和证券交易所的要求。

并购交易中信息披露及合规，主要应当考虑如下事项：

1. 事先制定好交易全程的信息披露计划

对于大型、敏感类的海外并购项目，并购项目组一开始就应该制定好项目的信息披露计划。比如对于海外并购交易来说，如果敏感信息在交易宣布之前被泄露，会推高目标公司的股价，甚至可能成为交易的破裂因素（目标公司股价推高后，可能买方的报价将对股东不再有吸引力，从而错过报价的机会）；从另外的角度看，如果敏感信息发生泄露，市场上的其他竞争者可能进一步提高报价，从而使对目标公司或者目标资产的争夺更为激烈。而对于强制性的信息披露，一定要做好合规性的安排。比如上市公司股份购买在达到一定比例时，必须向市场进行披露。

2. 做好合规整体的安排计划和沟通计划

要做好合规整体的安排计划和沟通计划，不仅仅是上述第一点中提到的信息披露计划。信息披露计划的主要功能是满足证券交易所信息披露要求，以避免违规后被证券交易所处罚或者被股东起诉所谓的提供误导性信息或者欺诈等。而合规整体的安排计划则在更广义的角度上包括了与各监管机构打交道的安排和计划，需要具体的团队和人员进行执行。

3. 注意交易的合规性

所谓交易的合规性，除了上述第一点提到的信息披露要合法、合规地进行外，还包括交易本身的合规。交易的合规性分为几个方面：一是交易的对象合规；二是交易本身符合相关适用的法律法规；三是交易本身需要获取的政府审批及获取政府审批时有关机构的合规要求。

二、并购交易过程中的信息合规及披露管理

并购交易中的信息合规和披露管理是一个全流程、动态的过程。在并购

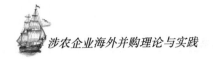

交易一开始的时候，公司主管合规事务的相关部门就应当同公司的法律部、外部顾问一起对交易过程中所可能涉及的信息合规事项及披露时点、口径等做一个规划。衡量一个公司在海外并购交易的经验充足与否，在交易一开始就让合规部门的人员介入是非常重要的标准之一。下面分别谈谈在并购交易流程中的信息合规及披露管理。

（一）谈判期间的信息合规及披露管理

在买卖双方刚一接触的时候，双方往往会签署保密协议，在双方所签署的保密协议中，基本上都会对证券市场的披露问题进行约定。一般对信息披露的限制从两个方面去考虑。第一，是否允许向媒体或者公众公开，常常在公开声明条款中进行规定：未经一方允许，另一方不得将各方的任何通信、讨论或者谈判情况向任何第三人、公众或者媒体进行公开。第二，在根据有关规则证券监管机构要求披露的时候，实现对披露的内容进行咨询或者认可——前提是附有必须披露义务的一方应当尽力将披露范围缩小到法律法规或者监管规则所要求的最低限度之内，更进一步的要求是，附有必须披露义务的一方应当穷尽所有可行的不予披露的反对手段之后才可披露。

对于买卖双方来说，由于利益的不同，往往在市场披露问题上也会有不同的意见和观点。尤其对于一些规模较小、经营相对困难的目标公司来讲，越早在市场上进行潜在交易的披露，可能会给其经营带来一些好处。目标公司往往会要求在双方接触之时或者仅仅签署前期交易文件时就向市场进行披露。而从买方的角度看，过早披露潜在交易的信息，一是会在市场上带来可能的竞争者，或者在市场上制造出所谓的"交易之紧张感"，从而不利于自身交易；二是如果潜在交易的信息泄露出去之后，有可能迎来逐利者，推高股价，从而使得交易成本升高。从买方角度看，过早披露潜在交易一般来说是不利的。基于此，买卖双方在保密协议或者前期交易文件中常常会加入示例性条款。

在签署保密协议之后，买卖双方开始安排相关的尽职调查。尽职调查的时间、地点和方式需要安排妥当，以尽可能避免信息泄露。尽职调查期间如果保密工作做得好，同时相关的知情方均无泄露事件发生，则买卖双方将进入到交易的谈判阶段。如果在买卖双方谈判潜在交易期间，目标公司或者买方的股价出现了异常波动，则按照不同的证券交易所的规定，此时可能会触发目标公司或者买方的披露义务。所以在交易协商过程至交易宣布之日的中间过程，保证潜在交易的保密性是至关重要的。比如对英国上市公司的并购中，一旦并购委员会发现在市场上目标公司的股价有异动或者有关于目标公司被并购交易的传言或者信息泄露，并购委员会往往会要求目标公司就该等泄露或者传言作出公告。作为买卖双方在谈判期间，需要对目标公司的股票价格进行非常密切的关注，特别是如果目标公司的股票有异动的时候，卖方或者买方（视相关法律法规的规定义务）有时候甚至需要征询相关的证券管理机构是否需要作出公告。

在理想情况下，并购交易直到向市场宣布交易之前没有任何信息泄露是最佳境况。但从现实看，无论何种形式的并购交易，也无论并购交易的大小，在某种程度上，都可能存在或多或少的泄露。为了应对在并购谈判期间可能出现的信息泄露，控制好合规风险，买方或者卖方均需要准备好交易泄露披露。一旦市场上出现了关于潜在交易的重大信息泄露，卖方和买方都需要非常慎重地考虑披露的问题，以应对证券市场上的合规要求。

（二）买卖双方签署交易前期文件时的信息披露及合规性问题

在买卖双方谈判交易过程中，如果双方就原则性问题先行达成一致，准备在签署最终交易文件之前，先行签署并购交易前期文件的时候，是否触发一方或者双方的证券交易所披露义务，需要仔细研究和识别。是否对交易前期文件进行披露，除了考虑重要性之外，交易前期文件是否具有约束力也是一个需要考虑的因素。在买卖双方公司之间的利益有不同之处的时候，披露交易前期文件与否往往会成为双方的争执点。对于某些小公司或者陷入困境的公司来说，对交易前期文件进行披露，可能会对该公司带来某些好处，但不一定符合另一方公司的利益。在双方是否披露的问题上利益不一致的情况下，买卖双方应当坐下来认真研究一方或者双方的披露义务，披露对交易的潜在影响。

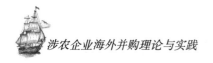

（三）买卖双方在并购谈判将要达成时的信息披露合规

在买卖双方的并购谈判快要达成的时候，买卖双方对各自股价（如果都是上市公司的话）需要进行密切监控，一旦出现股价的异常波动，何时向市场进行信息披露就成为了非常重要的判断事项。一份适时的买卖双方在达成收购交易之前的信息披露，一方面可以确认两家公司正在谈判相关收购交易，回应了市场上的猜测；另一方面则可以表明，在未宣布交易之前，相关收购交易只是在谈判之中。这样的话，卖方一方面避免了日后被股东或者证券交易所指责"不及时披露相关内部信息"，另一方面又避免了提前披露造成的股价波动而导致并购交易宣布时的交易价格吸引力不够，有效控制了市场可能的投机活动。

（四）并购交易谈判达成时的信息披露合规

在收购方与被收购方都是上市公司的时候，双方的披露时间和内容都需要协调一致。当然也有买卖双方公司走联合披露的方式（一般在相同的证券交易所上市的公司）。在交易宣布之后，交易交割完成之前，买卖双方应当根据双方在交易文件中对信息公开披露所做的约定进行信息披露及合规的协调工作。

（五）上市公司并购过程中信息披露的关注点

上市公司并购中的信息披露，尤其是欧美上市企业的信息披露是非常详细且繁多的。股东诉讼的压力和董事会的责任，使得上市公司在向股东进行通函寄发的时候，事无巨细地进行披露。以中海油并购尼克森的公开信息中向股东寄发的信息通函和代理投票权征集书为例，在该信息通函和代理投票权征集书中，包含了各类详尽的交易背景信息介绍、交易的理由、董事会为何推荐、外部财务顾问出具的公允性意见、交易的安排、股东如何投票指引、交易文件的主要条款、交易文件的全文披露、交易的风险、交易的税务影响、董事会潜在的利益等。

中海油在和尼克森交易一开始就准备了详细的披露计划，将披露分为几个部分：交易泄露的披露计划、交易签字后关于交易本身的披露、交易宣布后各自在其证券交易所下的义务的履行（比如向股东寄发通函、召开股东大会等）、交易过程中重大事项的披露（比如向美国加拿大政府提交审批资料、获取中国政府审批、取得法院中间命令、获得重要政府审批、先决条件满足、取得法院最终命令等）和交易完成的披露。同时披露计划中还对如何与证券监管机构的沟通等作出了预案。这些做法符合国际大型并购交易的惯例，也在实务中收到了很好的效果，完美地满足了交易的合规性中有关披露的要求。

证券法、并购规则、证券监管机构要求的满足。比如在上市公司并购中，如果买方在交易期间购买了目标公司的股票，则需要严格遵守披露的规定，对持有目标公司股票情况进行披露。

当目标公司的股票有异动的时候、向目标公司表明明确的交易意图时、在市场上购买股票触发强制要约收购的义务时、市场上流传交易要发生时，买卖双方均需要认真评估相关的证券法律法规、相应规制交易的并购规则和监管机构的通常要求，在有的情况下还应当积极和监管机构进行沟通，以便作出是否披露及披露口径的决定。

第二节　并购交易合规审批相关流程及参考文件

一、国有企业并购交易审批流程、审批部门和须取得的审批文件

国有企业若要转让其产权给国内其他企业，要经过的审批流程及涉及的审批部门包括以下各项：

（1）本级人民政府或由其授权的产权监管机构批准。对于国民经济关键行业、领域的结构调整中对受让方有特殊要求，或所出资企业内部资产重组确需采取协议转让的，中央国企要经国务院下属的国资委批准，地方国企由省级国资监管机构批准；国家有关规定报政府相关职能部门审核批准。

（2）对符合国家产业政策要依法对转让的资产进行评估，评估报告由经有权批准机构核准或备案，转让价格以核准或备案的为参考依据。

（3）在依法指定的产权交易所公开进行转让或收购；特殊情况下，报政府相关职能部门批准，可采取协议转让的办法。

（4）转让完成后，要对国有资产产权登记证作出相应的变更并办理必要的工商登记变更手续。

国有企业转让其产权给国内其他企业须取得的文件如表 8-1 所示。

表 8-1　国有企业并购交易审批必须的文件

序号	文件
1	国资委或授权监管机构同意收购或出售的批准文件
2	评估报告及有权批准机构对本次收购的批准或备案的文件
3	转让或收购合同
4	变更的国有资产登记表

二、上市公司并购交易的合规审批流程、审批部门及须取得的审批文件

（一）上市公司重大资产并购的审批

审批流程及涉及的审批部门：

（1）重大资产指购买、出售的资产（包括相应的营业收入和资产净额）总额占上市公司经审计的合并会计报告期末资产总额的 50% 以上。

（2）如购买人或出售人之一或均为上市公司，需经上市公司内部董事会和股东大会决议，或公司董事会决议。

（3）股东大会决议后次日进行公告；3 个工作日内向中国证监会递交编制的申请文件，并委托独立的财务顾问申报，抄送证监会的派出机构。

（4）证监会依照法定条件和法定程序进行审核，作出核准或不予核准的决定；核准文件的效力为自此后的 12 个整月。

（5）自收到证监会核准文件之日起 60 日内如已实施完毕本次重大资产重组，上市公司应于次一工作日将实施进展报告证监会及派出机构，并应予以公告，此后每 30 日公告一次，直至实施完毕。

上市公司重大资产并购的审批须取得的文件如表 8-2 所示。

表 8-2　上市公司重大资产并购的审批必须的文件

序号	文　件
1	董事会和股东大会关于收购或出售重大资产的决议
2	申请文件副本
3	证监会核准文件
4	资产购买或出售的有关合同及附件
5	上市公司实施进展情况报告

（二）上市公司一般并购的审批程序

1. 要约收购审批程序

（1）收购人持有一上市公司，或收购一上市公司后持有该上市公司已发行的股份的 30%时，应采取要约收购，发出全部要约或部分要约；并应编制要约收购报告书，聘请财务顾问向证监会提交书面报告，抄送派出机构，通知被收购公司及对要约报告书做出提示性公告。

（2）15 日后如证监会表示无异议，通知证券交易所公告其要约报告书、财务顾问的专业意见和律师的律师意见书。

（3）被收购公司应对收购人的主体资格、资信情况、收购意图进行调查，对要约条件进行分析，对股东是否接受提出建议，并聘请专业财务顾问提出专业意见。在收购公司公告收购报告后 20 日内，将其董事会报告书和独立财务顾问的专业意见报证监会、派出机构，证券交易所公告。

（4）收购期限（不少于 30 日、不超过 60 日，出现竞争要约的除外）届满后的 3 个工作日内，接受委托的证券公司应向证券登记结算机构申请办理股权转让结算、过户登记手续，收购人应公告本次要约收购的结果。

上市公司一般并购的审批须取得的文件如表 8-3 所示。

表 8-3　上市公司一般并购的审批必须的文件

序号	文　件
1	收购人的关于收购的董事会和股东会决议、要约报告书、财务顾问的专业意见和律师的律师意见书
2	被收购公司董事会报告书、财务顾问的专业意见书和律师意见书

（续）

序号	文　件
3	证券登记结算机构办理股权转让结果的报告
4	收购人关于本次收购的公告
5	变更后的公司章程、董事会成员名单及工商营业执照

2. 协议收购审批程序

（1）通过证券交易所交易的投资者及其一致行动人旨在拥有权益股份达到上市公司已发行股份的 5%，但未超过 20% 的，应编制简式权益变动报告书，向证监会、证券交易所提交报告，抄报派出机构，通知该上市公司，予以公告；超过 20% 但未到 30% 的，应编制详式权益变动报告书，还得聘请财务顾问对报告书所披露的内容出具核查意见；但国有股属行政划转或者变更，或股份转让在同一实际控制人控制的不同主体间进行的，或因继承取得的股份除外。

（2）收购人旨在一上市公司中拥有权益股份达到或超过已发行股份的 5%，不超过 30% 的可通过协议收购；超过 30% 的应用要约方式收购，但可以根据规定向证监会申请免要约，如取得证监会豁免的，可执行收购协议。

（3）上述收购人自取得证监会的豁免之日起 3 日内应公告其收购报告书、财务顾问的专业意见和律师的律师意见书。

（4）收购人在收购报告书公告后 30 日内仍未完成股权过户手续的，应立即作出公告，说明理由。在完成相关股份过户期间，应每 30 日公告一次，告知进展情况。

协议收购审批须取得的文件如表 8-4 所示。

表 8-4　协议收购审批必须的文件

序号	文　件
1	简式权益变动报告书或详式权益变动报告书
2	在详式权益变动报告书的情况下，财务顾问的核查意见
3	证监会发出的准予豁免的文件
4	公告的收购书、财务顾问的专业意见和律师意见书
5	证券登记结算机构办理股权转让结果的报告，或未完成的报告

3. 间接收购审批程序

（1）收购人虽不是上市公司股东，但通过投资关系、协议、其他安排导致其拥有权益股份 5％到 30％的，应按协议收购处理；投资者虽不是上市公司股东，但通过投资关系取得对上市公司股东的控制权应履行报告和公告义务。

（2）超过 30％的，应向所有该公司的股东发出全面要约。

间接收购审批须取得的文件如表 8-5 所示。

表 8-5　间接收购审批必须的文件

序号	文　件
1	简式权益变动报告书或详式权益变动报告书，在详式权益变动报告书的情况下，附财务顾问的核查意见
2	收购方和被收购方董事会和股东会（如有的话）关于收购或出售的决议，公告的收购书、财务顾问的核查意见及律师意见
3	收购协议
4	超过 30％的全面要约的通知书
5	证券登记结算机构出具的办理股权转让结果的报告
6	变更后的公司章程、董事会名单

4. 豁免申请的审批程序

（1）符合条件的投资人可向证监会申请豁免向被收购公司的所有股东发出收购要约。

（2）收购人向证监会报送豁免申请文件时，应按照规定履行报告、公告义务，否则证监会有权不予受理。

（3）如当事人属经政府或国有资产管理部门批准进行无偿划转、变更、合并导致占股比例超过 30％的等条件的可向证监会申请以简易程序免除发出要约。

（4）收购人提出豁免申请的应聘请专业顾问出具专业意见。

豁免申请审批须取得的文件如表 8-6 所示。

表 8-6　豁免申请的审批必须的文件

序号	文　件
1	上市公司已就收购或出售资产、股权履行的报告和公告文件
2	豁免要约申请书

（续）

序号	文 件
3	简易程序申请书
4	财务顾问和律师事务所出具的专业意见书
5	证监会关于豁免的批件

三、境外投资并购的审批流程、审批部门及须取得的审批文件

（一）并购交易境内报批流程

1. 并购交易的并购方企业提交境外并购事项前期报告

根据《企业境外并购事项前期报告制度》的规定，企业在确定境外并购意向后，须及时向商务部及地方省级商务主管部门和国家外汇管理局及地方省级外汇管理部门报告，填写并提交《境外并购事项前期报告表》。

2. 并购交易的并购方企业获得境外投资开办企业核准

根据《关于境外投资开办企业核准事项的规定》，国内企业在境外投资开办企业（金融类企业除外）应经商务部核准，中央企业之外的其他企业在规定所列国家投资开办企业，由商务部委托各省、自治区、直辖市及计划单列市人民政府商务行政主管部门核准。如并购交易涉及境外投资资源开发类和大额用汇项目，还需根据《境外投资项目核准暂行管理办法》，在境外投标或对外正式开展商务活动前，向国家发展改革委报送书面信息报告。投资主体如需投入必要的项目前期费用涉及用汇数额的（含履约保证金、保函等），应向国家发展改革委申请核准。商务部和省级商务行政主管部门可向境外使领馆征求意见，如同意，即向并购方企业颁发《中华人民共和国境外投资批准证书》。

3. 并购交易中并购方企业办理资本项目外汇管理登记

根据《中华人民共和国外汇管理条例》等外汇管理法规有关资本项目外汇管理的规定，境内机构、境内个人向境外直接投资或者从事境外有价证券、衍生产品发行、交易，应当按照国务院外汇管理部门的规定办理登记。国家规定需要事先经有关主管部门批准或者备案的，应当在外汇登记前办理批准或者备案手续。

并购方企业履行上述报批流程并获得批准后，即可办理资金汇出等手续。

（二）并购交易境外报批、登记及公告程序

（1）关注并购交易根据目标企业注册地国（或所在国）的企业并购相关法律、法规、监管规定，履行相应的报批、登记及公告程序情况（如反垄断申报、外汇管理登记、外资企业管理登记等）。

（2）关注并购交易不存在目标企业注册地国（或所在国）并购交易相关规定中的限制、禁止性情形（如对资金来源的限制等）。

并购交易境外报批须取得的文件如表 8-7 所示。

表 8-7 并购交易境外报批必须的文件

序号	文 件
1	境外投资申请书
2	申请人（国内企业）的章程及境外投资相关的协议和合同
3	外汇主管部门出具的境外投资外汇资金来源的审查意见
4	中央企业还需我驻外经济商务参赞处（室）的意见
5	申请人的营业执照、相关资质和资格的材料
6	中华人民共和国境外投资批准证书

请注意，以上仍是通常情况下的审批流程、审批部门和须取得的审批文件。特殊情况下，可能还会增加流程和数量。

四、境外投资者并购境内企业的合规审批流程

（一）境外投资者并购境内企业的一般合规审批流程

1. 关注并购交易进行境内企业反垄断申报情况

根据《外国投资者并购境内企业反垄断申报指南》的规定，企业并购反垄断申报应当在对外公布并购方案之前向商务部提出，境外并购申报应当在对外公布并购方案之前或者报所在国主管机构的同时提出反垄断申报。

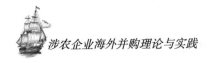

2. 关注并购交易履行报批、登记等相关程序情况

根据《关于外国投资者并购境内企业的规定》，外国投资者并购境内企业设立外商投资企业，应依照本规定经审批机关批准，向登记管理机关办理变更登记或设立登记；被并购企业为境内上市公司的，还应根据《外国投资者对上市公司战略投资管理办法》，向国务院证券监督管理机构办理相关手续；外国投资者并购境内企业所涉及的各方当事人应当按照中国税法规定纳税，接受税务机关的监督。

3. 关注并购交易进行资本项目外汇管理登记情况

根据《中华人民共和国外汇管理条例》等外汇管理法规有关资本项目外汇管理的规定，境外机构、境外个人在境内直接投资，经有关主管部门批准后，应当到外汇管理机关办理登记。

（二）境外投资者并购境内国有企业的特别审批流程、涉及的审批部门及须取得的文件

（1）向外商转让企业国有产权应在产权交易市场公开进行。特殊情况确需采取协议方式转让的，须经本级人民政府或由其授权的产权监管机构批准。对于国民经济关键行业、领域的结构调整中对受让方有特殊要求，或所出资企业内部资产重组确需采取协议转让的，中央国企要经国务院下属的国资委批准，地方国企由省级国资监管机构批准；国家有关规定报政府相关职能部门审核批准。转让前，报请中方产权投资机构或其上级主管部门的批准。

（2）交易应在产权交易所进行，且外商应从产权交易所取得交易资格。

（3）依法对要转让的资产进行评估并取得国有资产管理部门的核准或备案，以核准或批准的价格作为交易的参考基础。

（4）转让涉及的产业应符合国家的产业政策和对外商所占股权比例的要求；如涉及法律规定的反垄断审查的，应通过国家规定的反垄断审查机构（商务部）的批准。

（5）合同签署后要报国家规定的外商投资审批部门的批准。

（6）批准后到工商行政管理部门登记，取得外商投资企业登记证、营业执照，到外汇管理部门办理外债登记及到税务、统计等部门办理其他必要的登记。

境外投资者并购境内国有企业的特别审批须取得的文件如表8-8所示。

表8-8 境外投资者并购境内国有企业的特别审批必须的文件

序号	文件
1	批准进行转让、并购或出售的批准书
2	资产评估报告及有权批准机构对此的核准书
3	产权交易所对受让人资格的认可证明
4	变更后的国有资产产权登记证
5	变更后的借款人的董事会名单及董事会关于借款的决议
6	变更后的借款人的章程
7	国家反垄断审查报告

五、境内公司股权质押的主要条件和法律程序

根据《中华人民共和国物权法》《中华人民共和国担保法》《最高人民法院关于适用〈中华人民共和国担保法〉若干问题的解释》《中华人民共和国商业银行法》《中华人民共和国公司法》等相关法律、法规、监管规定，境内公司股权质押的主要条件和法律程序主要分为以下几点（图8-1）。

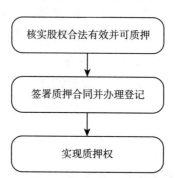

图8-1 境内公司股权质押的主要条件和法律程序

（一）核实股权合法有效并可质押

核实出质人为拟质押股权的权利人且股权无权利瑕疵。出质人应持有出

资证明书、股份或股票等权利证明，为拟质押股权的权利人；拟质押股权未发生仲裁、诉讼等争议。

核实股权不存在不可转让的情形。根据《物权法》第二百三十条规定，债务人或者第三人有权将可以转让的股权质押。如股权存在不可转让的情形，则不能设定用于质押。具体应注意审查：股权未被查封、扣押；股权如为有限责任公司股份，其股权须符合《公司法》第七十二条的规定；股权如为股份有限公司股份，应不存在《公司法》第一百四十二条 所规定的限制转让情形。

关注上市公司国有股质押的审议程序。根据《财政部关于上市公司国有股质押有关问题的通知》，以上市公司国有股质押，应事先进行充分的可行性论证，明确资金用途，制订还款计划，并经董事会（不设董事会的由总经理办公会）审议决定。

（二）签署质押合同并办理登记

根据《物权法》第二百二十六条规定，以股权出质的，当事人应当订立书面合同。以证券登记结算机构登记的股权出质的，质押权自证券登记结算机构办理出质登记时设立；以其他股权出质的，质押权自工商行政管理部门办理出质登记时设立。

如以上市公司国有股质押，根据《财政部关于上市公司国有股质押有关问题的通知》，国有股东授权代表单位在质押协议签订后，应按照财务隶属关系报省级以上主管财政机关备案，并根据省级以上主管财政机关出具的《上市公司国有股质押备案表》，按照规定到证券登记结算公司办理国有股质押登记手续。

（三）实现质押权

质押权可以通过协议或诉讼方式实现。协议实现指由质押权人与出质人协商，以折价、拍卖或变卖的方式依法转让实现质押权，质押权人就所得价款优先受偿；诉讼实现则指如出质人拒绝或协商不能，则质押权人有权向法院提起诉讼要求实现质押权。在具体行使质押权过程中，还需关注下述问题。

实现国有股质押权的特殊问题。国有股用于质押后，若国有股东授权代表单位不能按时清偿债务的，应通过法律、法规规定的方式和程序将国有股变现后清偿，不得将国有股直接过户到债权人名下。国有股变现清偿时，涉及国有股协议转让的，应按规定报财政部核准；导致上市公司实际控制权发生变化的，质押权人应当同时遵循有关上市公司收购的规定。

商业银行实现股权质押权的时限要求。根据《商业银行法》第四十二条规定"商业银行因行使抵押权、质押权而取得的不动产或者股权，应当自取得之日起二年内予以处分"，因此，在实现质押权时应注意不超出前述两年时限。

以境外公司股权质押，质押权生效等问题通常适用公司注册地国（或所在国）有关股权质押法律，应注意确保股权质押的操作符合所适用法律的规定。在质押权无法实现而需诉诸执行的情况下，诉讼管辖地如为境内，还需关注境内法律判决在境外是否可得到承认和执行的问题及相应风险。

第三节　并购交易合规管理

并购交易的内部合规管理需要遵守公司的制度和程序，大体上还是要根据自身公司治理的架构，严格按照管理层、董事会和股东会的权限来进行不同交易的审批，严格按照公司内部的海外并购制度的流程办事，严格按照公司内部评价项目各项标准（包括但不仅限于收益率）等来进行海外并购项目的选择和决策，国有企业、国有控股的企业还应当遵守关于国有企业投资的规定等，鉴于各家公司的交易内部合规管理并不一致，本章将不对此进行讨论。下面对交易的外部合规性作一说明。

一、交易对象的合规

在尽职调查阶段对交易对象的身份要按照程序进行相关的查证，公司登记文件、章程、登记机构的查证、公证机关公证、聘用外部律师或者情报顾问进行查证等都是常见的手段。在交易对象合规查证方面，公司律师应当做

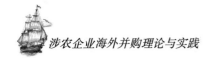

到实事求是。如果未对交易对手/目标公司的身份、交易对手/目标公司的行为等进行细致的调查，海外并购交易的对手选择不慎将可能给中国公司带来巨大的风险。

二、清理并购交易本身所适用的法律法规并予以遵守

在海外并购涉及多个法域的时候，需要对并购交易所涉的适用法律法规进行清理。在大型并购交易涉及多个垄断国家的垄断法报批的时候，应当清理好需要申报的国家，理清楚申报的方式（是以市场份额计算还是以营收计算）、申报的门槛、各自申报需要花费的时间、各法域的申报复杂程度。

三、获取政府审批

石油天然气资源的战略属性，不可避免地给油气巨型交易的审批带来了政治性。无论是在东方或者西方，对于巨型或者大型油气并购交易的审批，在哪个国家都不是一件非常容易的事情。积极主动参与沟通、自身及外部顾问的说服、媒体公关的工作、作出进一步当地投资承诺、剥离相关涉及国家安全资产、作出相关国家安全承诺、政府的支持、相关国家的政治动向等等，获取政府审批的确是并购交易中最为重要、也是最为困难的事项之一。在涉及多个法域的反垄断审批交易中，协调好各法域的申报时间、应对反垄断申报中的政府合作、协调各法域下和政府的讨论口径，是获取多个法域下反垄断审批的技巧。当然，谨慎地在交易文件中约定获取政府审批的努力程度、剥离资产的义务、采取其他行动的义务、避免偷步操作等，也是控制自身风险的重要组成部分。

海外并购交易过程中，做好信息的披露，严格遵照合规的方式去和交易对手打交道、遵守证券交易所的规则、按照证券法律法规办事、积极有效地和证券监管机构进行沟通、有策略地获取政府审批，是跨境交易控制风险、取得最终成功的重要因素。

附：经营者集中反垄断审查申报表

填报时间：

□保密版　□非保密版

申报人应确保申报书、申报书的附件以及申报人在申报过程中提供的所有信息在其所知范围内是真实、完整和准确的，复印件与原件完全一致，不得提供任何虚假材料和误导性信息。申报人隐瞒重要情况、提供虚假材料或误导性信息的，应当承担相应的法律责任
1. 交易名称
2. 交易性质（可多选）
□新设合并 □吸收合并 □股权收购 　□现金收购 　□公开要约收购 　　□未获目标公司董事会或管理层支持的要约收购 　□换股 　□其他（具体说明：　　　　） □资产收购 □合营企业 □通过合同等方式取得控制权或者能够施加决定性影响（具体说明：　　　　）
3. 申报依据
□达到《国务院关于经营者集中申报标准的规定》规定的申报标准 　□参与集中的所有经营者上一会计年度在全球范围内营业额合计超过100亿元人民币，并且其中至少两个经营者上一会计年度在中国境内的营业额均超过4亿元人民币 　□参与集中的所有经营者上一会计年度在中国境内的营业额合计超过20亿元人民币，并且其中至少两个经营者上一会计年度在中国境内的营业额均超过4亿元人民币 □未达申报标准自愿申报
4. 参与集中的经营者

4.1是否是申报人	□是（身份证明或注册登记证明、公证认证文件等，见〔　〕） □否		
4.1.2联系地址	地址		
	邮编		网址

（续）

	姓名		部门	
4.1.3 经营者内部的联系人	职务		电子邮件	
	手机及固定电话号码		传真号码	

	□有　□无			
	姓名		单位	
4.1.4 代理人（或代理律师）	职务		联系地址	
	手机及固定电话号码		电子邮件	
	传真号码		授权委托书原件	见附件〔　　〕

4.1.5 在交易中的地位（可多选）	□合并方 □收购方 □被收购方 □股权转让方 □被收购方的原有股东（股权转让方除外） □合营方 □其他（具体说明：　　　　　）

4.1.6 设立时间	

	注册地/国籍（自然人）		住所	
4.1.7 注册地/住所				

4.1.8 组织形式	□有限责任公司 □股份有限公司（非上市公司） □上市公司（上市时间、交易所、股票代码：　　　　） □股份有限公司 □其他（具体说明：　　　　） □合伙企业 □自然人 □其他（具体说明：　　　　）

（续）

	年度	［　　　］年度 □日历年度　□财务年度（起止日期：　　　　　）
4.1.9 上一会计年度营业额	中国境内	人民币［　　　］亿元 （原计价币种及金额：［　　　］亿元［币种］） （汇率：　　　　）
	全球	人民币［　　　］亿元 （原计价币种及金额：［　　　］亿元［币种］） （汇率：　　　　）
4.1.10 设立和重要变更的历史情况		
4.1.11 主要业务	全球范围	
	中国境内	
4.1.12 股权结构	股东名称及持股比例	
	股权结构图	见附件［　　］
	是否有最终控制人	□是　□否
4.1.13 最终控制人（如有）	名称/姓名	
	成立时间	
	注册地/国籍（自然人）	住所
	组织形式	□有限责任公司 □股份有限公司（非上市公司） □上市公司（上市时间、交易所、股票代码：　　　　） □股份有限公司 □其他（具体说明：　　　　） □合伙企业 □自然人 □其他（具体说明：　　　　）
	主要业务（包括整个集团）	

（续）

4.1.13 最终控制人（如有）	与参与集中的经营者之间的关系			
	股权结构图	见附件〔　〕		
4.1.14 关联实体	境外关联实体	名称及股权结构见附件〔　〕		
		从事与本项集中相关业务的关联企业详细介绍		
	中国境内关联实体	基本信息（名称、注册地、主要业务、股权结构）见附件〔　〕 营业执照、外商投资企业批准证书复印件见附件〔　〕		
		从事与本项集中相关业务的关联企业详细介绍		
4.1.15 经营者及关联实体过去三年在相关市场的经营者集中情况				
4.1.16 相关文件	上一会计年度经审计的财务报表	见附件〔　〕		
	上一会计年度年报	见附件〔　〕		
	*研究、分析和报告	交易方内部编制的研究、分析和报告		
		第三方编制的研究、分析和报告	专为本交易	见附件〔　〕
			非专为本交易	见附件〔　〕
4.2				
4.2.1 是否是申报人	□是（身份证明或注册登记证明、公证认证文件等，见〔　〕） □否			
4.2.2 联系地址	地址			
	邮编		网址	

（续）

4.2.3 经营者内部的联系人	姓名		部门	
	职务		电子邮件	
	手机及固定电话号码		传真号码	

4.2.4 代理人（或代理律师）	□有 □无			
	姓名		单位	
	职务		联系地址	
	手机及固定电话号码		电子邮件	
	传真号码		授权委托书原件	见附件〔　〕

4.2.5 在交易中的地位（可多选）	□合并方 □收购方 □被收购方 □股权转让方 □被收购方的原有股东（股权转让方除外） □合营方 □其他（具体说明：　　　　）

4.2.6 设立时间	

4.2.7 注册地/住所	注册地/国籍（自然人）		住所

4.1.8 组织形式	□有限责任公司 □股份有限公司（非上市公司） □上市公司（上市时间、交易所、股票代码：　　　　） □股份有限公司 □其他（具体说明：　　　　） □合伙企业 □自然人 □其他（具体说明：　　　　）

4.2.9 上一会计年度营业额	年度	〔　〕年度 □日历年度 □财务年度（起止日期：　　　　）
	中国境内	人民币〔　〕亿元 （原计价币种及金额：〔　〕亿元〔币种〕） （汇率：　　　　）

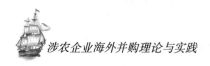

（续）

4.2.9 上一会计年度营业额	全球	人民币 〔　　〕亿元 （原计价币种及金额：〔　　〕亿元〔币种〕） （汇率：　　　　　　）
4.2.10 设立和重要变更的历史情况		
4.2.11 主要业务	全球范围	
	中国境内	
4.2.12 股权结构	股东名称及持股比	
	股权结构图	见附件〔　　〕
	是否有最终控制人	□是　　□否
4.1.13 最终控制人（如有）	名称/姓名	
	成立时间	
	注册地/国籍（自然人）	
	组织形式	□有限责任公司 □股份有限公司（非上市公司） □上市公司（上市时间、交易所、股票代码：　　　　） □股份有限公司 □其他（具体说明：　　　　） □合伙企业 □自然人 □其他（具体说明：　　　　）
	主要业务（包括整个集团）	
	与参与集中的经营者之间的关系	
	股权结构图	见附件〔　　〕

（续）

4.2.14 关联实体	境外关联实体	名称及股权结构见附件〔　〕	
		从事与本项集中相关业务的关联企业详细介绍	
	中国境内关联实体	基本信息（名称、注册地、主要业务、股权结构）见附件〔　〕 营业执照、外商投资企业批准证书复印件见附件〔　〕	
		从事与本项集中相关业务的关联企业详细介绍	
4.2.15 经营者及关联实体过去三年在相关市场的经营者集中情况			
4.2.16 相关文件	上一会计年度经审计的财务报表	见附件〔　〕	
	上一会计年度年报	见附件〔　〕	
	* 研究、分析和报告	交易方内部编制的研究、分析和报告	见附件〔　〕
		第三方编制的研究、分析和报告	专为本交易　见附件〔　〕
			非专为本交易　见附件〔　〕

5. 参与交易的其他经营者			
5.1〔　〕			
5.1.1 联系地址	地址		
	邮编	网址	
5.1.2 联系人	姓名	单位	
	职务	电子邮件	
	电话	传真	
5.1.3 在交易中的地位	□合并方 □收购方 □被收购方 □股权转让方 □被收购方的原有股东（股权转让方除外） □合营方 □其他（具体说明：　　　　　）		

（续）

	成立时间				
	注册地/ 国籍 （自然人）			住所	
5.1.4 基本信息	组织形式	□有限责任公司 □股份有限公司（非上市公司） □上市公司（上市时间、交易所、股票代码：　　　） □股份有限公司 □其他（具体说明：　　　） □合伙企业 □自然人 □其他（具体说明：　　　）			
5.1.5 主要业务	见附件〔　〕				
6. 集中交易概况					
6.1 集中协议	形式	□正式协议/合同/公司章程 □公开要约 □非正式或初步协议（如正式协议、合同或公司章程的草案/框架协议/备忘录/意向书等，在下栏说明不能提供正式协议的理由） □无交易文件（在下栏说明不能提供集中协议的理由）			
	理由				
	名称		签署时间		
	协议方		文本	见附件〔　〕	
6.2 交易金额（亿元）	现金			0.00	
	股份数目及估值		折合人民币	0.00	
	资产类别及估值			0.00	
	其他权益及估值			0.00	
	汇率		合计	0.00	
6.3 交易的描述					
6.4 交易前后股权和控制权结构					
6.5 预计交割时间及特殊时限要求（如有，解释）					

（续）

6.6 交易的背景、动机、经济合理性		
6.7 市场发展计划		
6.8 合营企业	名称	□境内 □境外（具体：　　　　　）
	注册地/住所	
	合营各方拟/已投入的资金、资产和业务等资源	
	合营各方持有合营企业的主要权利和权益	
	合营企业主营业务、运作方式、经营区域、与合营各方及其关联方的业务关系	
	合营各方及关联方之间的其他协议或安排	

7. 集中对相关市场竞争状况的影响

7.1 集中各方的业务关系	横向重叠	□有　□无		
		说明		
		中国国家统计局代码	产品或服务描述	经营者

（续）

<table>
<tr><td rowspan="11">7.1 集中各方的业务关系</td><td rowspan="5">纵向重叠</td><td colspan="4">□有　□无</td></tr>
<tr><td>说明</td><td colspan="3"></td></tr>
<tr><td>中国国家统计局代码</td><td colspan="2">产品或服务描述</td><td>经营者</td></tr>
<tr><td></td><td colspan="2"></td><td></td></tr>
<tr><td colspan="4"></td></tr>
<tr><td rowspan="5">相邻市场</td><td colspan="4">□有　□无</td></tr>
<tr><td>说明</td><td colspan="3"></td></tr>
<tr><td>中国国家统计局代码</td><td colspan="2">产品或服务描述</td><td>经营者</td></tr>
<tr><td></td><td colspan="2"></td><td></td></tr>
<tr><td colspan="4"></td></tr>
</table>

<table>
<tr><td rowspan="2">7.2 相关市场界定及理由</td><td>产品市场</td><td>理由</td><td>地域市场</td><td>理由</td></tr>
<tr><td></td><td></td><td></td><td></td></tr>
</table>

<table>
<tr><td rowspan="4">7.3 集中对市场竞争的影响</td><td rowspan="2">集中各方及主要竞争者市场份额</td><td>市场名称</td><td>竞争者名称</td><td>主要竞争者相关信息</td><td>主要竞争者相关信息附件</td></tr>
<tr><td></td><td></td><td></td><td></td></tr>
<tr><td rowspan="2">具体分析</td><td colspan="4"></td></tr>
<tr><td colspan="4">市场评估的依据及相关文件见附件〔　〕</td></tr>
</table>

<table>
<tr><td>7.4 主要竞争者相关信息</td><td>见附件〔　〕</td></tr>
</table>

8. 相关市场的供应和需求结构

<table>
<tr><td rowspan="5">*8.1 供应结构</td><td rowspan="4">集中各方在每一相关市场的主要供应商</td><td colspan="9">〔　〕市场</td></tr>
<tr><td colspan="9">〔　〕的主要供应商</td></tr>
<tr><td>排名</td><td>供应商名称</td><td>采购的产品名称</td><td>采购数量</td><td>采购数量占比</td><td>采购金额</td><td>采购金额占比</td><td>联系人</td><td>联系方式</td></tr>
<tr><td></td><td></td><td></td><td></td><td></td><td></td><td></td><td></td><td></td></tr>
<tr><td>相关市场的供应结构</td><td colspan="9"></td></tr>
</table>

8.2需求结构	集中各方在每一相关市场的主要供应商	〔　〕市场							
		〔　〕的主要供应商							
		排名	客户名称	*销量	*销售占比	*销售金额	*销售金额占比	联系人	联系方式
	相关市场的需求结构								

*9. 市场进入	是否需要考虑市场进入的因素 □是　□否				
	不考虑市场进入的理由：				

*9.1 过去五年的市场进入情况	□有　□无				
	详细信息：				
	名称	进入时间	市场份额	联系人	联系方式

*9.2 潜在的进入者	□有　□无				
	详细信息：				
	名称	联系人	联系方式	可能进入的时间	理由

*9.3 进入市场的难易程度	进入的总成本	
	法律或政策上的限制	
	因知识产权而产生的限制	
	产品生产和经销的规模经济的重要性	
	原材料和基础设施等可用性	

*10. 横向或纵向合作协议

□有　□无
详细信息：

*11. 集中可能产生的效率

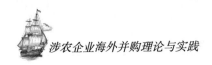

（续）

*12. 集中是否涉及破产企业或濒临破产企业
□是（详细说明：　　　　　　　　） □否

13. 相关市场行业协会信息

编号	名称	联系人	地址	电话号码	传真号码	网址

14. 交易是否需要中国政府其他部门（包括商务部其他司局）审批
□是（详细说明：　　　　　　　　） □否 审批意见见附件〔　　〕

*15. 有关方面对本次集中的意见
□有　□无　□不了解 详细信息： 有关方面的意见见附件〔　　〕

16. 本项交易的合规性及集中各方在中国境内的合规性

16.1 本项交易的合规性	
16.2 集中各方主体资格及业务的合规性	

17. 交易是否在其他国家/地区申报
□是（说明需要申报的司法辖区、已申报/拟申报时间及审查进度等：　　　　　　　） □否

18. 其他需要说明的情况
□有　□无 详细信息：

19. 申报人承诺
承诺附件名称〔　　〕 　　申报人在此承诺，就其所知，本申报书、申报书的附件以及申报人在申报过程中提供的任何文件和信息都是真实、完整和准确的，复印件与原件一致，不存在任何虚假陈述或误导性信息。申报人承担违反上述承诺的相关法律责任。 　　　　　　　　　　　　　　　　　　　申报人（盖章）： 　　　　　　　　　　　　　　　　　　　姓名（签字）： 　　　　　　　　　　　　　　　　　　　职位：

编号	附件名称	所属条目

参 考 文 献

［1］北京市道可特律师事务所．企业并购重组的法律透视［M］．北京：中信出版社，2014.

［2］江苏省上市公司协会．上市公司并购重组流程及案例解析［M］．南京：江苏人民出版社，2015

［3］雷霆．公司并购重组原理实务及疑难问题诠释［M］．北京：中国法制出版社，2014.

［4］田宝法．企业并购解决之道：70个实务要点深度释解［M］．北京：法律出版社，2015.

［5］赵鹏飞．我国上市公司并购信息披露法律问题研究［D］．夏门：华侨大学，2013.

［6］张伟华．海外并购交易全程实务指南与案例评析［M］．北京：中国法制出版社，2016.

［7］中伦文德律师事务所．公司并购实务操作与法律风险防控［M］．北京：中国法制出版社，2015.

第九章 涉农企业海外并购整合

并购成功的关键在于企业整合，通过加强企业在细分市场中的竞争地位、创造企业价值的兼并和收购，建立在战略性并购基础上的企业整合是一个价值发现的过程。许多涉农企业海外并购行为的失败不在于并购本身的技术问题，如资产估价问题、交易问题，往往是在并购后的企业战略、企业制度、管理机制、人力资源及文化的整合出了问题。本章主要研究涉农企业海外并购战略整合、业务整合、组织整合、财务整合和文化整合。

第一节 涉农企业海外并购战略整合

一、企业战略整合概述

(一) 企业战略整合定义

企业战略整合是指主并企业在综合分析目标企业的情况后，将目标企业纳入其战略之内，使目标企业的所有资源服从于主并购企业的总体战略以及为此所作的相应安排与调整，使并购企业的各业务单位之间形成一个相互关联、互相配合的战略体系，从而取得战略上的协同效应的动态过程。

为了实现企业战略上的协同，除了要有优秀的企业文化作保证，健康运行的企业结构作支撑外，还必须拥有科学合理的战略整合体系，拥有高效化的整合管理。在这里，这个战略整合体系主要包括企业使命与目标、企业总体战略、企业经营战略及职能战略整合。

(二) 企业战略整合体系

在企业并购战略整合体系中，企业并购使命与目标整合位于最上层，规定企业战略整合的方向是企业战略整合的前提和基础，对企业战略整合起统领与决定、指导与建议作用，并产生向上发展的张力，为企业发展提供内在驱动力；而企业总体战略、企业经营战略及职能战略整合位于中下层，它们形成有序的、互相适应、互相促进的战略整合体系，共同支持、支撑企业使命与目标的整合，并产生向上的推动力。因此，这四者之间形成一个支持与指导、征询与建议的企业战略整合体系。

1. 企业使命和目标整合

企业使命是企业存在理由的陈述，它回答了"我们的业务是什么?"企业目标是企业在未来一定时期内，为实现其使命所要达到的长期结果，它主要解决"我们要成为什么"的问题。一般而言，公司使命与目标是不完全相同的，即使是生产经营相同产品提供相同服务的企业。如惠普和康柏公司，其主营业务都是计算机和服务，都是个人计算机的领导者，但康柏的使命是成为世界最优秀的计算机公司，而惠普的使命是为人类的幸福和发展作出技术贡献。因此，不同使命和目标的企业并购，必然会产生摩擦和冲撞（有时候甚至是巨大而又剧烈的），面临企业使命和目标的重构问题（特别是跨国、跨文化并购整合），否则，会使合并后的新企业无法把握发展的方向和经营重点而误入歧途。

2. 企业总体战略整合

企业总体战略（即公司战略）是为适应未来环境的变化，对企业全局的长远性谋划，主要解决"我们应该做什么业务""我们怎样去管理这些业务"之类的问题（即解决企业的经营范围、方向和发展道路问题）。而企业总体战略整合，就是根据并购后的企业使命与目标，对并购企业所作的全局性、长远性谋划，明确并购企业在整个战略整合体系的地位和作用，对并购企业的总体战略所进行的调整、融合与重构，以确定新企业的经营范围、方向和道路的过程。由于并购后，并购企业所面对的内外部环境都发生了变化，要保持企业与外部环境的动态平衡，需对并购企业的总体战略进行相应的整合与重构，把目标企业及正在出现的新机会和潜在威胁纳入战略调整范围之内，否则，会因并购双方战略的不匹配性导致并购后的新企业经营范围定位失准，经营方向迷失，影响企业的价值创造。

3. 企业经营战略整合

企业经营战略是在企业总体战略指导下对战略经营单位的生产经营活

动所做的谋划，主要是解决如何在特定的产业或市场中去参与竞争，改善自身的竞争地位，赢得竞争优势。经营战略整合就是以提高企业整体的盈利能力和核心竞争力，对并购企业的经营战略进行调整、磨合和创新过程。

4. 企业职能战略整合

企业职能战略是在企业总体战略和经营战略指导下，为贯彻、实施和支持企业总体战略、竞争战略及其战略目标，由各职能系统分别为其特定职能领域而制定的战略，是由多个职能战略构成的互相适应、互相促进的职能战略体系。而职能战略整合是指在总体战略和经营战略的指导下，并购企业的职能战略融合为一个有机职能战略体系的过程，而且通过这种整合可以确保企业总体战略、经营战略的顺利实施和企业战略目标的实现。此外，它位于上述金字塔整合模型的塔底，是总体战略整合和职能战略整合的具体实现，给企业总体战略整合和经营战略整合以支持、支撑和征询，并向上产生推动力，总体战略整合和经营战略整合给职能战略整合提供指导与建议，统领和决定职能战略整合，同时产生向上发展的张力，因此，这些战略整合形成互相适应、互相配合、互相促进的动态协作关系。

具体来说，职能战略整合主要有产品战略、市场营销战略、生产战略、研发战略、人力资源战略、财务战略整合，还包括技术改造、国际化经营、企业结构调整、企业形象等战略整合。如人力资源战略整合可以通过做好目标企业主管人员的选派工作、加强购并企业的沟通与交流、制定稳定的人力资源政策、优化人力资源配置等措施，运用"平滑过渡、竞争上岗、择优录用"的方法，实现人力资源整合。又如企业结构战略整合可以运用企业结构的决策—执行—运转模型实现并购企业治理结构、企业组织结构、企业业务流程三者之间的高度融合与无缝对接。

总而言之，企业职能战略整合不仅仅是对个别或几个职能战略进行简单地拼凑与捏合，更是对企业的职能战略体系进行系统化的融合与整体优化，是一个非常复杂的系统性工作。因此，必须由中层管理者根据并购后新企业的使命与目标、总体战略、经营战略运用科学的方法与技巧，采取有效的措施才能实现职能战略的真正融合。

二、涉农企业海外并购战略整合流程

（一）战略整合阶梯第一级：业务流程整合

随着知识经济的到来，业务流程整合已成为我国企业战略变革的核心领域。业务流程整合是为了在衡量绩效的关键指标上取得显著改善，从根本上重新思考、彻底改造业务流程。其本质特征有：出发点是顾客的需求、整合对象是涉农企业的业务流程、主要任务是对业务流程进行根本性反省和彻底地再设计，重新组合业务流程要素、目标是绩效的巨大飞跃。

（二）战略整合阶梯第二级：知识资源整合

在知识经济时代，最重要的经济资源是知识、科技和智力，但归根结底是知识资源。从涉农企业来看，科技的独特性、不可替代性与不可模仿性决定了科技知识是直接构成涉农企业核心能力的关键性战略资源，以科技为核心的管理将主导 21 世纪管理的新潮流。因此，我国涉农企业主要从战略高度来制定知识资源获取、利用、保持和开发的系列整合策略，构建知识资源的整合与管理体系。

（三）战略整合阶梯第三级：企业文化整合

在知识经济环境下，涉农企业竞争的核心已由知识的竞争转向企业文化的竞争，战略整合也不仅仅是涉农企业有形资源的简单合并，更重要的是以涉农企业文化为中心的无形资源的优化整合。

（四）战略整合阶梯第四级：市场营销整合

在新世纪里，面对中国加入 WTO 的新形势，我国涉农企业需从知识营销、服务营销、关系营销、内部营销四个方向迅速构建和实施全新的营销整合策略，展开市场营销大攻略，以更新核心能力，研发优质品种，培育用户信任，提升品牌形象，最终达到巩固国内市场、开拓国际市场、实现全球经营的战略目标。

第二节　涉农企业海外并购业务整合

业务整合又称业务重组，是指针对企业发展过程中对已有的业务进行调整和重新组合的过程。通常，业务整合伴随资产重组、债务重组、股权重组、人员重组和管理重组等相关过程。企业发起业务整合活动是市场经济条件下的一种正常的企业行为。从理论上说，企业存在着一个最优规模问题。当企业规模太大，导致效率不高、效益不佳，这种情况下企业就应当剥离出部分亏损或成本、效益不匹配的业务；当企业规模太小、业务较单一，导致风险较大，此时就应当通过收购、兼并适时进入新的业务领域，开展多种经营，以降低整体风险。业务整合按整合对象的界限可以分为内部整合和外部整合。

一、业务整合的目的

一般而言，业务整合要实现以下几个目的：

（1）改善企业财务结构，提高融资能力。在业务整合完成后，企业的盈利水平、负债水平、净资产收益率、资产规模、股权结构等指标将有所改善，因此一方面可以通过寻找投资或银行贷款，另一方面还可以通过资本市场解决企业发展所需资金不足的问题。

（2）突出公司的主营业务。重塑业务，突出品牌优势，明确重点发展方向，精干主体，剥离非优势主体，使之发挥已有主营业务的优势，保持持续发展的动力。

（3）彻底解决集团型企业资源分散的问题，形成优势合力，在激烈的市场竞争中占据有利形势，打败竞争对手，增强企业的核心竞争力，实现战略协同。资源分散问题通常集中在：销售分散。通常指同类产品在集团内部几个企业分别生产。为争抢客户资源相互之间压价竞争、赊销，使得产品利润趋薄，财务成本过高，竞争实力下降；采购分散。原材料未能形成集中采购优势，在与供应商谈判时，如果分散谈判，价格没有优势，而且结算交易不能统一调配，资金使用效率降低；生产分散。各企业的生产计划不能根据市场波动而及时进行综合调配，既加大了生产成本，又会造成资源浪费；科研技术分散。各企业有自己的研发部门和技术力量，对于相似产品的研发技术相互封锁，难以实现技术共享；投资与规划分散。各企业只考虑自身发展的需要编制投资计划及发展规划，容易产生新的内部竞争；对外合作分散。在对外合作谈判过程中，为争取有利态势，会有多个主体与同一个合作方进行洽谈，多个主体之间互相拆台现象时有发生。

二、业务整合的分类

（一）内部整合

内部整合是指企业（或资产所有者）将其内部产业和业务根据优化组合的原则，进行的重新调整和配置。

（二）外部整合

外部整合是指企业对外围企业的业务、或对产业上下游的关联业务、优势资源之间进行的调整合并过程，以达到增强企业竞争实力，加强对产业控制的目的。外部整合必然涉及资产重组，还有可能会涉及债务重组、管理重组、人员重组和文化重组。

企业业务外部整合通常是由以下原因引起的：某些国有企业负债率高，社会负担重，盈利水平低，达不到股票发行与上市的标准；通过业务整合实现优势业务集中，劣势业务退出，从而符合进入资本市场的条件，实现转换企业经营机制和产权多元化机制。通过业务整合实现企业经营规模和经济效益的增长，增强对所在行业的控制力。

三、业务整合的原则

（一）规模效益原则

在产业结构上考虑能取得较大销售收入的产业，以做大做强为主要战略调整目标，实现规模效益。

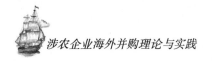

（二）盈利能力原则

为了重组后的企业具有较好盈利能力，需要对现有业务进行梳理，根据最近的财务数据，利用波士顿矩阵模型的市场竞争力和获利能力两个指标，整理出明星业务、现金牛业务、问号业务和瘦狗业务。根据业务重组的目的，针对不同类别的业务选择不同的处理方案。通常，为了追求业务整合后能够获得较好的经济效益，而对明星业务、现金牛业务加以重组，对问号业务和瘦狗业务则采取保留或放弃的处理方案。

（三）可操作性原则

参与重组的企业规模大小不一，盈利能力不同，股权结构复杂程度也不同。因此，为保证方案的可操作性，重组一般是按先易后难，注重可操作性的原则设计。

（四）可持续发展原则

对参与重组的业务，要注重其可持续发展能力，对已进入后成熟期或衰退期的业务要慎重整合。

四、业务整合的步骤

以大型国有 A 企业集团为例，A 企业集团需对旗下的化工业务板块进行整合，但其产品集合非常庞大，有优势业务十二种（销售收入过亿元），另有发展潜能的业务近二十种（毛利润率大于 5%），还有一般业务和劣势业务七八种。为使业务整合能够顺利推行，其业务整合过程按以下步骤进行。

第一步：论证业务整合的必要性和可行性。

第二步：确定业务整合的目标。整合目标一是整合完成后经济效益要达到 200 亿元（目前是 100 亿元）；二是要达到优势产品整体上市的目的。

第三步：确定业务整合的原则。在整合过程坚持规模效益原则、盈利能力原则，注重可操作性原则、注重控制权原则、完整产业链原则、可持续发展原则。

第四步：确定参与业务整合的业务群。根据 A 企业集团的产品集合，根据产业链趋同原则，划分为五大类不同的业务集群，即：聚氨酯业务、精细化工业务、纤维素衍生物业务、环保器材业务和民爆器材业务。

第五步：确定每类业务中参与重组的优势业务，即选定明星业务和现金牛业务进入业务整合。明星业务作为拟上市的优势业务，现金牛作为上市后通过再融资进行扩产扩能、更新改造后进入上市公司的后选业务。

第六步：提交可执行的操作方案。提交各种可能的操作方案，其中需要决策的问题主要有：业务整合的发起主体；业务整合过程中进入的先后顺序；优势业务上市时的业务组合；上市的不同方式（首发上市、利用已有上市公司定向增发等）的融资额度；业务整合的操作难度，包括政策的可行性、完成时间的长短、资产和人员剥离的难度等。

第七步：业务整合决策。在充分考虑各方面因素后，制订出业务整合决策方案，直接付诸实施。

第三节　涉农企业海外并购组织整合

一、组织整合界定

组织整合又称组织内部协调，是指一个组织内上下左右、各个部门和人员都要朝着有利于完成本单位以及整个组织目标的方向共同努力。关于组织整合目前学术界有不同观点，第一类观点强调部门之间的相互依赖。Follett（1933）认为在组织内，有三种调停、和解的方法：支配、协议和整合，她把整合定义为跨职能部门团队合作的一种精神。Kahn 和 Mentzer（1997）对组织整合的定义为：不同部门间相互协作进而促进各部门融合为一个紧密组织的过程。Scott 和 Benito（2002）指出组织整合是企业内不同的部分结合起来成为同一部分并且一起行动实现共同目标。第二类观点强调组织之间的联结，Finkelstein（1996）认为组织整合是不同组织通过有效的组合以提升彼此竞争优势的策略。Cannon 和 William（1999）把组织整合定义为组织双方为了促进营运而联结双方系统和程序的程度，认为组织整合的程度有两个极端，一端是两公司完全独立运作，没有公司间内部系统的联结；另一端是两公司间内部系统具有紧密的联结。陈悦琴（2000）认为，组织整合是基于合作双方同意改变个别的经营模式，相互配合，一起控制彼此共有企业体系的某部分。第三类观点认为组织整合包括组织内部的协调以及组织之间的合作。Somendraetal（2003）认为组织整合包括内部组织整合与外部组织整合，外部组织整合是指不同组织间的整合行为，内部组织整合是指单一组织在不同部门之间的整合行为。Millson 和 Wilemon（2002）研究中指出，组织整合是指参与在新产品开发的团队与其他团体之间的合作程度，把外部组织整合定义为企业外部与新产品开发有关团体（客户和供应商）与新产品开发团队的合作与沟通程度，内部组织整合定义为企业内部与新产品开发有关的各职能部门（例如，工程和制造）与新产品开发团队的合作与沟通程度。

二、组织整合动因

（一）客观动因

组织的成长与生命周期理论说明了组织进行整合是一个必然的过程，然而企业在何时进行整合，如何整合还有其他促动因素。

企业内部权力的变迁，如所有权的转移或经营者的变动。通常这类变动会导入新的经营观点，间接导致组织改造。经验显示，组织整合 90%是在新的经营团队引导下进行的，而大约只有 10%是由原经营团队所推动的。

产业环境的变迁，如市场、资源、技术和其他环境因素的变化，这部分因素是管理者控制不了的。市场变化包括顾客的收入、价值观念、偏好发生了变化，竞争者推出了新产品或产品添加了新的功能、加强广告宣传、降低价格、改进服务从而使公司失去竞争优势等。资源的变化包括人力、能源、资金、原材料供应的质量、数量以及价格的变化等。技术上的变化包括新工艺、新材料、新技术、新设备的出现。这些不仅会影响到企业的产品，还会引起企业管理和组织上的变化。

（二）主观动因

组织整合的第一步是高层主管的整合。如果企业领导者认为推动组织整合对其有实质或心理威胁时，当然不会对其进行推动。组织整合的直接动力是对组织绩效的不满，而对组织绩效的不满，则来自经营环境的不利变动及经营者抱负水平的改变。由于经营环境与企业整体营运架构出现裂痕，因此企业经营的结果自然出现落差，至于经营者抱负水平的改变，有可能来自新的竞争或原任经营者的经营步伐调整，但多半与新高层主管的就任有关。原有经营者推动组织整合则基于其经营的时间和心态，Gersiek 提供了原有领导者之所以会推动组织整合的理论，他认为，经营者可能在任期的终点发奋图强，推动组织变动，他称之为时间基础的经营步伐调整，有别于危机或机会触动的事件基础步伐调整。

根据组织整合在进行急迫性方面的差别，我们可以将组织整合区分为后应式与先应式两种形态。所谓后应式组织整合，是指企业与环境的互利共生关系已趋破裂，原先的组织架构已然失效，经营出现危机时，企业所进行的组织整合；反之，在企业尚无明显危机时进行的组织整合，则称为先应式组织整合。

根据加拿大 McGill 大学与美国哥伦比亚大学的合作研究发现，已知的企业变革多半是危机促动的后应式组织整合，而先应式组织整合需要高瞻远瞩型领导人的推动。组织整合变动幅度大，难以被一般的管理者所理解，还会冲击员工的现有利益，并需要大幅改变组织成员的工作习惯、想法和能力，造成多数员工的不适应与痛苦，因而易遭受员工的抗拒。但是，时间可以缓和组织整合带给相关人的冲击，让其有时间适应变化后的组织。一个切实可行的方法就是将整合分段实施，逐步进行，以便争取到重要人员的认同和支持，降低不确定性和抗拒力。因此，从实施推动过程的角度可以将组织整合区分为转折整合与转型整合两类。转折整合的推动速度快，手段强硬而激烈，可能遭遇的抗拒也大；转型整合则是以较缓和的速度与手段推动整合，一般来说遭遇的阻力较小。

关于组织间整合的衡量主要有以下观点：Cannon 和 William（1999）认为衡量组织间相互联结的程度有五个，分别为：①信息交换：双方重要且有用信息的开放性分享；②作业联结：双方系统与程序联结的程度；③契约：契约正式化程度；④合作规范：双方一起努力去达到彼此及个别目标的程度；⑤协调：双方相互配合的程度。外部组织整合程度也可通过组织间所进行的整合项目来衡量。Michael（1988）认为组织间的整合可能在下列几个方面：①策略整合；②战术整合（组织或是系统的改变）；③作业整合（人

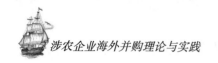

员、信息、资源）；④人际间整合（双方人员相互认识）；⑤文化整合（共享价值观、道德）。Jap（1999）认为组织之间的整合过程包含两方面：①作业联结；②协调。陈玟兰（2002）则指出组织整合的衡量项目包括：①共识程度；②协调；③监督；④信息交换。

三、组织整合方法

（一）通过组织等级链的直接监督

即通过一级管一级、下级服从上级命令与指挥的方式保证有关活动的协调。通过等级链逐层进行的协调，是实现整合的常用手段。

（二）通过程序规则的工作过程标准化

随着组织规模的扩大，单纯依靠等级链上的管理者进行协调越来越难以满足需要，而且还容易造成等级链上的负担过重。作为一种可行的替代手段，组织可以将所要开展工作的内容、过程、方法等做出明确规定，并制定详细的程序和规则，通过这些制度措施来达到各方面相对的协调配合。

（三）通过计划安排的工作成果标准化

一般地，工作过程标准化适用于那些简单、常规的工作，但对于复杂和非常规的工作，由于其工作过程不易识别或者不易分解，因而也就无法规定标准化的工作内容和程序。这时，组织可将协调的着眼点从过程控制（即规定"怎么做"）转变为结果控制（即规定"做成什么"）。

（四）通过教育培训的工作技能标准化

通过对工作者知识、能力、经验、素质等投入的控制（即规定"由什么样的人来做"）来确保工作的协调进行。工作技能标准化是对工作过程标准化的一种内化和替代，是实现组织整合的一个间接但重要的手段。

（五）通过直接接触的相互调整

同级工作人员之间通过直接的接触和沟通而主动调整各自的行动，以取得彼此的协调配合。这种直接接触可以发生在同一部门内的两个下级之间，也可能发生在两个部门之间，甚至是横跨许多个部门，后者通常以任务小组或项目团队的形式开展活动。而矩阵结构则是利用直接接触、相互调整手段取得多部门工作的持续密切配合的高级形态的横向协调方式。

第四节　涉农企业海外并购财务整合

财务整合是指并购方对被并购方的财务制度体系、会计核算体系统一管理和监控。企业并购的目标是通过核心能力的提升和竞争优势的强化创造更多的新增价值。因此，在财务整合过程中，企业也必须紧紧围绕这一目标，以成本管理、风险控制和财务管理流程的优化为主要内容，通过财务整合力求使并购后的公司在经营活动上统一管理，在投资、融资活动上统一规划，最大限度地实现并购的整合和协同效应。同时，企业并购后的财务整合应遵循以下原则：及时性原则、统一性原则、协调性原则、创新性原则和成本效益原则。

一、财务整合的必要性

在我国，不少企业因并购而跌入困境，成为"问题企业"。究其原因我们发现，是由并购企业对并购后的整合工作重视不够，整合战略选择不当，整合成本太高造成的。因此，在大力推进企业战略性重组的过程中，研究企业并购后的整合问题是十分必要的。而财务整合又是整合的核心。其目的是运用财务整合理论建立一套健全高效的财务制度体系，最终达到收益最大化和对并购企业经营、投资、融资等财务活动实施有效管理。因此，研究财务整合的必要性是不言而喻的。

任何一个企业，如果没有一套健全高效的财务制度体系，必定不能健康成长，财务体系破败到一定程度，最终必将导致企业破产或倒闭或被兼并，财务管理日益成为企业经营的神经系统。

企业为了实现其基本目标，使企业价值最大化，就必须进行扩张，否则，"逆水行舟，不进则退"，企业将难以留住对于企业成功起关键作用的有

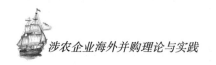

进取心的管理人员，从而在竞争中处于劣势。

财务协调效应主要是指兼并给企业财务方面带来的种种效益，这种效益的取得不是由于效率的提高而引起的，而是由于税法、会计处理惯例及证券交易等内在规定的运用而产生的一种纯资本性效益，一般表现在两个方面：一是通过兼并实现合理避税的目的；二是预期效应对兼并的巨大刺激作用。财务整合是并购方对被并购方实施有效控制的根本途径，更是实现并购战略的重要保障。

财务整合的机理、目标财务管理是企业科学管理的重要手段，是企业科学决策的主要依据，也是企业实现价值最大化的主要保证。财务整合是企业扩张的需要，是发挥企业并购所具有的"财务协同效应"的保证，是并购方对被并购方实施有效控制的根本途径，更是实现并购战略的重要保障。财务整合是企业并购的一个重要方面，即可归结为被接管企业财务管理不善，成本费用过高，或是资产结构的不合理进行的诊断提高过程。因此，运用财务整合理论，建立一套健全高效的财务制度体系，是有效实施并购企业管理整合的重要保证之一。

财务整合的目标不应是一成不变的，在确立了企业的价值最大化目标以后，财务整合应随着具体环境及情况的改变做一些适当的调整。调整不是使其背离大趋势，而是使其向最终目标进一步靠拢。财务整合，不同的并购公司有不同的做法，但一般来说可以概括为"一个中心、三个到位、七项整合"。

并购公司的财务整合必须以企业价值最大化为中心，这个中心也是财务管理目标导向整合的一个依据，如果偏离这个中心，会使财务整合走向官僚化和低效率。以企业价值最大化为中心的同时，财务整合必须以并购公司的发展战略为准绳。通过财务整合，使并购公司经营活动统一管理、统一规范，使并购公司投融资活动统一规划，最大限度地实现并购公司的整合与协同效应。

二、财务整合的内容

（一）财务管理目标导向整合

财务管理目标是一个重要的财务理论问题，因为它直接影响到财务理论体系的构建，也是一个不容忽视的财务实践问题，因为财务目标的确定直接决定了各种财务决策的选择。在微观经济分析中，一般以利润最大化作为厂商的目标函数，并以此展开厂商行为的分析。但在财务理论中，利润最大化目标受到了普遍批评。股东财富最大化与企业价值最大化是目前较常用的财务管理目标。但股东财富最大化的观点只强调了股东的利益，随着社会的发展，现代企业只有通过为利益相关者服务才能获得可持续发展。而企业价值最大化作为财务目标，既考虑了利益相关者的合法权益，注意了企业的可持续发展或长期稳定发展，也兼顾了各个方面的利益；企业价值最大化目标不仅是与债权人的利益相一致的，而且兼顾了经营者和其他员工的利益；同时还有利于实现社会财富的最大化。

并购双方在很多情况下财务目标是不一致的，因此必须予以整合，当然整合的目标就是企业的价值最大化。财务管理目标是企业优化理财行为结果的理论化描述，是企业未来发展的蓝图。并购公司整合理财目标十分重要，只有进行了目标的整合，才有助于财务运营的一体化；有助于科学地进行财务决策；有助于日常理财行为的高效与规范化；有助于理财人员科学理财观念的建立。当然这个目标必须是明确的、可计量的、可控制的，并且要符合成本效益原则。

（二）财务管理制度体系整合

财务管理制度体系整合是保证并购公司有效运行的关键，所有并购成功的企业财务管理制度体系的整合都是成功的，相反并购失败的公司其财务制度整合几乎都是失败的。

1. 财务组织机构和职能整合

组织机构的设置要与企业经营过程的复杂程度、财务管理和会计核算业务量的大小相一致。如果企业经营过程复杂，财务管理和会计核算业务量大，财务组织机构就应相应大些，内部分工也应细些，并考虑将财务管理和会计机构按其职能的不同划分开来，反之亦然。财务组织机构部门的责权分工必须明确，并能相互制约。机构内部的各部门和每一个职工，都应明确其职权、责任和具体的任务，做到部门之间、人员之间职责清、任务明，以避免互相扯皮。财务组织机构的设置应该满足精简、高效的要求，防止岗位重

叠，人浮于事，避免人力、物力的浪费和低效率的工作环境。此外，在财务组织机构整合的过程中，还要注意机构的设置要与集权、分权程度相适应。被并购方的财务管理机构设置哪些职能部门，应与享有的财务管理职权和承担的责任相适应，这是财务部门能否有效履行责任的重要保证。

2. 财务管理制度整合

并购双方在实现财务机构、财务人员的整合后，接下来的重点便是财务管理制度的整合，只有人员、机构、制度三方面的整合工作都做好了，才能为并购公司对被并购公司实施有效的财务控制奠定基础。财务制度的整合归根结底是企业所实行的一系列的财务政策的选择。由于财务政策是一种自主选择性的政策，并购前各方企业是根据各自的总体目标和现实要求所制定或选择有利于自身发展的财务政策，因此，处于不同利益主体地位的并购各方在并购前其财务政策会存在很大的差别，而并购后各方合并为一个企业群体，在总体目标上具有一致性。因此，在选择财务政策时不能仅仅从单个企业的角度出发，而应当以并购后整个集团的利益和目标为基点来选择或制定财务政策。财务制度体系整合包括投资制度、融资制度、固定资产管理、流动资金管理、利润管理、工资制度管理、财务风险管理等整合，对于外向型并购公司，还包括国际财务管理的整合。财务制度的整合不是轻而易举的，存在着许多具体困难，如由于每个公司的工资制度不同，因此在进行制度上融合时，就是敏感的问题。

3. 会计核算体系整合

会计核算体系的整合是统一财务制度体系的具体保证，也是并购公司及时、准确获取被并购企业信息的重要手段，更是统一绩效评价口径的基础。不论是收购还是兼并，并购方要想实现并购双方营运作业的合并，就账簿形式、凭证管理、会计科目等必须予以统一，以利于进行业务上的融合。

4. 资金流转内部控制整合

企业并购后所面临的资金流量和财务压力是相当大的，因而并购后的资金管理非常重要，财务整合的主要任务也就是要满足并购后经营调整和组织调整对资金的需求，即提供充足的资金以支持经营、组织的调整，拓宽融资渠道，获得多方面的资金支援。为此，企业在实施并购后的首要任务就是实现对目标企业的资金控制，实行一体化的资金运作。并购完成以后，并购企业应当及时锁定目标公司的银行账户，及时回笼货款，清理往来账款，对融资和长期投资实行严格控制。在资金使用上实行预算管理制度，严格审批手续，从而通过一系列行之有效的措施来实现对目标企业资金统一调控的目的。

5. 并购公司权责明晰整合

并购公司为了有效地运营及有效控制，通常采用统一领导、分级管理的原则。分级管理的具体形式，则因并购公司的组织结构的不同而各有所异。但无论怎样，实行责任会计制度的企业，必须使每个责任单位对它们所进行的经济活动要有十分明确的权责范围，做到权小责小，权大责大，权责紧密结合。在管理会计中，这种权责范围，也就是各个单位能够进行控制的活动区域，也叫做"责任中心"。责任中心的设置，是企业的组织结构向分权化发展的必然结果。

并购公司权责明晰的整合应按照"责任中心"的原则进行。责任中心根据所控制区域和权责范围的大小，一般可分为"成本中心"、"利润中心"和"投资中心"三类。并购公司只有构建起这种梯度明确的权责机制，才能有效实现战略与战术、投资发展与生产经营、资本经营与资产经营、收益与支出的有效整合，保证公司持续、稳定经营和快速发展。

总之，财务整合是企业并购后整合的核心内容，对提高企业的整体合力和核心竞争力起着关键性的作用。企业并购后的财务先行和成功整合，为其他资源整合的成功也能提供有力的保障。同时财务的成功整合，也有利于企业整体战略目标的实现。

三、财务整合的原则

（一）统一性原则

财务整合的目的在于调整并购双方的资源、制度等内容，组建合理的结构，形成财务资源统一配置的组织形式。财务整合的统一性原则包括两个方面的内容：目标统一原则，指被并购双方的财务目标协调统一，财务上的子目标与总目标要统一；财务制度体系及会计核算体系的统一性原则，财务制度体系与会计核算体系的统一有利于对被并购公司的信息统计、考核评价等的监管。

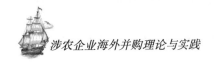

(二) 有效性、及时性原则

财务整合的有效性原则是指对并购后的资产、投资、负债等进行鉴别，确定企业在并购后什么资产适合战略发展的目的具有战略意义，什么资产可以带来短期效益等，从而优化并购后企业的资产质量，保证资产结构的合理性，提高资产收益率。对于并购后企业的投资来说，需要确定某些投资是不是影响其财务的稳定性，其财务风险是否在企业的控制范围之内。整体来说，对资产、负债、投资的效率性和战略符合性的确定，有利于保证企业获得最佳的经济效益，保证战略目标的实现。

另外并购双方一旦签订协议，并购方应立即派遣高级财务人员进驻被并购方，开始快速的财务整合，财务整合不同于其他整合，如文化整合和人力资源整合是慢慢渗透的过程，财务整合要及时迅速，否则很有可能导致并购失败。

(三) 结构匹配性原则

每个企业都有自己的资产结构、负债结构、权益结构，合理的上述结构是财务稳健性的基础。因而并购后的企业不仅要保持资产、负债内部协调，而且需要保证它们之间的匹配对称，消除并购双方的不协调，保证企业经营活动对财务管理的要求，从而提高财务协同效应能力，降低风险。

(四) 成本效益原则

在企业的经营活动中，总体原则是要求投入所获得的产出必须大于投入本身，换句话说，在进行财务整合时，必须确保成本效益原则，只有当预期产生的收益大于投资、营运资本以及改制成本时，并购整合行为才具有经济性。当然，这种原则必须结合战略符合性考虑，或许在某些情况下，仅仅注重财务的短期性对战略发展是有害的，注重企业的长远发展和战略性要求可能更重要，因此成本效益原则必须结合战略性原则考虑。

(五) 灵活性及强制性原则

经济环境的复杂多变，要求财务整合要具有灵活性，财务整合必须以统一性为基础，但这并不意味着僵化呆板，相反，要在遵循财务整合原则的基础上保持财务整合的灵活性，防止财务整合过程中的权力过度集中以及因此而造成的环境反应迟钝。另外，并购时被并购企业财务制度的选择要坚持融合性，即如被并购方的某些财务制度优于并购方或同行业的财务制度，则并购方应该吸收其合理部分，但一旦并购后企业财务制度形成了，则必须强制性执行。

四、财务整合的风险来源

（一）前期财务问题爆发

一方面，并购中总存在为一项并购活动的付出是否恰当的问题。如果并购时支付过多，而在后期的财务整合中，并购方将面对因高负债而引起的财务结构恶化；如果是股票支付，则将承担股权稀释后股价的损失。另一方面，任何一例并购活动均不可避免地涉及大量资金的运用，任何一种资金来源渠道都存在潜在的风险。企业采用各种融资方式完成并购后，将分别面对各自的问题，处理不当，将会导致财务整合的失败，并引发并购失败。

（二）目标企业的资产重组问题

这就要求并购企业应及时处理目标企业的资产和负债问题。例如，收购方在接手资产流动比率较差的企业后，没有立即采取措施，妥善处置其不良资产，则目标企业的亏损将加重企业前期筹资引起的债务包袱，造成并购财务整合的失败。

（三）财务整合中存在风险的影响

首先，不能发挥财务管理在公司运营中的重要作用。任何一个企业，如果没有一套健全高效的财务管理体系，就不能健康成长。财务体系被破坏到一定程度，最终必将导致企业破产或被并购。其次，不能发挥企业并购的"财务协同效应"。如前所述，企业之所以并购或重组，主要是追求财务协同效应。财务协同效应是由于税法、会计处理及证券交易等内在规定的作用而产生的一种纯资本性效益，这些都需要在财务整合的基础上得以实现。最后，财务整合不力。并购方对被购并方的生产经营实施有效控制，并作出及时、准确的决策，重要的前提是具有充分的信息。财务具有信息功能，也是并购方获取被并购方信息的重要途径。但一般而言，并购双方的会计核算体系、定额体系、考核体系、财务制度等并不完全一致，因此并购企业客观要求统一会计口径，才能实施有效的控制。而财务整合非常复杂，远远超过财务报表的合并。

五、财务整合风险防范措施

（一）整合前进行周密的财务审查

主要包括对并购企业自身资源和管理能力的审查和对目标企业的审查。审查的目的：一是为并购企业的运行提供可行性分析；二是通过审查可以发现被并购企业财务上存在的问题，以利于在整合过程中有的放矢，提高整合效率。

（二）整合后进行严格的财务控制

整合前的财务审查是保证财务整合成功的前提，整合后的财务控制是保证财务整合有效实施的基础。整合后的财务控制一般包括四个方面：并购企业责任中心控制、成本控制、现金流转控制和风险控制。

（三）制定并购整合失败的补救策略

并购后企业如果不能实现财务上的协同效应，将对并购的成功及并购后企业的发展造成严重影响。因此，并购前企业制定出有效的财务策略，一旦出现财务整合失败就可以从容应对，以免造成更大的损失。这些财务策略包括：第一，套利出售。并购方在完成并购后，妥善处理被并购企业财产，可将不符合经营战略的资产出售，以抵销筹资所引起的债务，也可采取各种方式将不良资产转让出去，以减少财务风险。第二，果断撤资。并购后，如果出现某些预料之外的情况，使得并购整合的结果与原来设想制定的战略规划差距较大，或者因企业生存环境发生变化不能实现并购目标，企业应果断撤资，以降低财务风险，避免持续下去造成更为严重的损失。

财务整合是企业资产重组成败与否的关键因素，已成为重组双方的共识。但如何评价财务整合的效果，目前还没有统一的认识。有种观点认为，应当在优化资源配置重组定位的指导下，按照以下三个标准来评价财务整合的效果。第一，是否有利于重组公司长期经营战略的实现。大型国有企业以其资产向其他产业延伸，形成产业链，实现主业与副业的共同发展，通过资产重组促进资源的优化配置。财务整合应服务于资源配置，以企业的长期经营战略为中心，这是衡量财务整合效果的最主要评价标准。第二，是否有利于重组公司财务运营一体化。经过资产重组，作为一个经营整体，重组双方必须具有高度一体化的财务运营机制。财务整合应当能够促使国有企业的主业和副业、母公司和子公司之间的物资流和现金流始终处于受控状态，企业的财务运营围绕统一的财务管理中心进行，这是评价财务整合效果的直接标准。第三，是否有利于重组公司财务管理的创新。在知识发展日新月异的今天，国有企业的经营面临着信息化和技术更新加速的挑战，财务管理作为企业的核心工作之一，应当及时随环境变化而不断地进行创新。资产重组中的财务整合应能够促进重组公司财务管理的创新，这包括财务管理目标的创新、财务管理观念的创新、融资管理的创新、资本结构的优化创新、风险管理的方法创新、财务分析内容的创新和财务成果分配方式的创新等。

企业并购后的财务整合是一项复杂的系统工程，不仅内容繁多，而且需要与其他方面的整合密切配合。只有通过成功的财务整合，才能使并购后的企业集团获得最大限度的目标利润，实现企业集团内部的资源优化配置，给企业集团带来"财务协同效应"；才能使并购方对被并购方实施有效控制，保证并购战略意图如期实现。因此，并购双方必须不失时机地做好财务整合工作。

第五节　涉农企业海外并购文化整合

一、企业并购文化整合内涵

企业并购后的文化整合就是指有意识地对并购后企业内不同的文化倾向或文化因素通过有效地整理、整顿，并将其结合为一个有机整体的过程，是文化主张、文化意识和文化实践一体化的过程。企业并购后企业文化要实现

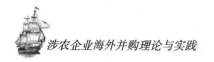

从无序到有序，必须经过有意识的整合。

一个成熟的企业不仅应有完善的组织结构，而且应有较为深厚的组织文化。文化渗透于整个企业中，它对企业系统的影响是隐性的、潜在的，又是至关重要的。文化无处不在，既以微观的形式存在于较小的群体之中，又以宏观的形式浓缩于社会文化和民族文化之中。

企业并购后的文化整合，就是突出文化对企业系统整合的重要作用，使文化向企业系统的管理机构内渗透，向生产和经营行为中渗透，并向经济领域辐射其影响，形成一种强势的精神力量，既维系着企业组织，又影响着企业人的行为活动。

企业文化整合的过程，是企业群体的共同意识、共同价值观调整、再造的过程。企业的文化与组织、技术、管理整合相比，是隐性的且根植于员工头脑中，实现其整合较困难。对企业文化整合可理解为对各种企业人群的文化观念系统在不同的层次、水平、层级的整理与结合，企业文化和企业生产经营方面的互相作用并形成一致的价值认同。摩尔根、泰勒以及其他人所主张的文化进化，是一种基于各种文化具体特点之上的渐进式分类法。而文化整合的概念，只是在研究不同复杂程度的文化时所使用的一种方法论，它不是关于进化的结论，而是对几种文化类型的整合，文化是在不断整合中实现进化和变迁的。

企业文化整合既是一个文化变迁的过程，也是文化再造和文化创新的过程。企业文化整合需要运用一定的方法和按照一定的程序进行。戴尔和肯尼迪在他们著作《塑造公司文化》中指出：塑造公司文化需要"建立共识，彼此信任，建立技巧，耐心和保持弹性——是我们认为始终解决问题的办法"。劳伦斯·米勒在《美国的企业精神》一书中提出："为了发展新的文化，必须动员一切力量，为了改变公司的文化，必须要有实例、训练、指示、教导、强化以及对新作风予以支持的制度。"

"有序—无序—有序"是人类社会和文化变迁的一种模式。控制论认为，生物和人类社会内部系统是一个有序状态和无序状态不断更迭变化的过程，从而构成生命和人类社会的不断进化。企业的发展也是这样，有序的企业组织是统一、均衡、和谐、稳定的组织，而无序的企业组织则相反。有序企业组织可分为低层次的有序和高层次的有序两类。企业的发展趋势总是由低层次的有序向高层次的有序过渡。在过渡时期，将会出现无序或半无序状态，必须通过整合才有可能顺利进入高层次的有序状态。企业文化整合就是实现一个企业从无序到有序的文化梳理过程。一个企业经过大规模的改革或创新活动之后，也必须经过整合，才能提升到更高的水平。只有经过整合的文化，才会具有顽强的生命力，才能抵制不良外来文化的冲击，才能长期保持自己的特色。通过整合，使企业和文化体系各部门关系和谐，达到健康发展的状态。

企业文化的整合是企业在多层面上对本组织的文化进行梳理和同一化的过程，这一过程包括对内文化整合和对外文化整合两大整合过程。对内文化整合主要包括个体意识与群体意识的均一化、主文化和亚文化的彼此和谐相容、四个层面文化（精神文化、制度文化、行为文化和物质文化）的贯穿一致、七个文化要素（企业环境、核心价值观、领导者风格、英雄人物、文化网络、故事传说、礼仪庆典）的互动融合、母子（或分）公司的文化协调共荣。对外文化整合主要包括对所兼并企业的文化整合、对上下游企业的文化整合和对其他优秀企业的文化因子的吸纳整合。文化是人之造物，但文化作为有着长期稳定性的意识形态，企业文化根植于企业人的生存方式本身。从实践哲学的角度看，文化整合的过程是一个实践的过程。

二、企业并购文化整合原则

（一）个体意识与群体意识均一化

在心理学上，意识一般是指人们自觉的心理活动，即人对客观现实的自觉反应。企业群体意识是一种组织意识，它是企业员工对企业目标的认定和实现目标所具有的信念和意识，以及对企业的情感和归属感。企业群体是一种人群结合，个体意识如何融入到群体意识中，需要一个整合的过程。群体意识是以共同价值观的认定和实现为核心内容，伴之以归属感等情感。企业群体意识是在平等互利、共同协商的基础上，各个企业人意识之间共同作用的结果，企业员工的群体意识是由不同层面的员工群体之间互动作用的结果。

企业文化整合，试图将各个企业人的个体意识与企业群体意识融为一体，形成一种企业意识，构造一种核心价值观，得到企业所有员工认可的群

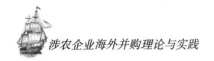

体意识。从实践来看，每一个新员工进入企业员工群体，都在自觉或不自觉地受到企业员工群体意识的影响。所谓自觉，就是企业人力资源部在接受新员工加盟时，有意识对新加盟者进行企业文化培训，让其首先接受企业文化，亦即企业的群体意识，新加盟者也就自觉地接受企业群体意识。所谓不自觉，就是新加盟者在加盟以后，受企业员工群体意识的潜移默化、耳濡目染，不自觉地接受了这些意识。这两个过程都可以说是一个群体意识对个体意识的整合过程，只不过前者带有引导性、自觉性整合，后者是无引导、不自觉整合。

（二）主文化与亚文化相容整合

有意识地运用主文化去整合亚文化，使亚文化为主文化服务，这是企业文化有意识整合的重要内容和任务。在一个企业文化共同体中，非决策层、非管理层、普通员工之中总是孕育着一种自发的亚文化群体，企业的主文化对这类文化的宽容、容忍态度，吸收、同化程度，激励、开发程度，在很大程度上成就了衡量企业文化开明程度、合理和完善程度、企业文化共同体的生命力和活力问题。主文化对亚文化的整合，不是对亚文化的排斥、改变、消灭，而是对亚文化发展方向的关注、对亚文化功能的引导和利用，防止亚文化成为影响企业发展的不健康文化。

对亚文化发展方向的关注，主要是防止企业中出现派别文化、内耗文化、拆台文化，也包括吹捧文化、谗言文化、看风使舵文化、迎合文化、欺上瞒下文化等。因为这些亚文化的存在、发展和蔓延，甚至成为了企业文化中的主潮流，那将会不断侵蚀企业原来所倡导的主文化，最终将会腐蚀整个企业机体，致使企业走向灭亡。对亚文化功能的引导和利用，亚文化的存在是客观必然的，一方面要防止亚文化朝着不健康的方向发展，另一方面就是要积极地去开发亚文化正向功能，在保持亚文化健康的前提下，利用健康的亚文化之积极向上功能，为主文化补充和丰富，两者相容整合，使得企业文化丰富多彩。

（三）文化贯穿一致和文化要素互动融合

四个层面文化贯穿一致和七个文化要素互动融合。精神文化、制度文化、行为文化和物质文化等四个层面文化整合，主要是强调精神文化的核心性，精神文化的确定和实质性内容，决定了其他三者的性质，精神文化的混乱，必然会导致其他三者的混乱。整合企业文化首先要梳理和整合精神层面的文化，然后再运用精神层面的文化整合其他三个层面的文化，而不能够倒过来。但在现实中，不少企业确实是倒过来运作的，当然整合的效果是不理想的。

企业环境、核心价值观、领导者风格、英雄人物、文化网络、故事传说、礼仪庆典等七要素之间的互动融合，在适应企业经营环境的前提下，根据领导者风格，围绕核心价值观，建立文化网络，塑造英雄人物，编撰和传播企业文化故事，策划和设计企业礼仪和庆典活动，用生动的形式表现企业文化实质，形成企业文化各要素之间的互动作用，使企业文化形成一个有机整体。

第六节　涉农企业海外并购整合案例

 案例一：中粮集团并购尼德拉农业

中粮集团有限公司是全世界领先的全产业链粮油食品企业，它的多种业务覆盖全世界，同时也拥有全球生产采购平台和贸易网络，其业务涉及140多个国家。作为一家投资控股企业，它还拥有11家上市公司，而中粮国际是中粮集团有关农粮业务专门进行海外投资和管理的一个平台，其经营范围有中粮集团的海外采购业务、加工业务等。

尼德拉农业是一家荷兰企业，它是一个传统的家族式农业贸易公司，它的主要粮油资产在阿根廷、巴西等地域都有涉及，在欧洲和美洲也有仓库储存和物流设施，它的大规模业务要求有大量的资金。2013年，尼德拉农业因为发展资金的不足，在全球开始寻找投资人，之后，中粮向他们抛出了橄榄枝。

其并购过程为：①2013年，尼德拉因为缺少发展资金从而在全球开始找投资人；②2014年，中粮收购了尼德拉51%的股权；③2016年8月，尼德拉农业被Cygne公司所持有的全部剩余股权被中粮集团所收购，中粮集

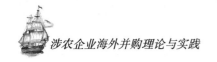

团持有尼德拉农业全部的股权；④2017 年 2 月，中粮集团有限公司获得了尼德拉农业的全部所有权。

我国政府在中粮并购尼德拉农业的时候给予充分的便利条件，帮助中粮完成海外并购。我国在国际上享有良好的声誉，无形中也帮助建立了我国企业的形象，缓解了外国居民对我国并购的抵触情绪。更有，我国提出的"一带一路"建设也让中粮并购尼德拉获得社会的认可。同时，中粮集团在并购尼德拉的时候引入了渣打银行、厚朴投资等财务投资人进行联合，采取了多样化融资。在收购时，中粮也在收购其他企业，大量资金的投入会使企业的资金链产生问题，因此采用联合跨国投资，有利于稳定资金供应，完成企业收购。

 案例二：北京德农种业并购整合案例

北京德农种业有限公司是在整合数家优势种业企业的基础上通过新设合并的方式建立的集科研、生产、经营于一体的现代化大型综合企业。公司注册地址位于北京市中关村高科技园区海淀园。公司现为国家级农业产业化龙头企业、北京市农业产业化重点龙头企业、北京市高新技术企业、中国种子协会第四届理事会副会长单位，中国种业骨干企业，中关村科技园区海淀园优秀新技术企业。

北京德农种业有限公司并购发展历程：

（1）1999.12 由新疆德隆控股新疆华西种业，并于 2001 年将其持有的股权划转给德农种业。

（2）2000.05 德农种业投资有限公司在北京正式成立，注册资金 5000 万元，近期将变更为 1 亿元人民币的注册资本。

（3）2000.09 增资控股并组建赤峰德农松州种业股份有限公司。

（4）2000.10 与中国农科院郑州果树所组建河南郑隆种业有限公司。

（5）2001.03 增资控股组建山东备农万丰种业有限公司。

（6）2001.03 增资控股组建四川德农正成种业有限公司。

（7）2001.06 组建山东德农三元绿色农业有限公司。

（8）2001.09 增资控股组建甘肃武禾种业有限公司。

（9）2001.12 四川德农正成、赤峰德农松州、新疆华西三家企业获得农业部颁发的《种子全国经营许可证》。

（10）2002.07 德农种业投资有限公司正式更名为德农种业科技发展有限公司。

（11）2002.10 赤峰、通辽、武禾、张掖、万丰、四平 6 家玉米公司合并组建德农种业有限公司。

（12）2002 年，公司上市，是农副产品深加工企业，走农业产业化发展道路，主要从事食品添加剂、玉米淀粉糖、饲料等系列产品的研发、生产和销售。

（13）2003 年，公司在收购北京德农种业有限公司 41％股权的基础上，对其追加投资，增持股份到 75％，目前，公司持有北京德农种业有限公司股权 92.78％；同时，公司又出资与黑龙江省种子公司合资成立黑龙江德农种业有限公司，从而成为覆盖黄淮海夏播区和北方春播区玉米种植区域市场的种子产业集团公司，公司主营业务转变为以玉米种业、牧草、油葵种子的研发、生产及销售和玉米深加工为主。

（14）2008 年，公司全资成立了北京万向德农肥业有限公司，进军复合肥业务。公司主营玉米深加工业务的齐齐哈尔分公司，因废水处理设施未能达到稳定运行，废水排放超标，为认真落实国家及地方环保要求，避免公司投资损失，公司决定于 2008 年 8 月 7 日起对齐齐哈尔分公司实施全面停产。公司主营业务转变为玉米杂交种子研发、生产、销售及复合肥销售业务。

案例三：蒙牛乳业收购雅士利案例

蒙牛乳业始建于 1999 年 8 月，是中国领先的乳制品供应商，专注于研发生产适合国人健康的乳制品，全球乳业十强。蒙牛乳业成立以来，已形成了拥有液态奶、冰淇淋、奶粉奶酪等多品的产品矩阵系列，拥有特仑苏、纯甄、优益 C、未来星、冠益乳、酸酸乳等明星产品，为消费者的点滴幸福不断创新。截至目前，蒙牛已拥有近 4 万多名员工，在全国建立了 33 个生产基地 58 个工厂。2015 年，蒙牛产能达 868 万吨，营业收入超 490 亿元。2009 年 7 月，中国最大的粮油食品企业中粮集团入股蒙牛，成为蒙牛第一大股东。中粮的加入，推动了蒙牛"食品安全更趋国际化，战略资源配置更趋全球化，原料到产品更趋一体化"进程。

雅士利集团创办于 1983 年，中国婴幼儿配方奶粉产品领导企业，旗下

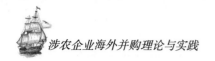

完达山和施恩两大品牌广受消费者认同。自 1983 年成立以来，雅士利经过 30 多年的磨砺，已发展成为一家以婴幼儿奶粉为核心产品的现代化大型企业。2012 年，集团在新西兰投资建立大型海外生产基地——雅士利新西兰乳业有限公司，成为在新西兰独资建立生产基地的第一家中国奶粉企业。在中粮、蒙牛、达能的引领下，雅士利国际集团开启蜕变新篇章，专注研究婴幼儿营养品，致力于成为世界认可的民族品牌企业。

蒙牛乳业并购雅士利过程以及措施：

2013 年 6 月 18 日，中国蒙牛乳业有限公司（简称"蒙牛乳业"）与雅士利国际控股有限公司（简称"雅士利"）联合宣布，蒙牛乳业向雅士利所有股东发出收购要约，并获得控股股东张氏国际投资有限公司（简称"张氏国际"）和第二大股东凯雷亚洲基金全资子公司 CADairy Holdings（简称"CADairy"）接受要约的不可撤销承诺，承诺出售合计约 75.3％的股权。蒙牛方面表示，此次是蒙牛独家投资，融资方面将采用银团贷款的方式，不会引入合作伙伴。"雅士利的团队在婴幼儿奶粉行业有着非常丰富和成功的管理经验，并购后我们将保留雅士利的独立运营平台，使其保持作为从事奶粉业务的专业公司。"蒙牛乳业总裁孙伊萍表示。

这是迄今为止，中国乳业最大规模的一次并购，也是蒙牛乳业在奶粉领域发力的重要信号。两大乳业巨头联手后，将通过资源整合与互补，利用双方在产品、品牌、渠道等方面的优势，加快高端奶粉行业整体升级的速度。交易金额：124 亿港元（约合人民币 98 亿元），雅士利的股东将可就每股股票获得两种选择：①每股 3.50 港币的现金；②每股 2.82 港币的现金加上 0.68 股蒙牛国际的股票。张氏国际承诺接受"现金加蒙牛国际股票"的方案。蒙牛此前刚宣布以 25 亿元收购现代牧业 26.92％股权，成为其最大单一股东。

案例四：双汇集团并购史密斯菲尔德食品

双汇集团是以肉类加工为主的大型食品集团，总部位于河南省漯河市，2010 年总资产达 200 亿元，员工 6 万多人，年肉类总产量 300 万吨，是中国最大的肉类加工基地，在 2012 年中国企业 500 强排序中列 200 位。双汇集团始终坚持围绕"农"字做文章，围绕肉类加工上项目，依靠"优质、高效、拼搏、创新、敬业、诚信"的企业精神，不断进行管理创新、技术创新、市场创新，企业实现了持续、快速、健康发展。史密斯菲尔德是全球规模最大的生猪生产商及猪肉供应商、美国最大的猪肉制品供应商。双汇国际控股的双汇发展是中国最大的肉类加工企业。史密斯菲尔德食品（以下简称SFD）成立于1936年，是一家全球性的食品公司，是世界第一大猪肉生产商。

双汇和SFD早在2002年就开展了业务往来，并于2009年向SFD表达了收购意向。2013年5月，泰国正大食品、巴西肉类巨头JBS集团，以及双汇国际参与对SFD的竞购，SFD最终与双汇达成并购协议。SFD的总估价约为71亿美元，其中双汇国际将承担SFD的股票部分和债务部分，以47亿美元现金来收购SFD的股票，每股34美元，较5月28日收盘价25.97美元溢价31%，同时还承担其债务约24亿美元。双汇国际为本次并购共筹集资金87.14亿美元，其中银行贷款79亿美元，自有资金8.14亿美元。自2013年6月初开始，通过长达3个月的反垄断审查后，SFD于9月26日退市成为双汇国际的全资子公司，本次交易正式完成。

2014年1月21日，双汇国际宣布改名为万洲国际有限公司（以下简称"万洲国际"），并开始着手准备IPO上市之路。2014年7月底，万洲国际在香港交易所申请IPO上市并取得成功，并于8月5日挂牌交易，筹资152亿港元。万洲国际这次IPO筹资过程中，国际发售部分约占95%，香港发售部分约占5%，均获得数倍的超额认购，显示出国际投资者对万洲国际和中国市场的信心较为充分。本次IPO的筹资款将用于偿还2013年收购SFD的银团贷款，从而帮助万洲国际大大改善资本营运能力，并加快其全球化生产与营销体系的整合，真正取得国际并购的成功。

案例五：孟山都种业并购整合案例

孟山都1901年在美国起家，通过并购扩张，打开欧洲、非洲、南美、亚太等地60多个国家。经过115年的发展，公司业务从最初的化工领域逐步扩展至农业生物技术领域，再逐渐成长为全球转基因种子的领军者。总体上，可以将孟山都的发展历程概括为以下三个阶段。

1. 第一阶段：发展化工，探索农药

这一阶段孟山都主要产品有：糖精、咖啡因、香草销量需求同步上升，

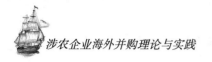

推进化工产品多元化，增加公司利润，降低、分散公司风险。公司成立之初，主要从事糖精的生产和销售，1903年和1905年，有幸得到可口可乐的眷顾，全部库存销售一空。而后，孟山都依据环境变化，生产咖啡因和香草，进行多元化扩张。数十年间，其销售额快速增长，1915年达到100万美元。

"一战"期间，主要欧洲国家受战争影响，农业发展受阻，孟山都依据环境变化借机摆脱生产原料对欧洲进口的依赖，产业链向上游延伸。战争结束后，孟山都成为全美最大的阿斯匹林生产商。1918年和1930年，孟山都进行多次并购，同时挖掘"二战"商机，新设工厂，研发产品，扩大经营范围。

1947年，化肥轮船的爆炸祸及得克萨斯城和孟山都的工厂，公司生产的苯乙烯等化学产品加剧火势，伤亡惨重。化学品的危险性和对环境的破坏性给孟山都敲响警钟，转型压力逐渐逼近。同时，20世纪60年代，美国社会环保情绪高涨，人们安全和环保意识增强。在外部压力下，孟山都为谋求长远发展，重新审视其发展战略，转移业务发展重心，涉足农业领域。不仅如此，自1930年以来，美国加大对农业的支持力度，出台相关政策法规鼓励农业发展，孟山都抓住机遇从农药入手，拉开转型序幕。20世纪50—60年代，孟山都多款产品获得市场青睐，销售额大幅提升，终于在1962年突破10亿美元，竞争优势凸显。

2. 第二阶段：并购种业，壮大农药

（1）夯实农业部门，并购种业资产。1960年孟山都成立单独农业部门后，销售额持续增加，同时公司为扩大市场份额，继续开展并购活动，布局全球战略。20世纪60年代，孟山都成立欧洲总部，在布鲁塞尔建设生产设施；南美方面，在巴西新设办事处，为70年代的大规模投资和生产设施建设奠定基础。受益于各国市场，孟山都的利润总额不断攀升。这一阶段，孟山都也开始在种子生产行业占据市场份额。1969年，收购Farmers Hybrid公司，开始种业布局。1982年，第一次改变植物细胞的基因，在收购DeKalb's小麦研究计划的基础上，成立孟山都Hybritech种子国际公司，寻求建立种业帝国。

（2）研发出最具代表性产品。甘膦除草剂——"农达"。20世纪70年代开始，美国政府陆续颁布一系列法案，设立管理机构，提高对企业生产过程中安全环保问题的重视。基于此，孟山都的转型需求尤为迫切。公司从长远出发，做出战略转型决策，将公司发展重心转移到生物技术领域，在高价值专利化工产品的生产与新产品研发方面加大投入。内有战略转型压力，外有农药需求增加，在两股力量的共同作用下，1968 年，孟山都推进 Lasso 除草剂商品化，引导美国农业的少耕或免耕趋势。1974 年，孟山都发明草甘膦除草剂——"农达"（Roundup），并于 1976 年在美国实现商品化销售。此后，"农达"除草剂始终占据市场领头羊的位置，带领孟山都在转型的道路上大步前进。

（3）借转基因作物技术的机遇，实现转型种业发展。针对公司内外环境的变化，孟山都把农药业务进行战略收缩。在公司外部环境，除草剂的强大药力使其推广受阻，社会公众对环保和食品安全的要求逐渐提高，促使政府出台规范农药发展的政策，农药市场环境恶化；在公司内部环境，1981 年分子生物学小组成立后，生物技术也成为公司未来发展的战略核心，客观上要求将投入更多资金到研发领域，无暇扩大农药业务规模。此时，公司借转基因作物技术的机遇，实现转型种业发展。

3. 第三阶段：开启转基因种子新篇章

1982 年，孟山都又转型开始大规模收购种子公司，彻底放弃了对化肥的进一步研究。孟山都相信，唯一可以彻底解决农产品问题的惠农途径并非化肥和农药这些辅助外力，而是从基因上改变物种本身。此时，孟山都在转基因技术研究方面优势突出，随着 1996 年美国大规模放开转基因作物种植，加之公司与政府关系深厚，孟山都在玉米、大豆、棉花等多种重要作物的转基因种子市场上牢牢掌握话语权，成为全球最大的种业公司。

（1）先发布局转基因育种技术。目前，孟山都获得美国农业部动植物检疫局批准的转基因田间测试品种数量达 6782 个，数量全球第一。孟山都拥有全球 90% 转基因种子专利权，市场份额大幅领先全球其他公司。孟山都转基因育种技术的提前布局，为其在美国转基因种植放开后奠定了明显的先发优势。

（2）与政府建立的良好社会关系。许多质疑孟山都和转基因的人常常把孟山都和美国政府比作是利益共同体，有人甚至认为孟山都转基因农产品的普及已经成为美国对外扩张或统治全球的新手段。

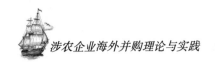

参 考 文 献

[1] 施柳青. 家电企业海外并购整合风险研究 [D]. 济南：山东大学，2017.

[2] 谢红军，蒋殿春. 竞争优势、资产价格与中国海外并购 [J]. 金融研究，2017 (1)：83-98.

[3] 魏涛. 中国企业海外并购的动因、机理与策略——基于无形资源跨国整合视角 [J]. 求索，2016 (11)：109-115.

[4] 吴先明，纪玉惠. 决定中国企业海外并购绩效的因素分析 [J]. 科学决策，2016 (10)：1-19.

[5] 张金杰. 中国企业海外并购的新特征及对策 [J]. 经济纵横，2016 (9)：61-67.

[6] 胡微娜. 影响中国企业海外并购成败的因素研究 [D]. 沈阳：辽宁大学，2016.

[7] 张婷. 中国技术获取型海外并购整合实证研究 [D]. 杭州：浙江大学，2016.

[8] 王朋朋. 中国企业海外并购及政策建议 [D]. 长春：吉林财经大学，2016.

[9] 王磊. 国有企业海外并购典型案例分析 [D]. 北京：首都经济贸易大学，2016.

[10] 冯梅，郑紫夫. 中国企业海外并购绩效影响因素的实证研究 [J]. 宏观经济研究，2016 (1)：93-100.

[11] 洪联英，陈思，韩峰. 海外并购、组织控制与投资方式选择——基于中国的经验证据 [J]. 管理世界，2015 (10)：40-53.

[12] 崔利. 我国汽车企业海外并购整合研究 [D]. 福州：福建师范大学，2015.

[13] 江乾坤，杨琛如. 中国企业海外并购溢价决策影响因素实证分析 [J]. 技术经济，2015，34 (5)：104-111.

[14] 吕娟. 我国企业海外并购整合问题研究 [D]. 天津：天津财经大学，2015.

[15] 樊秀峰，李稳. 基于PSM方法的中国上市公司海外并购绩效评估与分析 [J]. 国际经贸探索，2014，30 (12)：70-80.

[16] 李善民，余鹏翼. 中国企业海外并购的模式及战略选择——基于全球经济治理结构转变的视角 [J]. 南京社会科学，2014 (12)：8-14.

[17] 舒西龙. 中国食品企业海外并购财务风险研究 [D]. 杭州：浙江工商大学，2015.

[18] 周忠辉. 三一重工海外并购后期整合策略研究 [D]. 兰州：兰州商学院，2014.

[19] 李旭强. 中国企业海外并购的财务风险分析与防范 [D]. 北京：财政部财政科学研究所，2014.

[20] 张华玮. 我国企业海外并购财务风险控制研究 [D]. 济南：山东财经大学，2014.

[21] 马金城，焦冠男，马梦骁. 中国企业海外并购行业分布的动态变化与驱动因素：2005—2012 [J]. 宏观经济研究，2014 (1)：33-42，74.

[22] 毛新述，余德慧. 会计准则趋同、海外并购与投资效率 [J]. 财贸经济，2013 (12)：68 - 76.

[23] 吴术. 中国资源类企业海外并购实证研究 [D]. 长春：吉林大学，2013.

[24] 林季红，刘莹. 中国企业海外并购绩效研究——以并购整合为视角 [J]. 厦门大学学报 (哲学社会科学版)，2013 (6)：115 - 124.

[25] 杜群阳，项丹. 资源获取型海外并购绩效及其影响因素的实证研究 [J]. 国际贸易问题，2013 (10)：159 - 166.

[26] 杨波，魏馨. 中国企业海外并购的困境与对策 [J]. 宏观经济研究，2013 (6)：98 - 103.

[27] 朱虹. 中国企业海外并购文化整合研究 [D]. 杭州：浙江大学，2013.

[28] 陈泽，侯俊东，肖人彬. 中国企业海外并购风险形成因素的层次结构：基于 ISM 模型 [J]. 中国地质大学学报 (社会科学版)，2013，13 (2)：126 - 132.

[29] 袁天荣，杨宝. 海外并购整合风险控制框架研究 [J]. 中南财经政法大学学报，2013 (2)：129 - 135.

[30] 陈泽，侯俊东，肖人彬. 我国企业海外并购价值创造决定因素实证研究 [J]. 中国科技论坛，2012 (12)：62 - 68.

[31] 王中美. 从中长期目标失败谈中国海外并购战略的优化升级 [J]. 世界经济研究，2012 (10)：68 - 74，89.

[32] 贺丹. 企业海外并购的国家安全审查风险及其法律对策 [J]. 法学论坛，2012，27 (2)：48 - 55.

[33] 魏涛. 中国企业海外并购动因分析及整合研究 [D]. 成都：西南财经大学，2012.

[34] 陈菲琼，黄义良. 组织文化整合视角下海外并购风险生成与演化 [J]. 科研管理，2011，32 (11)：100 - 106.

[35] 宋维佳，许宏伟. 资源型企业海外并购的绩效与风险研究 [J]. 财经问题研究，2011 (11)：91 - 98.

[36] 阎大颖. 制度距离、国际经验与中国企业海外并购的成败问题研究 [J]. 南开经济研究，2011 (5)：75 - 97.

[37] 胡彦宇，吴之雄. 中国企业海外并购影响因素研究——基于新制度经济学视角的经验分析 [J]. 财经研究，2011，37 (8)：91 - 102.

[38] 顾露露，Robert Reed. 中国企业海外并购失败了吗？ [J]. 经济研究，2011，46 (7)：116 - 129.

[39] 刘建，李莉，关宇航. 略论资源型企业海外并购整合与内部控制模式之构建 [J]. 现代财经 (天津财经大学学报)，2011，31 (1)：29 - 33.

第十章　涉农企业海外并购
常见风险与问题

企业海外并购是一项复杂的经济活动，它牵涉至少两个不同的国家，所以并购活动受到不同国家的政治局势、经济政策的影响，各国汇率间的差异和文化的不同也都会给并购带来一系列并购风险，包括财务风险、政治风险、整合风险等。无论是政策风险还是后续的整合风险，都有可能增加并购的成本，最终影响海外并购的绩效。企业并购的每一步都有发生风险的可能性，所以要想海外并购取得成功，对风险进行有效的防范是必不可少的。

第一节　企业海外并购特点

一、企业海外并购的方式

海外并购，也称跨国并购，涉及两个或两个以上国家的企业，是企业参与国际投资、开展国际业务的重要方式。联合国相关机构将其划分为海外兼并和海外收购两种类型，海外兼并是一国企业与另一国企业通过资产合并或业务合并的形式，合并成新企业的并购行为；而海外收购是一国企业收购另一国企业的资产，目的是为获得对被收购企业的控制权。企业海外并购的结构如图 10-1 所示。

具体的海外并购方式及其相互关系主要是以下几种：

(一) 股权并购

股权并购是最常见的并购方式，收购方通过协议购买目标企业的股权或认购目标企业增资方式，成为目标企业股东，进而达到参与、控制目标企业的目的。收购完成后，目标公司仍然继续存在，目标公司所享有的专利权等

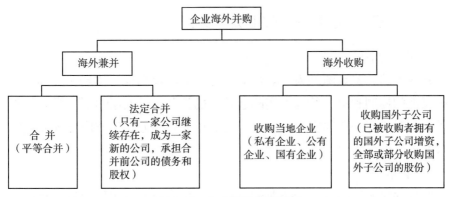

图 10-1　企业海外并购结构

难以确定的有利权利得以继续保留。目标公司的负债仍属于目标公司，收购方仅以所持的股票比例为限对目标公司承担相应债务。股票收购可以使收购方极大地利用目标公司的价值，拓展国外市场。一国企业要进入另一国市场时，往往会遇到的问题是该国市场格局早已形成，或有一定的关税或非关税壁垒，很难占据期望的市场份额。但是，采取海外并购这种形式，收购方可以很方便地获得当地企业的市场地位。由于股票收购在收购完成后，目标公司依然存在，目标公司的品牌、研发力量、研发人员、营销网络、技术专利都可为收购方所用。

（二）兼并

兼并是指通过产权的有偿转让，把目标企业并入收购方的企业中，使目标企业失去法人资格或改变法人实体的经济行为。通常是指收购方以现金、证券或其他形式购买取得目标企业的产权，使目标企业丧失法人资格或改变法人实体，并取得对后者决策控制权的经济行为。

（三）资产并购

资产并购指收购方通过该协议购买海外资产且运营该资产的行为。其优点是债权债务由出售资产的境外企业承担，缺点是税收有可能多缴；需要对每一项资产尽职调查，然后就每项资产要进行所有权转移和报批；资产并购的程序相对复杂。

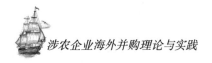

（四）股权并购与资产并购的区别与联系

1. 并购意图

并购方的并购意图是为了取得对目标企业的控制权，体现在股权并购中股权层面的控制和资产并购中实际运营中的控制。虽然层面不一样，但都是为了取得对目标企业的实际控制权，进而扩大并购方在生产服务等领域的实际影响力。

2. 并购标的

股权并购的标的是目标企业的股权，是目标企业股东层面的变动，并不影响目标企业资产的运营。资产并购的标的是目标企业的资产，如实物资产、专利、商标、商誉等无形资产，并不影响目标企业股权结构的变化。

3. 交易主体

股权并购的交易主体是并购方和目标公司的股东，权利和义务只在并购方和目标企业的股东之间发生。资产并购的交易主体是并购方和目标公司，权利和义务通常不会影响目标企业的股东。

4. 交易性质

股权并购的交易性质实质为股权转让或增资，并购方通过并购行为成为目标公司的股东，并获得了在目标企业的股东权，如分红权、表决权等，但目标企业的资产并没有变化。资产并购的性质为一般的资产买卖，仅涉及买卖双方的合同权利和义务。

股权并购的方法操作简单，不涉及资产的评估（实际办理过程中通常还是需要提供被并购境内公司资产评估报告），不需办理资产过户手续，节省费用和时间，同时更能有效解决一些法律限制，能逾越特定行业（如汽车行业）进入的限制，能规避资产并购中关于资产转移（如专利等无形资产）的限制。股权并购的主要风险在于并购完成后，作为目标企业的股东要承接并购前目标企业存在的各种法律风险，如负债、法律纠纷等。实践中，由于并购方在并购前缺乏对目标企业的充分了解，导致并购后目标企业的各种潜在风险爆发，不能达到双方的最佳初衷。但实践中，选择股权并购还是资产并购往往没有太多的考虑，而是由并购双方的实际要求决定的，即买方或卖方单方面需要决定进行股权收购或资产收购，对方仅是配合而已。

（五）兼并、收购与合并之间的差别

兼并、收购与合并作为不同形式的资本运营方式，各自又有不同的特点，它们之间的差别在于：

（1）合并中参与合并的企业法人资格都随着合并而消失，它通过另外组建一个海外新企业取得法人资格；吸收合并（兼并）中的承担债务式、购买式、吸收股份式兼并，被兼并企业放弃法人资格并转让产权，兼并方接收产权、义务和责任。可见，包含兼并的广义合并中参与合并的企业或被兼并企业就将丧失原有的法人资格；收购中，被收购企业作为经济实体仍然存在，被收购方仍具有法人资格，收购方只是通过控股掌握了该公司的部分所有权和经营决策权。

（2）合并中新组建的企业形成后，参与企业的原法人资格全部消失，于是，原有企业的债务一并归于合并后的企业。承担债务式兼并中的兼并企业将被兼并企业的债务及整体产权一并吸收，表现为以承担被兼并企业的债务来实现兼并。兼并行为的交易也是以债务和整体产权价值之比而定的；购买式兼并中兼并方在完成兼并的同时，需对其债务进行清偿；吸收股份式兼并被兼并企业所有者与兼并企业一起享有按股份分红权利和承担债务义务。这前二者兼并形式中，原所有者将原资产、债权、债务一并转移，兼并方成为企业资产的新所有者及债务承担者。吸收股份式兼并中被兼并方所有人将企业的净资产作为股金，成为兼并方的一个股东，而与兼并方共担债务。而收购中，兼并企业作为被兼并企业的新股东，对被兼并企业的原债务不负连带责任，其风险责任仅以控股出资的股金为限。

（3）收购与合并对债权人新担负的义务不同。当公司决定合并时，应立即编制资产负债表及财产目录，以明确其财产状况，提供给债权人查阅。所以，合并有保护债权人的程序和义务。合并中依据有关规定，经股东会的决议和资产负债的结算，必须征询债权人的异议，声明债权人在一定期限内没有提出异议时，即为承认此合并案。可见，如果采取合并的方式取得某家企业的经营权，必须先取得该公司经营者的同意，经股东会议决定后才能达到目的。而收购在程序上就简单了，如果收购方想通过收购某家公司的股权而取得经营权，只要收购到目标公司一定比例的股权就可以达到目的。在程序上只要取得股权上的优势，再进行董事会、监事会改组即可。

（4）在收购股权及资产方面，签订合约的对象虽然分别是股东和公司，但都只计算被收购企业或资产的价值。在合并过程中，合并参与者若为股份公司，则通过股权交易，使原公司股东改持存续公司或新设立公司股票。这里需要先计算出各自的价值，经双方认同再计算出交换比率，然后才能进行合并。

实务中兼并的实施案例较少，主要考虑还是在跨境收购中的文化、法律和管理差异，收购方未必能够充分将目标企业的核心资产按照国内的模式继续经营下去。股权收购的方式尚且不能达到整合的目的，何况使用兼并的方式。

二、企业海外并购的特征

海外并购是在国内企业并购的基础上逐渐在国外发展起来的，因此具有国内并购的全部特征。同时，由于海外并购涉及不同的主权国家，因此它又有其独有的特征。图 10-2 显示了企业海外并购的特征。

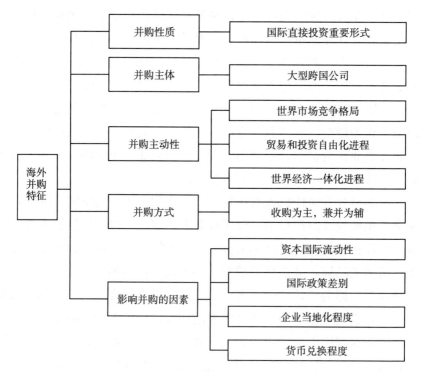

图 10-2　企业海外并购的特征

（一）从并购的本质来看

海外并购是随着企业在国外实施国际投资业务的基础上发展起来的。而企业国际投资的特点是经营权和控制权向海外转移，它包括在被投资国建立新企业和并购现有企业等多种形式。随着世界经济一体化进程的不断深入，企业海外并购业务已成为其开展国际投资业务的渠道和平台。

（二）从并购的主体来看

企业在国内开展并购业务，投资主体主要是国内企业，很少有国外企业参与其中。但企业在实施海外并购业务时，海外并购的业务流程复杂、并购金额庞大，需在企业内部与外部不同部门的精细协作与配合下完成，而且并购双方需具备很强的国际业务经验。因此参与实施海外并购投资主体主要是大型海外公司以及国际化程度很高的投资银行。

（三）从并购的方式来看

为了减少市场上的竞争对手，占取更大的市场份额，企业在实施国内并购时通常以兼并为主，以收购为辅；而海外并购的目的是为了实现对被并购企业的产权和管理权的控制，使得并购企业在短时间内能够以较低的门槛和较强的竞争力进入当地市场，因此通常以收购为主，以兼并为辅。

（四）从并购的影响因素来看

影响海外并购与国内并购的因素有很大区别。影响海外并购的因素包括：资本是否在海外流动、国家间政策的差别、企业当地化的程度以及货币兑换等；国内并购的因素则主要涉及国内企业之间、国内政策影响以及并购可能性等方面。

三、企业海外并购的分类

（一）按并购方的功能分类

以海外并购的功能划分，可以将其分为垂直海外并购、水平海外并购和

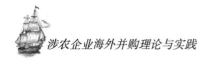

混合海外并购。垂直海外并购，是指发生在同一产业上下游企业间的海外并购，企业在国际范围内的纵向一体化是其基本特征；水平海外并购是指同一行业间的海外并购，国际范围内横向一体化是其基本特征，水平海外并购使企业的生产规模得到扩大；混合海外并购是指不同行业间的企业海外并购，这类海外并购会降低企业由于涉及单一行业而形成的经营风险，减少生产成本，保证企业在世界市场上的整体竞争力。

（二）按并购方的态度分类

按并购方对并购持有的态度，可将并购分为恶意并购和善意并购。恶意并购是指并购方事先不与目标公司协商、不顾目标公司的意愿，突然直接向目标公司股东提出收购要约，对目标公司强行进行并购；而善意并购是指并购方和被并购方事先通过协商好并购条件，在双方意愿基本得到尊重的情况下实现产权转让的并购。

（三）按并购的目的分类

按并购的目的为标准，可以将并购分为战略性并购和财务性并购。战略性并购的目的是完善公司的产业结构，增强企业核心竞争力，全面提高企业价值，并购整合后的企业在持续经营中将会体现出并购双方的利益。战略性并购最佳的支付方式就是股票支付。财务性并购旨在优化资本结构、降低财务风险、改善财务质量、增加账面利润等。财务性并购中的并购企业通常是没有相关实体产业基础的金融行业或其他虚拟经济中的企业，而标的企业通常是存在规模较小、经营不佳、管理不善等问题的企业。财务性并购最佳支付方式是现金支付。

（四）按并购是否有第三方参与分类

按并购是否经过第三方为标准，可以将海外并购分为间接海外并购和直接海外并购。间接海外并购是指通过银行或其他中介机构进行的并购交易。大多数情况下，间接并购是通过在证券市场上收购被并购企业已发行和流通的具有投票权的普通股来达到控制被并购企业的目的。间接并购往往不是建立在双方共同意愿之上，很有可能造成公司间的激烈对抗，导致股价大幅上涨，使得收购成本增加，收购难度增加。直接海外并购指并购企业根据自己的战略规划直接向目标企业提出所有权要求，或者目标企业因经营不善以及遇到难以克服的困难而向并购企业主动提出转让所有权，并经双方磋商达成协议，完成所有权的转移。

四、企业海外并购的动因

在世界经济一体化的今天，各国企业越来越意识到海外并购的重要性。只有从企业战略发展规划中总结其海外并购动因，才能更好地解释其有效性。随着全球以及各国经济的高速发展，促使企业实施海外并购的动因很多，图 10-3 列示了企业实施海外并购的几种主要动因。

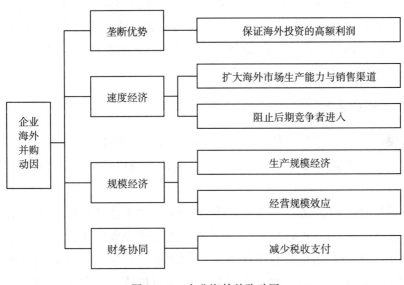

图 10-3　企业海外并购动因

（一）垄断优势

垄断优势由斯蒂芬海默在其博士论文中首先提出，传统的国际投资理论认为市场始终是完全竞争的结构，企业只是市场参与者，生产的产品同质，能平等地获得市场中的任何信息，不具备任何支配市场的力量。他认为，现

实的市场可分为四种，分别是不完全竞争市场、不完全竞争要素市场、规模经济和外部经济的不完全竞争市场、不同国家的不完全竞争市场。企业要实施海外并购，就必须拥有某种垄断优势，确保海外并购优势，进而获得额外并购利润。

（二）速度经济

速度经济理论研究者认为，为提高资金的使用效率，实现速度经济，企业应加快其产品的生产、销售、库存以及资金回收的速度。速度经济认为企业是一个完整的转化系统，其转化效率不仅取决于资源的转换数量，更取决于转换效率。并购可以帮助企业在短期内获得自身不具备的生产能力、销售渠道以及科研实力，提升经营效率，从而实现速度经济。企业实施海外并购可扩大其在海外市场的生产、销售能力，与直接再建新企业相比，海外并购一方在海外新建企业来扩大市场占有率，可能会面临一定的产品生产与销售风险。所以，海外并购可以帮助企业在短期内实现产品生产与销售能力，提高市场占有率，从而实现速度经济。

（三）规模经济

规模经济存在于企业发展的各个环节。海外并购可以使企业在短期内实现规模经济，增强研发能力和生产效率。企业的规模经济主要体现在以下两方面。

一是生产规模经济。一方面，海外并购有助于企业根据实际情况调整其资产状况，增强生产效率；另一方面，也能使企业在保证生产规模不变的情况下，集中开拓更具有市场竞争力的产业。此外，海外并购还能帮助企业解决专业化生产的不便，实现生产过程有机统一，从而实现规模经济效应。

二是经营规模经济。一方面，海外并购可以使企业针对全球不同市场实施产业布局，在不同的海外市场开展最具市场竞争力的生产和服务，满足当地市场的需求；同时，实施海外并购的企业有足够的经费用于新产品的研发、生产与销售，保证其市场竞争力。此外，海外并购也有助于企业扩大规模、增强市场信誉、提高海外融资能力。

（四）财务协同

获取财务协同效应是企业进行并购的一个重要动因。不同国家的税收政策、会计政策以及企业并购政策不尽相同，企业通过实施海外并购，从并购过程中的一系列财务运作实现经济利益，被称为财务协同效应。一般来说，对亏损企业的海外并购能使并购企业实现财务协同效应。在母公司的合并财务报表中，并购企业的收益可以抵消被并购企业的亏损，通过诸如此类的财务运作，可以帮助并购企业降低支出，提升经营业绩。此外，并购企业通过股权互换、股权支付和现金支付等多种方式来完成海外并购的支付程序，可以在企业规模不断扩张的同时减少资金支出等一般性支出，实现财务协同效应，提升经营业绩。

第二节　涉农企业海外并购常见风险及应对措施

一、企业海外并购常见风险

随着全球经济的迅速发展，实施海外并购是我国企业参与全球竞争、迅速做大做强的必由之路。海外并购是企业积累资本、获取资源、提高全球竞争力的重要途径。但是企业在实施海外并购中遇到了很大的阻力，企业要面对信息不对称风险、财务风险和并购整合风险等多方面的挑战。统计数据显示，企业海外并购没有很好地控制财务风险是企业海外并购失败的重要因素。

（一）风险识别

海外并购活动本质是一项投资活动，海外并购重新配置了企业资源，这样无疑会对企业原有的配置产生影响，从而使得并购活动存在一定程度上的不确定性。从操作角度看，海外并购的主要风险有法律风险、政治风险、财务风险、文化风险、品牌风险、管理风险和人力风险等；从经济角度看，并购中主要风险有资产评估风险、融资风险、产业风险、定价风险等；从并购

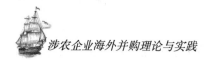

阶段角度看，海外并购面临的风险有并购准备阶段、并购交易阶段、并购整合阶段的风险等。

1. 法律风险

就法律方面的风险，主要体现在以下三个方面：

（1）并购准备阶段应考虑的风险。作为谨慎的投资者，在进行海外并购之前，应先考虑目标公司所在国或地区对外资准入方面的规定，即是否对外国人持有本国公司的股权或资产的所有权有所限制，如果有限制应采取何种方法规避。

（2）并购交易阶段应考虑的风险。进入实质性的并购活动以后，鉴于这个阶段已与目标公司开始接触，或已签订收购意向书、备忘录等法律文件，对于目标公司的情况有了初步了解。因此，这个阶段的主要风险集中在目标公司的经营和交易两个方面。

一是目标公司经营的法律风险。目标公司经营方面的各类法律问题，首先可以通过法律尽职调查来发现，也可以就专门问题向所在国或地区的律师征询单项意见。一般来说，在采取股权收购模式的并购中，公司的合法设立、资产权属、执照许可、劳动社保、环境税务等，这些问题显得更为重要。中国律师需要与海外当地律师良好地配合，来更好地避免这些风险。

二是目标公司交易的法律风险。交易中的风险主要是协议签订过程中与协议相关的风险，包括收购协议是否需要审批方的问题、设定的交割条件能否满足交易安全的问题、是否违反管辖国或地区强制性法律的问题、债权债务包括潜在债务是否得到处理的问题、争议解决方式等。这些问题通常会在谈判及收购协议中体现出来，并配合相应的问题解决方案的约定以及违约约定。有时并购活动中还会涉及一些关联协议，如托管账户协议、商标/技术授权使用协议、商标/技术转让协议、目标公司原股东协议之补充协议等，如果这些协议的一致性和关联性未被充分考虑和设置好，会使未来的执行产生法律风险。

（3）并购后应考虑的风险。收购后的风险，即收购方对目标公司未来的经营风险，涉及当地公司法、合同法、劳动法、税法甚至证券法律等各方面的内容，需要结合目标公司当地的具体情况予以分析和提供解决方案。

案例 1 分析：

2004 年中化国际曾经拟以 5.6 亿美元独资收购韩国仁川炼油公司。在签署了排他性的谅解备忘录中，中方没有增加附加条款限制对方再提价。当时仁川炼油公司已经濒临破产 3 年多，债权人急于将公司售出。而随着国际油价的持续上涨，包括花旗银行在内的债权人认为即使中化国际不收购仁川炼油厂，也会有其他石油公司表示收购意向。因此，就在收购似乎已尘埃落定之时，韩国方面突然变卦，表示仁川炼油公司的中小债权人不满意中化国际的开价，要求将原来的收购价格抬高。在 2005 年 1 月 31 日仁川大法院召开的债权人表决大会上，由于仁川炼油公司最大的债权人花旗银行的反对，中化国际收购仁川炼油公司的项目未获通过。而且，花旗银行还开出 7.7 亿美元收购仁川炼油公司的价格，比中化集团的 5.6 亿美元高出 2.1 亿美元，超出了中化集团的承受能力，最终导致了并购失败。韩国仁川炼油公司最后被韩国 SK 集团所收购。

 案例 2 分析：

1992 年，北京首都钢铁公司斥资 1.18 亿美元收购秘鲁铁矿组建了首钢秘鲁铁矿股份有限公司，成为中国在南美洲投资的最大生产企业。但是没多久，首钢秘铁就在 1996 年因工薪问题而发生了长达 42 天的集体罢工事件。2011 年 3 月，首钢秘铁矿工工会又一次向首钢秘铁提出每人每天增加工资 14 索尔（3.45 索尔合 1 美元），以与其他公司矿工的薪金持平，但首钢秘铁管理层坚持只增加 1.5 索尔。6 月 1 日，首钢秘铁矿工工会宣布开始无限期罢工并设置封锁线，公司无奈之下只能答应给每个职员每天加薪 2.9 索尔，并给予每个职员一次性额外补贴 570 索尔。据测算，此次罢工给首钢秘铁造成的直接经济损失高达 351 万美元。虽然首钢秘铁目前已经恢复正常生产，但是劳工问题隐患依然存在。

2. 政治风险

企业海外并购遭遇的政治风险表现形式主要有以下三种：

（1）立法限制。当今世界各国对海外并购进行干预的共同特征是并购干预法制化，即通过立法确定并购审查的宗旨、原则、执法机构和执法程序，使政府对海外并购的干预和审查合法化、透明化。在美国、英国、德国、法国等西方发达国家，都制定了一整套对海外并购进行审查的法律制度、程序和标准。这些国家通过具体的、灵活的、可操作的方法来保证有效竞争的出现，尽可能避免对并购企业造成不必要的损失，从而提高海外并购的效率。

（2）行业禁止。以美国为例，为了防止关乎国家经济命脉的某些特殊行业被外国公司或者外国政府所掌控，美国政府在一些特殊行业中实施禁止或者限制海外并购的政策。这些行业囊括航空、通信、海运、原子能、金融等领域。例如，在航空领域，美国法律规定，外国公司对美国航空公司的收购必须要得到美国交通部的审批，外国公司收购美国航空公司股份的比例不得超过 25%，且航空公司董事会成员中美国籍的董事比例不得低于三分之二。

（3）国家安全审查。这也是维护国家安全最主要、最直接的方式。仍以美国为例，相关法律规定一般并购案的审查期限定为 30 天，若有异议且并购交易方未与外国投资委员会达成协议或涉及外国政府控制的并购案，则必须再进行 45 天的深度调查，深度调查完成后，总统还有权在 15 日内进行进一步审查。审查程序的延长和复杂化，无疑会延误海外并购的良好时机，加大外资并购的交易成本，增加海外并购的政治风险，延缓外国企业海外并购的步伐。就国家安全审查范围来说，进一步扩大了审查范围，与美国国家安全相关的核心基础设施、核心技术及能源等领域的并购成为审查的主要内容。同时，还对国有外资企业在美国的并购进行严格的限制。

3. 战略风险

一个公司的发展离不开对其发展战略的制定。同样，一个公司在实施其并购行动时，也离不开对并购战略的制定。这不仅关系到对所拥有不同资产的规模、市场份额或是所处行业的并购对象的选择，同时也关系到整个并购行动的成功与失败。因此，分析并购中的战略风险就显得尤其必要了。所谓并购战略风险，就是指公司在并购活动中，因选择了不恰当的并购战略而使公司遭受风险的各种可能性的统称。公司并购战略分为多元化并购战略和一体化并购战略两种，前者是指公司兼并预收购超出本行业的范围，向其他行业发展；后者是指兼并与收购在本行业内进行，向上游、下游延伸。以上各种不同的战略可能给公司带来不同的风险，共同构成公司并购的战略风险。

4. 财务风险

海外并购财务风险按照阶段可分为定价风险、融资风险、支付风险、汇率风险、整合风险、营运风险等。

（1）定价风险。对被并购企业进行估值定价是一项并购活动一开始就要进行的部分，估值定价是指对被并购企业的资产、负债、收益进行评估，据此得出企业的价值，从而确定并购出价，然后开始进行并购竞价等一系列活动。并购定价风险主要是指为收购目标企业所支付的实际价格偏离目标企业价值的可能性及程度。

（2）融资风险。融资风险是指由融资决策和融资结构带来的相关风险。具体包括所融资金占用时间是否充足，所需资金数量是否足够，筹集资金的手段是否有利于并购目标的完成，后期需负担的负债是否会影响企业正常的生产经营等。企业的并购活动需要大量的资金，且占用时间较长，如何在有限的时间内筹集到所需的资金，对于并购活动来说是非常关键的。具体来说，融资风险包括以下几个方面：融资结构风险。企业并购所需的资金一般通过多种融资渠道获得，在这种情况下，企业就会面临着融资结构风险。以发行股票方式获得资金会涉及稀释控制权的风险以及威胁股东利益的风险。以举债方式筹集资金会涉及支付利息风险以及后期按时还债风险；融资决策风险。企业并购所需的资金来源包括自有资金、对外举债融资、对外发行股票融资。用自有资金进行并购虽然会降低后期的债务风险，但可能导致企业生产经营过程中正常的资金周转出现困难，所以并购中很少出现全部用自有资金支付的情况，大部分都会借助融资活动筹集的资金来支付，而融资不当也会造成财务风险，所以融资决策在并购计划中处于非常重要的地位。

（3）支付风险。支付风险主要是指不同的支付方式带来的财务风险，主要包括资金流动性风险和股权稀释性风险。支付风险与前面的定价风险和融资风险关系密不可分。支付方式的选择是建立在对目标企业定价的完成以及融资策略确定的基础上，不同的支付方式通过产生的收益效果不同而对风险的转移和降低的程度不同。所以企业要重视支付方式的选择。从支付工具的选择上看，可将支付方式分为现金支付、卖方融资、换股并购和混合支付四种。不同的支付方式带来的风险也不同，现金支付带来的是资金流动性风险，杠杆支付带来的是债务风险，股权支付带来的是股权稀释风险。

（4）汇率风险。汇率是指一国的货币兑换成另一国货币的比率。汇率风险是指海外并购中目标企业采用外币计量，因外汇汇率的涨跌使得其价值波动的不确定性。汇率风险包括三种基本风险：会计风险、交易风险、经济风险。会计风险，是指海外企业编制会计报表时，因实际交易的货币和记账货币不同，两种货币之间兑换汇率的波动导致企业遭受损失的可能性；交易风险是指企业用外币计价进行交易时，可能因外汇汇率的变化遭受损失的可能性；经济风险，是指在海外并购交易完成之后的经营过程中，因外汇汇率的波动通过影响企业生产销售中现金流量的情况而让企业遭受损失的不确定性。

（5）整合风险。并购整合风险是指并购交易完成后，并购企业已经获得目标企业的经营控制权的情况下，将两个企业融合成一个经济实体过程中存在的不确定性。并购整合风险包括经营整合风险、财务整合风险、战略整合风险、文化整合风险、人力资源整合风险、组织结构与管理整合风险等，本文研究的是海外并购中的财务风险，将以分析财务整合风险为主。从财务整合风险的来源看，可分为宏观和微观两个角度。宏观上是指由于市场大的经济环境和宏观经济政策造成的海外并购财务整合上的不确定性；微观上是指海外并购中涉及的两个企业在财务处理上的差异带来的财务整合风险。

（6）营运风险。营运风险是指海外并购交易完成后，整合不到位，使得在整合后企业经营过程中不能因其规模扩大而使其盈利能力增强，即不能实现规模经济和财务协同效应。营运风险主要是由于并购整合后的企业不能适应外部环境产生的。

5. 文化风险

文化不仅影响人们的思维和举止，而且对企业的成长和利润也有直接的影响。表 10-1、表 10-2 分别列出了中西方文化差异的主要表现以及企业管理文化特质的比较。可以看出，文化整合对跨国并购具有极大影响。因此，并购方在并购后采取的整合、控制和操作方法与并购的成功有直接的关系。为了实现预定的并购目标，具有不同文化的并购公司采用的整合方法必须以弥补并购方和被并购方的文化差异为基点，并依赖于参与公司的大小、规模以及并购方的策略倾向来决定。由于不同文化的影响，不同的整合需要其整合方法应随着并购的策略倾向、协同作用的获得、资产的类型和个人涉入的不同而不同。

表 10 - 1　中西方文化差异的主要表现

文化维度	国别	文化特征	文化差异表现
集体/个人	中国	集体	个人从思想道德的角度处理与组织的关系，对组织具有精神上的义务和忠诚，存在一种契约责任
	澳大利亚	个人	自我意识占据统治地位，靠个人努力实现自身价值
权利距离（大/小）	中国	距离大	组织决策权集中在少数人手中，下属习惯按照上司的要求去工作，大多数人处于依附状态，上下级感情差距大
	澳大利亚	距离小	处于不同权力地位的人天生应该是平等和相互信任的，喜好协商式和平等交换式的决策风格，下属对上司依赖有限，强调独立完成任务
不确定性规避（高/低）	中国	高	忧虑程度较高，工作压力大，感情上对变革的抵触大，对组织忠诚，根据资历考评人员，组织内部职责明确，规章制度严格
	澳大利亚	低	忧虑程度较低，工作压力较小，感情上对变革的抵触小，对组织忠诚不被看作一种美德，根据个人业绩考评人员
难度性（高/低）	中国	低	行为中更多强调的是依附从属，恭让卑谦，职位保障，友好合作
	澳大利亚	高	自主、竞争、成功是他们生活的宗旨，轻松工作，赚取更多的钱财是他们生活的目标
长期/短期导向	中国	长期	强调企业的社会责任，包括企业与社会的关系以及对国家的责任
	澳大利亚	短期	企业经营者重视短期利益的增长，而不是企业本身的长远发展

表 10 - 2　中西方文化差异及企业管理文化特质比较

内容	国别	表现
为人处世	中国	内敛、自省，推崇中庸思想，缺乏创新精神
	美国	更热衷于公益事业，视服务社会为己任
法制观念	中国	主张用礼、道德来约束，讲究克己复礼
	美国	主张法制，通过制度约束，道德属于从属地位
道德观	中国	重人伦，重人情，中庸和谐
	美国	重契约，重理智，重视竞争
思维模式	中国	跳出现实，审视生命，属抽象感性思维
	美国	从物质世界入手，探索求证问题的来源，属逻辑思维，理性思维

（续）

内容	国别	表　现
管理特质	中国	产业报国的价值观
		引导式管理
		注重激发员工主观能动性
		讲究管理决策和谋略
		管理多为战略驱动型
		注重自我价值的发挥
		鼓励变革和创新
	美国	重视规章制度的理性约束
		科学管理
		管理多为财务驱动型

并购价值目标的实现是一个艰难而漫长的过程，为了企业的发展和并购的成功，实施跨国并购的企业在操作时应尽可能地事先了解对方的文化，并根据并购企业的文化强势、弱势、距离等选择适宜的整合方法和实施前的文化考察，并在并购后进行员工培训，将跨国并购中文化冲突的影响降低到最小，将人力资源的优势强化到最大，达到资源高效配置、市场深度融合，使并购企业按预定的期望蓬勃发展。

（二）企业海外并购风险的特征

与国内并购相比，海外并购差异巨大，并购复杂性也更大，并购中各环节中存在风险，由于海外并购活动涉及不同国家，并购环境的特殊性决定了海外并购风险的特殊性，但海外并购的流程与国内并购的流程相同。具体来说，海外并购具有如下并购风险特征。

1. 风险具有不确定性

企业海外并购风险最基本的特征就是风险具有不确定性，海外并购活动涉及企业海外并购的各个阶段，各阶段都存在不确定性，因而其风险也具有不确定性，海外并购风险的不确定性会导致并购企业并购后生产经营的预期结果与实际结果不同。

2. 风险具有可控性

海外并购的风险是在企业实施并购业务过程中产生的，企业可以在并购结束后对风险事项进行确认，即事后确认；也可以在并购开始前通过特定的技术和方法对可能发生的风险实施评估。此外，企业应在并购过程中随时关注风险状况，将风险控制在其可控范围之内。

3. 风险具有关联性

由于风险遍及企业海外并购活动的全过程，并购企业应对被并购企业的财务状况、资产与负债规模、企业价值等与并购相关的各项财务资料进行调查分析；且风险涉及被并购企业的选择阶段、价值评估阶段、融资与支付阶段、整合阶段等。因此，企业并购的风险具有高度相关性，它是各期并购活动的有机延续。

4. 风险具有分散性

风险具有分散性，企业可以通过各种风险管理手段将风险发生的可能性降到最低。企业应根据实际情况采用相应的风险防范措施，包括风险规避、风险转移、风险转嫁、风险自留等。

5. 风险具有危害性

风险会给企业带来损失，企业应及时将财务风险化解，风险超出企业的控制能力后，会丧失融资能力和偿债能力，严重影响企业的正常运营，甚至会使企业破产倒闭。

二、涉农企业海外并购常见风险

鉴于农业在国民经济中的基础地位和重要性，以及农业企业具有易受自然环境影响的弱质性、农产品价格波动大以及我国农业产业化低等特殊风险，因此农业企业的海外并购可能产生更多的风险。农业企业具有行业特殊性，相应的农业企业并购风险也有其特殊性。一般认为，农业企业的并购风险也可分为环境、战略、交易、整合等几个方面的风险。从经济学的角度，将农业企业在进行海外并购中面临的风险归纳为宏观经济风险、汇率波动风险和交易风险。

（一）风险识别

涉农企业在进行海外并购的同时，也面临着新的风险和挑战。目前涉农

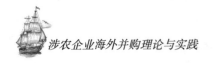

企业面临的风险主要体现在以下三个方面：

第一，涉农企业并购面临越来越严格的安全审查政策。涉农企业对外投资并购，美国、澳大利亚以及其他一些发达国家都纷纷调整了相关政策，强化了对涉农企业投资并购的安全审查政策。以美国为例，该国日趋严苛的安全审查对中国企业的并购造成了巨大的负面影响，导致大量中国企业在美国的并购案以失败告终。

第二，涉农企业并购正在面临不断上升的政治风险和经济金融风险等。尽管发展中经济体是中国海外投资并购最具潜力的目的地，尤其是对战略资源和市场寻求型以及基础设施领域的投资并购而言，但这些发展中经济体经济基础较为薄弱，较多不稳定因素导致政治风险较高，社会稳定性较差。

第三，涉农企业并购必须应对文化差异所导致的风险。文化差异风险主要是指投资并购国及其管理人员与目标国的政府、社区、员工及民众由于文化差异而带来损失的可能性。并购初期主要是两家企业完成所有权和行政上的统一；并购后期就涉及整合文化的统一，即价值观念、工作规则等。

（二）涉农企业海外并购风险产生的原因

涉农企业与非涉农企业在进行海外并购时遇到的风险大部分成因是一致的，包括制度环境和企业自身因素。但也有其特殊性，即由产品特性和行业特性影响的风险。产品特性是指农作物生产经营易受自然环境影响，具有明显的生产区域性、特定生长周期以及流通过程中易变质的生物性；行业特性是指涉农企业在国民经济中的地位和涉农产业化水平。

1. 制度环境

从国际制度环境和东道国制度环境两个角度来分析：

（1）国际制度环境。经历了大规模金融危机的洗礼，全球的政治经济环境都发生了变化，为了在新的环境下本国经济能够更好地发展，各国政府纷纷调整了本国的经济政策和发展战略，其中包括对吸引外资方面的政策。随着全球化投资力度逐步恢复，加之许多国家新颁布了更加自由化的引资政策，使得对外投资更便利，但与之相对应的是，各国加强了对外来投资、并购过程的监管。各国针对海外并购交易制定了更加细致严格的行为规范。

（2）东道国制度环境。被并购企业所在国对于外资并购的政策也各有不同。但各国对待外资并购的政策中保护主义普遍存在、形式多样。近年来，澳大利亚、加拿大、美国等发达国家都纷纷以出台相关法律的形式来加强对外来投资的监管，具体包括要求对外资并购进行安全审查。

2. 产品与行业特性

（1）农作物对自然环境的依赖性。首先农业的发展对自然环境的依赖性较高，和气候、土壤的要求较高，适宜的气候环境是农作物生长的基本条件，光照、温度、水分等气候资源的补给对农作物的生长是适当的，那么气候条件对农业生产就是有利的，否则就成了威胁农作物生长的因素。海外并购涉及的两个企业位于两个国家，两个国家生产出的农作物和两个市场需求的农产品都不一样，地域的复杂性增加了并购过程中原料采购和产品销售处理上的复杂性，也造成了涉农企业海外并购的风险。

（2）农作物的生物性。农作物是具有生命的物体，而工业加工对象并不具有生命，这是农产品生产与工业产品生产最大的区别。正是农作物的生物性使得其具有易变质性和周期性。生长出来的农作物的保质期限较短，且农作物产量较大，形状不规则，储存难度大，具有复杂性，对运输的要求也高，并购后，位于两个国家的企业会有很多业务上的往来，而农产品的运输仓储方面特有的要求增加了两个企业进行业务往来的难度，增加了涉农企业海外并购的风险。

（3）农业在国民经济中的地位。农业是人类的食物之源、生存之本，是人类赖以生存和发展的基础。这些特质决定了农业在国民经济中必然是处于独一无二的重要地位，也将格外被重视，相应的农业行业受到来自于国家、社会更多的监管，相关的政策和法律约束更多，法律方面的风险增加了其海外并购过程中的风险。

（4）农业产业化水平。农业产业化是指农产品以商品的身份进入市场，实现市场化，使得农产品的生产、加工、销售在一个体系中进行，农业的产业化呈现出农产品市场化，生产基地区域化，生产、加工、销售、服务专业化、一体化，农业企业规模化，生产工具机械化等特点，对比这些特点，不难看出我国农业产业化水平低。我国农业大部分以家庭为单位分散经营、以人力为主要生产力、农业技术力量薄弱、生产方式粗放、农产品加工简单、附加值低。农业产业化水平低使得我国农业发展整体水平低下，农业企业整体竞争力也低，使得企业应对风险的能力不足，增加了我国农业企业在进行海外并购过程中的风险。

3. 企业自身因素

（1）企业对并购风险重视程度不够。海外并购是一项复杂的经济活动，企业在进行海外并购时一定要选择最适合自己的企业，这就要求在并购前要充分收集相关企业资料，并对收集的资料进行充分、深入的分析和专门的研究调查，包括研究目标企业的资本结构、市场份额、管理模式、企业规模以及盈利能力等财务方面的信息，最后根据自身并购的目的选择出目标企业，这样可以大大避免并购时的风险，使得并购绩效达到最大。

（2）企业应对并购中财务风险的能力不够。即使并购企业在并购前对并购过程中可能出现的风险给予了足够的重视，并且按时按质地做了充足的准备工作，对可能出现的风险进行了较为全面的预测，也进行了相应的防范措施以及应对之策，但是可能存在下面两种情况使得海外并购交易的绩效依然受到风险的威胁。第一，即使企业做了自认为充足的风险防范准备，也提出了应对之策，但由于企业能力有限，防范措施和应对之策不足以解决将出现的风险，使得海外并购的绩效受到风险的威胁。第二，由于风险本身具有意外性，即使做了充分的准备工作，也不是所有的风险都能够被预测到的，在并购过程中一个意外带来预测之外的风险，也会威胁到海外并购的绩效。

三、涉农企业海外并购常见风险的应对措施

海外并购虽然是企业走出去的捷径，但是企业要想成功地进行一项海外并购，必须充分识别并购过程中可能出现的风险，并对识别出的风险制定恰当的防范措施，涉农企业在进行海外并购时，要额外关注农产品对生长环境要求高、储存运输不便、价格波动大等特殊性可能在并购各个阶段带来的各种财务风险，只有这样企业海外并购才可能成功。以下是结合对海外并购中风险的处理方法对我国涉农企业海外并购风险控制提出几点建议。

（一）法律政治融合角度

1. 熟悉和遵守东道国相关法律

面对东道国政府设置的第一道法律关卡，中国企业在进行跨国并购时，要做到有的放矢，主动整理、分析和跟踪东道国及相关国家的产业政策、对企业并购的限制性规定以及反托拉斯法的最新动态。

2. 重视并购过程中的公关活动

对于东道国政府，可以通过两国的民间友好机构或目标公司所在国有影响力的政治人物牵线搭桥等，取得其理解和支持，并尽可能在社会就业等方面满足东道国政府的要求。一些国家工会势力非常强大，处理好与工会的关系，争取工会支持将对并购产生积极影响。此外，新闻媒介的关系也不容忽视，有了可靠的媒介关系，就在舆论上把握了主动，而舆论在一个国家的社会情绪上起着导向作用。

3. 政府通过经济外交加大对跨国并购的支持力度

政府通过开展经济外交，加强同各国在经济领域内的协调与合作，向世界传达中国和平发展的理念，强调中国的发展会给世界各国提供更多的发展机会和更大的经济利益，逐步消除西方国家对中国的偏见，树立负责任的大国形象，为中国企业开展跨国并购创造良好的国际经济环境。

（二）财务文化整合角度

1. 了解双方状况，完成整合

跨国并购涉及两个国家两个企业，环境对于并购企业来说是复杂的、陌生的。在并购前，要改被动接受被并购企业展示出的信息为主动了解被并购企业的状况，积极开展各项调查，清楚地掌握被并购企业的状况，为并购后的整合做好准备工作，避免因对被并购企业信息了解不充分带来的风险。当然并购企业也要清楚地认识自身的状况，只有这样，才能更好地将两个企业的财务融合为一体。

2. 并购后，将两个企业进行整合

在并购后，要将两个企业进行整合，形成一个系统的机构，上下有序，各司其职，分工明确，方便工作的顺利开展。这样有利于避免因分工不明

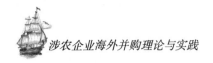

确、职责混乱带来的风险。将两个企业的财务工作方法进行整合，根据所负责的业务制订出一套合理有效的财务工作方法体系，使得既要有统一的财务工作准则可以遵循，又要给被并购企业一定的独立自主做财务决策的空间，这样有利于并购后两处的财务工作可以有效顺利地开展，避免了财务处理上的分歧带来的财务风险。

3. 加强对被并购企业的监管

比较被并购企业距离遥远，所处的文化环境不同，不易管理，只有加大管理力度，才可以有效避免因被并购企业给新企业带来的风险。

4. 加强并购后的业务整合，实现协同效应

加强对被并购企业的业务管理，做好并购后两个企业业务之间的整合。涉农企业间的业务整合，具体要从以下几个方面着手：第一，资源整合。这里的资源整合包括自然资源、无形资产、有形资产、物流运输资源、仓储基地整合，这些资源对于一个规模较大的农业企业来说是必不可少的，合理的整合可以实现协同效应，使得这些资源联合起来发挥更大的效力。第二，销售整合。销售对一个企业的发展有着重要的影响，销售整合包括销售模式、销售渠道、销售对象的整合等，通过对销售对象的整合，可以针对不同的销售对象，尽可能地提供个性化销售模式和产品，满足客户的需求。第三，技术整合。农业企业的发展离不开技术，企业完成跨国并购，可以在农产品生长技术方面进行交流、整合，技术方面的整合带来的协同效应不可估量，这使得企业发展从中获益多多。第四，发展战略整合。并购前两个企业有着各自的发展战略，并且各自朝着目标进行着，并购后可以将两个企业的并购整合成一个更大的蓝图，将并购后的业务整合好，更便于工作有序地进行，也方便监管，从而有效降低风险。

第三节　企业海外并购常见问题及应对措施

一、并购主要问题分析

（一）我国企业在海外并购中缺乏清晰的战略目标

企业并购最根本的是要获得更多资源更广阔的市场来增强自身的竞争力

和影响力，但是目前我国大多数企业在海外并购中没有对本产业的发展前景做出科学准确的判断，也没有一个明确清晰的战略目标，而是盲目地进行并购，这样做的结果就是给自己的企业带来越来越沉重的包袱。

（二）我国企业海外并购的经验不足

我国企业进行海外并购的时间与西方发达国家相比还比较短，西方发达国家通过从国内并购逐步走向海外并购的过程就是一部经验丰富的并购史，这也为其后的并购打下了坚实的基础。我国并购从改革开放到现在仅有 20 多年的历史，目前我国处在经济的转型时期，国内自身的重组并购还没有形成一定的规模，海外并购的经验就更少了。还有一方面就是这个专业领域缺乏高素质的人才，企业在海外并购中还是交给一些中介机构来进行。

（三）企业完成并购后的整合能力还有待提高

企业在完成并购之后的整合是决定这次并购能否取得成功的关键所在。因为国与国之间的政治和文化存在着一定的差异，所以如果企业单纯按照中国的模式来运营，就很有可能导致失败。因为其管理方式可能会得不到新员工的认可，如果没有合理有效的解决办法将这些问题解决，就很容易引起并购的失败。

（四）我国相关的管理机制还不完善

目前我们国家对外投资的审批制度还相对比较严格，涉及对外投资的有关部门都要进行严格的审查，这些程序不利于企业抓住最好的时机来把握住海外并购的机遇。此外，企业的融资也受到了限制，不能在规定的时间内支付给目标企业足额的资金也给海外并购带来了困难。这些管理机制上的不完善，也在一定程度上制约了我国企业海外并购的发展。

二、促进企业海外并购的有效措施

（一）提高自身的政治风险意识

企业应该提高自身的政治风险意识，熟悉目标公司所在国的法律法规，

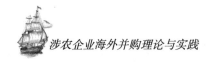

但是在并购中也要遵守中国的法律和国际上的惯例，深入了解目标公司所在国的政治形势以及社会状况，尽量选择政治局势相对稳定的国家的目标公司为并购目标。除了政治风险以外，还存在着市场风险以及流动性风险等，因此，我国企业要逐步建立起风险防范机制，将其控制在相对比较小的范围内。

（二）制定科学合理的并购策略

企业进行海外并购前要制定出缜密明确的战略规划，并且做好之前的调查工作，根据企业自身的实际情况制定出不同的策略，高层管理人员要就并购的原因、风险、受益等问题做出详细的分析，以市场为导向有针对性地进入到国际市场，避免目标不清晰的盲目收购给企业造成的风险。

（三）努力提高企业能力和优势

企业的核心能力是其竞争的最大源泉所在，它是在企业的长期经营中所积累的，也是保持消费者对本企业忠诚度的一个主要方面。我们要在日常工作中加强技术创新以及制度创新，加强企业的管理，从而让越来越多的知名品牌进入到海外市场，并参与到国外市场的资源配置中。

（四）培养高素质的专业化人才

海外并购风险高、资金数额比较高、程序复杂，需要具有专业化的人才和具有丰富经验的团队来运作，但是目前我国在这方面还仅仅是交给中介机构进行运作，因此要大力培养本国的专业化人才，在培养上要注重对他们搜寻目标企业的能力、风险分析以及谈判能力的培养。通过对人才的培养，逐步建立起企业的并购专家团队，这样能够在并购中大大提高企业的主动权和话语权，从而提高企业海外并购的能力。

（五）政府加大支持，完善相关机制

企业在海外并购中受到一些管理制度的限制，因此会错失良好的并购机遇，政府应该加大政策支持力度，放宽海外并购的许可，给予税收上的优惠，对于一些程序的办理要提高效率争取时间，对企业融资上要加大支持，

这样从政府上对企业并购提供支持将在一定程度上提升他们的海外资金运作能力。

三、推动企业并购整合的有效措施

（一）在培育核心竞争力的基础上推动产业整合

我国企业曾一度出现多元化经营的热潮。20世纪80年代短缺经济下的卖方市场，投资就有回报，许多企业通过多元化经营而迅猛发展，混合并购也成为一些企业成功的"秘诀"。随着短缺经济阶段的结束，不少身怀"秘诀"的企业相继陷入困境，巨人集团、猴王集团就是典型。企业"跑马占地"式的开发项目，不注重内涵的发展，造成了一些暂时的成功和短视现象。实践方面的例子告诫我们，在我们这样一个企业经济规模普遍偏小、产业国际竞争力弱的国家，推行产业整合时更应该强调树立核心竞争力的战略观念。企业也应更多地考虑自己人力资源，在自己拥有一定优势的产业领域里经营，通过产业横向整合提高竞争力，谋求长远发展。并购的起点是制造业，进而服务业，进而高技术产业。我国的并购刚刚起步，其主要领域应锁定在制造业，抓住国际产业结构调整的机会，利用并购把我国的制造业做强做大，使我国尽快成为真正意义上的"世界工厂"，使我国的比较优势充分发挥出来。

（二）在企业自愿的基础上推行产业整合

产业整合能否达到良好的效果，关键是看并购方企业能否尽快地将双方的企业文化、品牌优势、管理资源、市场渠道进行整合，使优势更强，弱势更弱。在这个过程中，企业的主观努力起到了决定性作用。西方发达国家产业整合的企业双方，无一不是由于竞争的压力而自愿结合在一起的。因此企业自愿是产业整合的根本前提。而在前段时期，我国盛行一时的政府主导的企业兼并与重组却使产业整合效果大打折扣。许多地方政府为了减轻负担，强行要求一些发展较好的企业去兼并弱小企业甚至长期亏损、濒临破产的企业。一方面，这些亏损企业几乎无优势可言；另一方面，在兼并后强势企业往往消极抵制。结果政府的意志是"欲速则不达"，反而把核心企业、优势

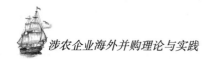

企业拖垮。由于我国特殊的国情，国有企业的资产属于各级政府，在产业整合中政府的作用相当重要。

（三）企业要把通过整合提高竞争力作为今后发展的根本措施

西方发达国家产业整合是由于企业面临全球市场的严峻竞争而不得不这样做。我国已经加入WTO，海外公司的进入和外国直接投资将大幅增加，我国许多重要产业，包括基础产业、支柱产业、高科技产业现已直接面临世界市场头号强手的战略竞争。我国企业的生存与发展将面临严重挑战。只有联合起来，才有出路，必须成为所有大企业的共识。但是特别注意，我国一些国有企业领导本位主义思想严重，把手中的权力看成是私有财产，忧患意识差、对企业兼并、产业整合抵触情绪很大。因此我们必须加快国企改革，在政策上鼓励企业间的强强联合、优势互补。企业应利用加入WTO之后还有一段保护期，充分利用这一"时间差"，精心筹划，设计建造自己的航空母舰，一方面可以增强竞争力，另一方面有助于在未来遭遇到国外海外公司兼并时提高谈判力。

（四）企业并购与企业集团的发展有密切关系

企业间并购的兴起是企业集团产生和发展的需要。并购以其能够快速整合利用现有经济资源而成为企业集团谋求迅速发展壮大的重要手段。并购形式的变化从侧面反映了企业集团的发展历程。并购形式经历了横向、纵向、混合、关联产业混合的变化，企业集团的经营也经历了单一、多元、集约的发展历程。企业并购重点由过去注重大而全转向企业核心业务的巩固和发展。随着全球经济一体化，企业集团趋于国际化、垄断化，企业并购趋于巨型化、自由化。并购越来越多地为企业集团的战略服务。并购动机趋于长远，由初始追求规模效益、短期财务盈利转为追求企业集团在国际竞争市场中长远战略目标的实现。强强联合的"巨无霸企业"合并战略正成为国家间综合国力较量的新手法和企业集团抢占国际市场有利位置的新手段。从日本企业并购史可以看到，早期的国内并购是日本企业抗衡国际巨头竞争，发展大企业集团的手段，政府起了重要推动作用；后来的海外并购是日本企业走出国门，对外直接投资，发展国际型企业集团的重要方式。

参 考 文 献

[1] 蔡荣鑫. 并购与重组：中国案例 [M]. 北京：清华大学出版社，2015.

[2] 陈瑞剑、张陆彪、柏娜. 海外并购推动农业走出去的思考 [J]. 农业经济问题，2017 (10)：62-68.

[3] 陈威如，等. 全球化之路：中国企业跨国并购与整合 [M]. 北京：中信出版社，2017.

[4] 丁倩. 我国企业跨国并购风险及对策 [J]. 市场研究，2016 (6)：46-47.

[5] 董莉军. 中国企业跨国并购的动因——基于制度分析的视角 [J]. 技术经济与管理研究，2015 (4)：68-72.

[6] 杜希. 中国矿业企业海外并购风险浅析 [D]. 成都：西南财经大学，2012.

[7] 侯中阁. 浅析中国企业海外并购 [J]. 市场研究，2014 (8上)

[8] 惠敏. 农业企业跨国并购财务风险控制研究 [D]. 合肥：安徽财经大学，2017.

[9] 李旭强. 中国企业海外并购的财务风险分析与防范 [D]. 北京：财政部财政科学研究所，2014.

[10] 李玉楠. 李廷. 中国企业跨国并购的政治风险及其原因探讨 [J]. 中国外资，2011 (18)：11-12

[11] 刘峻竹. 中国企业海外并购动因与绩效分析 [D]. 长春：吉林大学，2017.

[12] 马建威，余芹. 我国企业海外并购历程及经济后果分析 [J]. 财务与会计，2012 (2).

[13] 陶攀. 中国企业跨境并购的动因及影响研究 [D]. 北京：对外经济贸易大学，2014.

[14] 王永綦. 企业海外并购风险的识别与评估 [J]. 重庆社会科学，2015 (12)：26-32

[15] 杨星. 浅析我国企业海外并购特征及驱动因素 [J]. 商场现代化，2017 (4)：8-9.

[16] 余晓俊. 中粮斥巨资海外并购案例分析 [J]. 财经界，2014 (12)：154-155.

[17] 张金鑫. 企业并购 [M]. 北京：机械工业出版社，2016.

[18] 张俊. 企业海外并购财务风险控制研究 [D]. 广州：暨南大学，2015.

[19] 张仕明. 中国企业跨国并购财务风险研究 [J]. 国际商务财会，2014 (6)：73-77.

[20] 周琳、潘飞、刘燕军，等. 管理会计变革与创新的实地研究 [J]. 会计研究，2012, (3).

[21] Deng, P., M. Yang. Cross-Border Mergers and Acquisitions by Emerging Market Firms：A Comparative Investigation [J]. International Business Review, 2015, 24 (1)：157-172.

[22] Erel, I., R. C. Liao, M. S. Weisbach. Determinants of Cross-Border Mergers and Acquisitions [J]. The Journal of Finance, 2012, 67 (3)：1045-1082.

图书在版编目（CIP）数据

涉农企业海外并购理论与实践／侯军岐主编．—北京：中国农业出版社，2019.3
农业走出去"扬帆出海"培训工程系列教材
ISBN 978-7-109-25292-9

Ⅰ.①涉…　Ⅱ.①侯…　Ⅲ.①农业企业－跨国兼并－中国－教材　Ⅳ.①F324

中国版本图书馆 CIP 数据核字（2019）第 040976 号

中国农业出版社出版
（北京市朝阳区麦子店街 18 号楼）
（邮政编码 100125）
责任编辑　赵　刚

中国农业出版社印刷厂印刷　　新华书店北京发行所发行
2019 年 3 月第 1 版　　2019 年 3 月北京第 1 次印刷

开本：720mm×960mm　1/16　印张：20
字数：300 千字
定价：48.00 元
（凡本版图书出现印刷、装订错误，请向出版社发行部调换）